АЛЕКСАНДР ГЕРЧИК

КУРС АКТИВНОГО ТРЕЙДЕРА

ПОКУПАЙ, ПРОДАВАЙ, ЗАРАБАТЫВАЙ

УДК 336.7
ББК 65.264
   Г42

Герчик А.

Г42   Курс активного трейдера: Покупай, продавай, зарабатывай / Александр Герчик.

ISBN: 979-8-9908668-4-3
Printed version softcover

ISBN: 979-8-9908668-5-0
Printed version hardcover

ISBN: 979-8-9908668-3-6
Ebook

Александр Герчик — один из самых успешных трейдеров в мире. Опыт 20 лет работы автора, в течение которых 10 он закрывает с прибылью каждый месяц, стал основой его уникальной системы торговли на бирже. Книга представляет собой бумажную версию самого популярного учебного курса автора. Начиная с теоретических азов, он постепенно погружает читателя в особенности применения реально работающих торговых стратегий. Это позволяет стать книге универсальным практическим пособием, подходящим как начинающим трейдерам, так и тем, кто, увидев знакомую фамилию автора, захотел узнать в этой области что-то новое. Навыки торговли по системе Герчика проверены его учениками, большинство из которых выходят на новые масштабы трейдинга, сохраняют и увеличивают свой депозит. Читайте — и вы откроете для себя секреты успеха «самого безубыточного воина Уолл-стрит»!

УДК 336.7
ББК 65.264

СОДЕРЖАНИЕ

БЛАГОДАРНОСТИ..5

ОТ АВТОРА...7

ВВЕДЕНИЕ...13

Глава 1
БАЗОВЫЕ ПОНЯТИЯ И ОПРЕДЕЛЕНИЯ.....................................19

Глава 2
ИДЕНТИФИКАЦИЯ ЦЕНОВЫХ УРОВНЕЙ...................................47

Глава 3
РЫНОЧНЫЕ ДВИЖЕНИЯ ВБЛИЗИ ЦЕНОВЫХ УРОВНЕЙ........81

Глава 4
РИСК-МЕНЕДЖМЕНТ И МАНИ-МЕНЕДЖМЕНТ........................101

Глава 5
ТОРГОВЫЕ СТРАТЕГИИ И СДЕЛКИ...129

Глава 6
ПРИМЕНЕНИЕ ОСЦИЛЛЯТОРОВ, СТОХАСТИКОВ, ДУГ ФИБОНАЧЧИ, ВОЛН ЭЛЛИОТТА
И ИНЫХ РЫНОЧНЫХ ИНДИКАТОРОВ......................................169

Глава 7
ПСИХОЛОГИЯ ТРЕЙДИНГА..171

Глава 8
ПОДГОТОВКА К ТОРГОВЛЕ И АНАЛИЗ СДЕЛОК.....................197

Глава 9
РЕЗЮМЕ. ВЗГЛЯД ИЗ АУДИТОРИИ..225

Приложение
ПОЛЕЗНЫЕ ГРАФИЧЕСКИЕ СХЕМЫ..283

СЛОВАРЬ ТЕРМИНОВ..309

БЛАГОДАРНОСТИ

Многому я научился у своих наставников, еще большему — у своих товарищей, но больше всего — у своих учеников.

Талмуд

Я хочу выразить благодарность замечательным людям, без участия которых эта книга лишилась бы значительной части полезной информации. Я особенно признателен за предоставленные материалы Ольге Громовой, Роману Щеглову, Алексею Риделю, Алексею Гусеву, Алене Бондар, Александру Каразею, Анастасии Захаровой.

Очень многому я научился у своих учеников, но их число слишком велико, чтобы назвать здесь всех поименно, за что прошу меня простить. Мне дорог каждый из вас! Я благодарен всем своим студентам, которые помогли и продолжают помогать мне стать лучше.

ОТ АВТОРА

Можно сказать, что мой путь в трейдинг был долгим. Но не по времени, а, скорее, по расстоянию, потому что для того, чтобы его начать, мне пришлось переехать из Одессы в Нью-Йорк. Это произошло в начале 1990-х гг. Я прибыл в «страну неисчерпаемых возможностей», имея в кармане $37 и никому там не нужный диплом пищевого техникума. Через 10 лет у меня было уже достаточно денег, чтобы обеспечить безбедное, а местами даже роскошное существование своей семье. Если вам показалось, что это похоже на очередную сказку о Золушке, то вы ошибаетесь. В моей жизни не было ни доброй феи, ни хрустальной туфельки… Правда, была карета ярко-желтого цвета, арендованная мной для того, чтобы промышлять извозом на нью-йорских улицах. Да-да, ничего оригинального: моя трудовая деятельность в США началась с работы таксистом.

Профессия таксиста — одно из популярных рабочих прибежищ для иммигрантов, позволяющее прокормиться, если ты действительно готов пахать, иногда по 20 часов в сутки. Но очень мало для кого она стала стартовым трамплином. Быть таксистом — это не условие будущего успеха. Большинство нью-йорских таксистов так и продолжают крутить баранку до самой пенсии.

Если вы скажете, что единственным условием успеха являются предначертания судьбы, возможно, вы окажетесь правы, но с одной важной оговоркой. *Шансы даются всем, но не каждому удается вовремя их разглядеть.* Некоторые умудряются проходить мимо указателей, написанных для них судьбой аршинными буквами. Поэтому для достижения успеха вы должны быть прежде всего внимательны к посылаемым вам знакам или, как их принято называть в биржевых кругах, сигналам.

В этом, кстати, заключается один из принципов моего трейдинга: обращать особое внимание на то, что случается, когда не должно было случиться, и на то, что, напротив, не случается вопреки всем ожиданиям.

Принцип внимательного трейдера

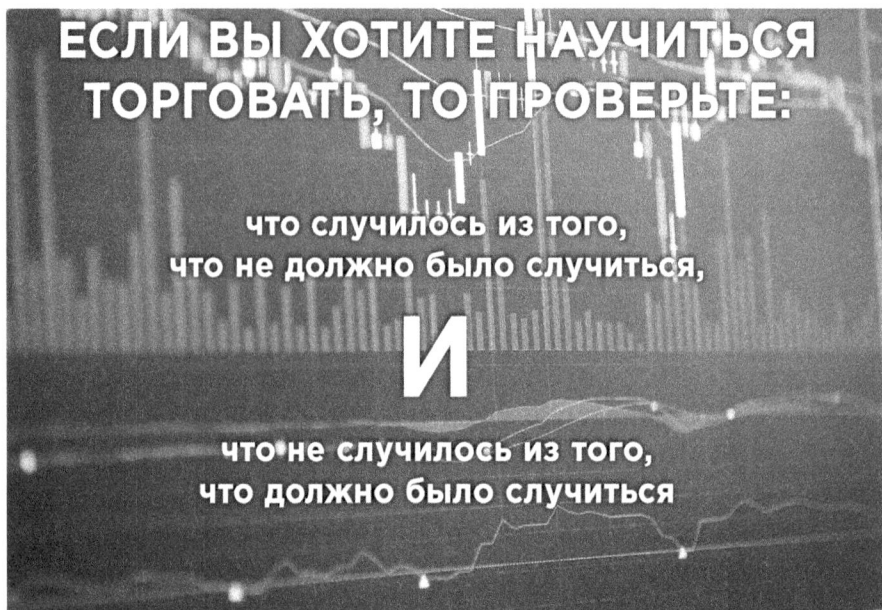

Ничто не происходит случайно. Если вы становитесь свидетелем чего-то выбивающегося из общего ряда, попробуйте на этом заработать.

Для меня таким судьбоносным сигналом стала встреча с одним из пассажиров моего такси. Это был пожилой еврей, которого мне довелось дважды отвозить по одному и тому же адресу. С учетом количества таксистов в Нью-Йорке такое повторение уже является редким случаем, поэтому неудивительно, что, встретившись в третий раз, мы общались уже как старые знакомые. Выяснилось, что по тому адресу, куда я каждый раз отвозил своего нового знакомого, располагалась товарная биржа, где он вполне успешно торговал опционами на пшеницу. В итоге прямо по дороге я получил вводную лекцию о биржевом трейдинге и совет попробовать свои силы в этом деле. Конечно, я мало что понял с первого раза, но по описанию это занятие показалось мне намного привлекательнее, чем работа таксиста.

Отсутствие специального образования меня нисколько не смущало, и я, нагло поверив в свои силы, пришел на работу в брокерскую контору. Поначалу в мои обязанности входил обзвон потенциальных клиентов с целью впаривания им различных инвестиционных услуг. Примерно через восемь месяцев я понял, что телефонные продажи — это совсем не то, чего я ожидал от работы на рынке ценных бумаг. Тогда я записался на четырехмесячные курсы трейдеров, окончил их и, успешно сдав один из сложнейших профессиональных экзаменов, в 1998 г. получил лицензию фондового брокера. Мне не хотелось заниматься привлечением инвесторов, я хотел торговать! Сам! На собственные деньги! На все $400, которыми я был готов рисковать на тот момент. Поэтому я сменил место работы и стал заниматься непосредственно трейдингом в трейдинговой фирме Worldco.

Но самостоятельное плавание оказалось вовсе не таким простым, как казалось с берега. В то время я вел активную торговлю внутри дня (занимался дейтрейдингом), которая оставляет очень мало места для ошибок. Те $400, что составляли мой стартовый взнос для входа в профессию, оказались слиты всего за три недели рискованной торговли.

Этот урок произвел на меня серьезное дисциплинарное воздействие. Я стал тщательно планировать все свои торговые операции и подвергать их тщательному ежедневному анализу в дневнике трейдера — привычка, от которой я не отступаю и по сегодняшний день. Самодисциплина стала краеугольным камнем моей торговой системы. Применение такого системного подхода наглядно демонстрировало, где именно и при каких обстоятельствах была совершена ошибка, что позволяло не повторять ее снова. Кроме того, подробные записи по каждой сделке открывали широчайшие возможности для анализа и выявления тех самых ситуаций, в которых я мог использовать математическое ожидание в свою пользу.

В результате потеря $400 помогла мне заработать миллионы, научив с самого начала торговать от риска, то есть строить свои торговые планы, отталкиваясь не от прибыли, а от недопущения потерь. Результат не замедлил сказаться на величине моего трейдерского счета: уже первый год дисциплинированной торговли принес прибыль $195 000! К 2000 г. мой депозит вырос до $2 млн. А в 2003 г. мне было предложено стать управляющим партнером брокерской компании Hold Brothers.

В 2006 г. я был признан самым безубыточным трейдером благодаря тому, что за семь лет торговли не имел ни одного месяца, закрытого с убытком. Этот факт привлек внимание телевизионщиков с канала Mojo, которые пригласили меня для участия в первом сезоне документального сериала «Воины Уолл-стрит», посвященного жизни и работе биржевых профессионалов. Так я получил известность за пределами торгового зала и очередное звание: «воин Уолл-стрит».

В том же 2006 г. мне пришла в голову идея образовательно-практического проекта по обучению трейдингу. Этот замысел удалось реализовать в городе Туле, где я предложил студентам местного университета попробовать себя в качестве трейдеров. Я взял на себя расходы по организации учебного и торгового процесса и создал проект «Тула эксчейндж». Поскольку я всегда был готов отвечать собственными деньгами за качество знаний, передаваемых ученикам, в рамках данного проекта самые способные студенты получали от меня в управление определенный капитал, с тем чтобы полученные знания проверялись тут же и в боевой обстановке. Это позволило многим выпускникам тульской школы трейдинга не только получить ценные навыки, но и неплохо заработать, поскольку им доставалось 50% от заработанной прибыли. При этом прибыль получалась немалая, и это послужило для меня доказательством того факта, что торговая стратегия, которой я обучал своих студентов, работает как передаваемый метод, а не только как уникальный инструмент, доступный мне одному.

Однако при всей своей успешности тульский образовательный проект имел один недостаток — ограниченное количество участников. Поэтому следующим эволюционным шагом в этом направлении стало создание авторских курсов. Мы начали регулярно проводить обучающие семинары в России и на Украине, иногда с прямой трансляцией для слушателей, проживающих в Белоруссии и Израиле.

Такие семинары, на которых я раскрываю секреты своей торговли всем желающим, проводятся и по сей день, что говорит об их востребованности. При этом я придерживаюсь принципа рассказывать только о тех вещах, которые сам хорошо знаю, и все эти знания основаны на моем личном опыте.

Еще один мой принцип состоит в том, что я должен быть предельно честен с теми, кто приходит на мои курсы. Я никогда не устану повторять, что трейдинг не приносит прибыль всем желающим в качестве поощрения только за то, что они научились нажимать в нужной последовательности кнопки в торговом терминале. В отличие от некоторых других авторов трейдерских курсов я не обещаю, что каждый мой читатель или слушатель сможет зарабатывать трейдингом. Возможно, таковых наберется от силы 10%. Но гарантированный приз все же существует. Как на курсах, так и в этой книге я даю те советы, следуя которым (неотступно!), вы окажетесь в той отправной точке, с которой начался мой собственный путь к успеху. Это своеобразная точка безубытка, потому что главное, чему я собираюсь вас научить, — *не терять*: прежде, чем научиться зарабатывать деньги, нужно понять, как избежать их потери.

Книга представляет собой попытку положить на бумагу мой самый востребованный на сегодняшний день учебный курс. Конечно, офлайновое общение имеет свои недостатки по сравнению с обучением в аудитории.

Но зато книжная форма подачи материала позволила мне существенно расширить круг охватываемых тем и более подробно осветить некоторые нюансы изучаемой на курсах системы торговли. Насколько мне это удалось, судить вам — моим читателям.

Эта книга абсолютно адаптирована, в том числе и для новичков, не имеющих практического опыта торговли. Принцип построения глав — от объяснения теоретических азов до погружения в особенности применения реально работающих торговых стратегий — позволяет надеяться, что она станет универсальным пособием, подходящим как для тех, кто решил познакомиться с трейдингом с нуля, так и для тех, кто, увидев знакомую фамилию автора, захотел узнать в этой области что-то новое и открыть для себя секреты успеха «самого безубыточного воина Уолл-стрит».

Желаю вам приятного чтения и с удовольствием приму ваши комментарии к прочитанному на своем сайте www.gerchik.com.

Ваш Александр Герчик

В трейдинге, как и в любой профессии, нет совершенства. Нет какой-то финальной точки, в которой ты все знаешь. За все эти годы в рынке я продолжаю не только учить, но и учиться.

Искренне советую и вам не останавливаться на этой книге. Подпишитесь на чат-бот GTE, моей образовательной экосистемы, в которой мы помогаем будущим и действующим трейдерам развиваться.

Вы сможете получить доступ к мини-курсам, полезным чек-листам, афише событий, а также именно там мы отправляем приглашения на наши вебинары, обзоры и торговые дни.

ВВЕДЕНИЕ

Возможно, я кого-то из вас разочарую, но просто обязан предупредить: вы не заработаете кучу денег сразу после прочтения этой книги. Весьма вероятно, что вы не заработаете биржевой торговлей даже после второго и третьего прочтения. Дело в том, что трейдинг — далеко не самый легкий бизнес. Более того, в трейдинге все изначально устроено так, что абсолютное большинство людей здесь не зарабатывают, а теряют деньги. По-другому и быть не может, ведь математика рынка работает против вас. Ваши сделки чаще будут убыточными и реже — прибыльными. Количество убыточных дней тоже будет превышать количество прибыльных. И, наконец, еще один статистический факт, являющийся жесткой, но объективной итоговой оценкой ваших перспектив в этом бизнесе с отрицательным математическим ожиданием: в трейдинге зарабатывают деньги не более 5% участников. Да, победителям достаются деньги проигрывающих 95%, но таких победителей очень мало.

Поэтому если на данный момент у вас недостаточно знаний для торговли — это не проблема, но, если вы не чувствуете в себе способность и готовность учиться выживанию в суровом мире биржевой торговли, если вы не согласны менять свое мышление, а возможно, даже некоторые жизненные привычки и черты характера, еще не поздно закрыть эту книжку и убрать ее куда подальше. Но парадокс заключается в том, что, если вы и поступите таким образом, я все равно буду считать свою задачу выполненной. Почему? По той простой причине, что я окажу вам услугу в любом случае: либо вы прочтете книгу и получите от меня полезные советы, которые позволят вам выжить на рынке, либо вы остановитесь сейчас и, значит, убережете себя от рыночных потерь.

Если вы все еще со мной, добавлю маленькую ложку меда в уже предъявленную вам бочку дегтя. Трейдинг — это, возможно, единственный вид бизнеса, где шансы на успех совершенно не зависят от вашего бэкграунда:

образования, опыта и профессиональных навыков. Я был свидетелем тысяч историй людей, которые решили заняться трейдингом, поэтому могу с полной уверенностью заявить, что рынок не щадит ни математиков, ни программистов, ни психологов, ни обладателей любых других дипломов. Никакое образование не служит гарантией успеха в биржевой торговле. Но, с другой стороны, отсутствие профессиональной подготовки *не является* в этом бизнесе препятствием на пути к получению прибыли. Вы можете быть кем угодно, в том числе и никем, но это не помешает вам стать успешным трейдером. Конечно, при выполнении определенных условий. Я пишу это с полной уверенностью, потому что сам являюсь живой иллюстрацией к вышесказанному.

Меня часто спрашивают, зачем я трачу на обучение людей то время, которое мог бы посвятить трейдингу и тем самым заработать еще один или даже несколько миллионов долларов? На самом деле мои затраты на ведение образовательной деятельности окупаются, поскольку, обучая, я постоянно совершенствуюсь сам. Сенека говорил, что, обучая других, мы учимся сами. Каждая новая группа студентов привносит что-то новое и в мое собственное понимание трейдинга, иногда заставляя меня иначе взглянуть на, казалось бы, давно знакомые вещи. Точно так же написание данной книги помогло мне, образно говоря, навести порядок в своей кладовке: систематизировать, разложить по полочкам накопленный багаж знаний, что-то обновить и подкорректировать, а что-то выкинуть как бесполезное.

Получить необходимые для торговли навыки несложно. В этой книге я расскажу вам, как анализировать графики, определять точки входа и выхода, вовремя забирать прибыль, управлять рисками и не давать себя обмануть красивыми картинками. Единственное, чего я не смогу сделать, — реально изменить ваше мышление. Это можете сделать только вы сами. Помимо усвоения технической стороны дела вы должны будете изменить некоторые свои представления, свою психологию таким образом, чтобы стать толстокожими — в хорошем смысле этого слова — и относиться к своим сделкам как к рабочим моментам.

Известный боец Брюс Ли говорил, что непобедимым станет тот, кто победит себя. На рынке вы каждый день, в каждой сделке будете биться с самим собой, и именно в этом заключается главная трудность этого бизнеса. Бороться с рынком — пустая затея, потому что в такой борьбе ваши шансы равны нулю. Поэтому бороться вы будете не с рынком, а со своими собственными страстями, слабостями и эмоциями.

Над вами не будет начальников, вам не нужно будет ни перед кем отчитываться, и никто не будет следить, вовремя ли вы пришли на работу. Но не спешите радостно хлопать в ладоши. Рынок *хуже* любого начальника, потому что он не прощает ошибок. Отрицательное математическое ожидание не даст вам расслабиться. Труднее всего быть дисциплинированным тогда, когда вас никто не контролирует, кроме вас самих.

Человек так устроен, что наш внутренний контролер то и дело демонстрирует покладистость и сговорчивость, капитулируя перед нашими желаниями. Но в трейдинге подобные слабости автоматически приводят к поражениям. Представьте, что девушка собирается в ночной клуб, изначально зная, что там соотношение ее конкуренток и парней будет один к десяти соответственно. Естественно, что при таком выгодном раскладе шансов познакомиться с молодым человеком она не станет сильно заморачиваться с подготовкой. Ведь она все равно будет в центре внимания, даже если придет не в самых лучших своих туфлях. И наоборот, если на вечеринке предполагается обратное соотношение представителей полов, девушка захочет предстать перед немногочисленными парнями в своем лучшем виде.

А теперь вспомните о том статистическом факте, который я сообщил вам выше: соотношение зарабатывающих и теряющих деньги трейдеров составляет даже не один к десяти, а — в лучшем случае — 1:20. Соответственно, если вы хотите добиться успеха на многолюдной вечеринке в таком «модном клубе», как биржа, вам придется хорошенько потрудиться. При этом вы должны будете приложить громадные усилия не только для получения нужных знаний, но и для того, чтобы подготовиться к участию в торгах *психологически*. Здесь нет фейс-контроля, сюда пускают без дипломов и стажа работы, но, чтобы выжить в этом бизнесе и стать частью тех 5% трейдеров, которые зарабатывают, вы должны быть лучшими во всем.

Скажу больше: на рынке вы должны быть лучшими не только *во всем*, но еще и *всегда*. Ни первые, ни даже вторые или третьи успехи не являются здесь залогом на будущее. Не обольщайтесь своими достижениями и не зарекайтесь от «сноса крыши». Этому явлению нет точного объяснения, зато есть масса живых примеров. Капитал, накопленный при успешном взлете, очень быстро испаряется, как только трейдер позволяет себе расслабиться и отступить от своего торгового алгоритма. В этом плане работа трейдера схожа с действиями пилотов. Вы знаете, что независимо от летного стажа пилоты летают «по бумажке»? Каждый раз перед взлетом они пункт за пунктом выполняют давно выученные наизусть инструкции, зачитывая их с листа. И все равно множество авиакатастроф происходит из-за ошибок пилотов. Люди — профессионалы своего дела! — отступают от инструкций даже тогда, когда на кону стоит их собственная жизнь и жизнь пассажиров. Что уж говорить о трейдерах, которые рискуют всего лишь деньгами. И проблема в том, что никто из «отступников» позднее не может объяснить, почему он совершил явную ошибку. Никто не знает, когда и при каких обстоятельствах это произойдет с вами. Соответственно, против этой болезни невозможно изобрести лекарство. Поможет только дисциплинированное неотступное следование правилам. Звучит слишком нудно? Если кто-то говорит, что трейдинг — это развлечение, знайте, что он вас обманывает. Сначала — жесткая дисциплина, и лишь затем — развлечения на заработанные деньги.

Неукоснительно следовать правилам вам, как ни странно, может помочь недоверие. Вы не должны принимать что-то как аксиому только потому, что так написано в книге некоего уважаемого гуру. Вы не должны верить никому на слово, даже Герчику. Если все новые для вас факты вы будете проверять самостоятельно, вы поймете, откуда взялось основанное на этих фактах правило, и тогда дисциплинированно следовать этому собственноручно проверенному правилу будет для вас гораздо проще.

Еще один момент. Будьте готовы к тому, что рынок умеет открывать человеку то, чего он сам о себе не знает. Если вы думаете, что уже обладаете нужными для трейдинга способностями и чертами характера, в боевой обстановке может оказаться, что вы, мягко говоря, заблуждались. Неожиданно для себя вы можете обнаружить, что вам не чужды ни жадность, ни азарт, ни деструктивные эмоции. Рынок нельзя обмануть, он быстро расставит все на свои места и покажет, кто вы есть на самом деле. Но сделает он это не бесплатно, а за ваши собственные деньги. Поэтому для вашего же блага будет лучше, если вы скорее недооцените, нежели переоцените свои способности.

Итак, вы уже поняли, что рынок — хороший учитель. Но самое главное, чему вы должны научиться, — это пониманию самого рынка. Не какой-то конкретной модели или торговой стратегии, а общему пониманию. Мы будем продвигаться к этому пониманию тем же методом, который используется при обучении вождению. Инструктор вначале учит вас элементарным вещам: как завести автомобиль, включить передачу, поставить на тормоз или снять с него. И только потом начинается выработка автоматических навыков вождения. Так же постепенно мы с вами будем изучать и добавлять к вашим знаниям элемент за элементом, складывая их в общую картину, до тех пор, пока у вас не получится цельное и яркое представление.

Уникальность данной книги заключается, помимо прочего, в том, что в ее заключительных главах я передаю слово своим ученикам. Вы познакомитесь как с фрагментами их торговых алгоритмов и сценариев, так и с полноценным конспектом, который в тезисной форме резюмирует все основные темы, подробно раскрываемые в других главах этой книги. Ни для кого не секрет, что преподаватель и студент рассматривают одну и ту же тему под разными углами. Видя, по сути, одно и то же, они могут давать разные описания, и не факт, что авторская трактовка, исходящая от преподавателя, во всех случаях окажется доходчивее, чем основанное на свежем взгляде представление слушателя. Кроме того, поскольку мои студенты, как правило, не являются профессионалами трейдинга — как и большинство читателей этой книги, на начальном этапе у них возникают одни и те же вопросы и проблемы.

Ну что ж, если мне так и не удалось запугать вас своими предостережениями, давайте приступим к собиранию нашего пазла прямо сейчас.

Глава 1

БАЗОВЫЕ ПОНЯТИЯ И ОПРЕДЕЛЕНИЯ

Как читать биржевые графики

Биржевые графики являются необходимым инструментом для любого трейдера. Они несут в себе массу полезной информации о поведении рыночной цены за различные периоды времени. Опытному игроку бывает достаточно одного взгляда на график нового для него биржевого актива, чтобы оценить рыночную ситуацию и принять соответствующее торговое решение. Этому способствуют общепринятые правила графического представления ценовых движений, которое имеет свои особенности по сравнению с графиками, знакомыми нам по школьным урокам. И прежде всего эти особенности выражаются в обозначениях, используемых для представления ценовых параметров. Давайте с них и начнем.

Свечи и бары

В нашем случае упомянутые в заголовке свечи и бары не имеют ничего общего с романтическим вечером в питейном заведении. Как уже было сказано выше, каждая сделка с биржевым инструментом фиксируется, то есть оставляет след на биржевом графике соответствующего инструмента. Биржевые графики очень похожи на любые другие графики, с которыми мы имеем дело начиная со школьной скамьи. Нетрудно догадаться, что по оси y на биржевом графике откладывается цена, а по оси x — время. А вот в том, как в этих осях обозначается динамика цены, имеется своя — биржевая — специфика.

Если ранее вам не приходилось сталкиваться с биржевыми графиками, у вас, возможно, возник вопрос: каким образом один символ может отображать меняющуюся ценовую информацию за продолжительный период времени? Ведь даже за одну минуту с одним биржевым инструментом, если он достаточно популярен (или, как говорят на рынке, обладает высокой **ликвидностью**), может быть заключено сразу несколько сделок по разным ценам. Этот же вопрос примерно за 270 лет до вас задал себе японский торговец рисом Хомма Мунэхиса, и в результате он придумал систему компактного и наглядного отображения основной ценовой информации при помощи специальных символов, которые получили название японские свечи, или просто **свечи.**

Какую информацию несет в себе японская свеча? Она позволяет определить в пределах выбранного временного периода:

- начальную цену периода, то есть цену открытия, или первой сделки за период (**open**);
- максимальную цену за период (**high**, для простоты восприятия в тексте я буду использовать термин «**хай**»);
- минимальную цену за период (**low**, в тексте *лоу*);
- цену закрытия периода, то есть цену последней сделки, попадающей в выбранный временной период (**close**).

При этом в зависимости от того, в какую сторону изменилась цена за выбранный временной период, свеча может быть белой, если цена выросла, или черной, если цена снизилась. Соответственно, выглядят свечи следующим образом (см. рис. 1.1).

Расстояние между ценой открытия периода и ценой его закрытия образует так называемое тело свечи. Естественно, если цена за период выросла, то цена открытия образует нижнюю границу тела свечи, а цена закрытия — верхнюю границу, и цвет свечи в этом случае будет белым. И наоборот: в случае снижения цены мы увидим черную свечу, у которой цена открытия периода будет создавать верхнюю границу, а цена закрытия — нижнюю границу ее тела. Чем больше разница между ценами открытия и закрытия, тем длиннее получится тело свечи. Если же открытие и закрытие периода происходит на одинаковом или очень близком ценовом уровне (то есть первая и последняя сделки периода заключаются практически по одной и той же цене), то соответствующая данному периоду свеча не будет иметь тела и будет похожа на крест.

Поскольку за рассматриваемый период цены различных сделок могли отклоняться от цен открытия и закрытия как вверх, так и вниз, у свечи могут появляться так называемые тени, или хвосты. Это вертикальные линии, выходящие из тела свечи. Окончание тени, отходящей вверх, показывает максимальную цену, а тень, отходящая вниз, заканчивается на уровне минимальной цены **актива** за рассматриваемый период. Соответственно, чем длиннее тень свечи, тем сильнее цена актива отклонялась в рассматриваемом периоде от диапазона, ограниченного ценами открытия и закрытия. Свеча не будет иметь одной из теней, когда минимальная или максимальная цена периода (нижняя тень и верхняя тень соответственно) совпадает с ценой открытия (или закрытия). Если же и максимум, и минимум периода не выходят за рамки цен открытия и закрытия, такая свеча будет иметь форму прямоугольника, не отбрасывающего тень ни вверх, ни вниз.

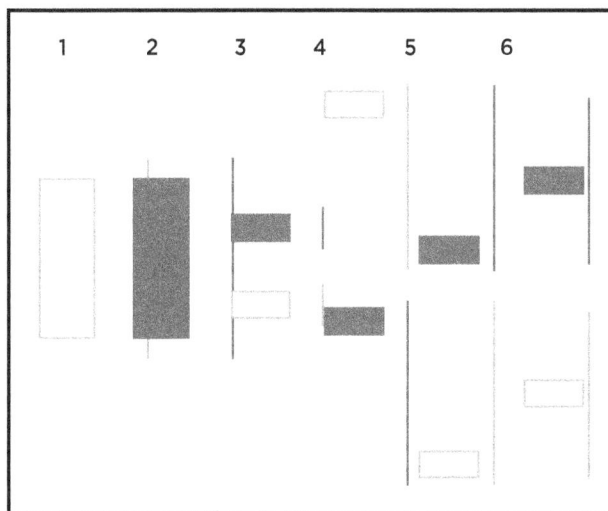

Рис. 1.2. *Различные формы японских свечей*

Другим популярным способом отображения информации на биржевом графике являются **бары**. Бары мало чем отличаются от свечей и несут в себе все ту же ценовую информацию. Фактически бар представляет собой свечу с усеченным телом: верхняя и нижняя тени соединены в один вертикальный отрезок, окончания которого, как и у свечи, соответствуют максимальной и минимальной ценам периода, а вместо четырехугольного тела у бара имеются лишь два горизонтальных штриха. Левый штрих рисуется на уровне цены открытия временного периода, правый штрих — на уровне цены закрытия. Соответственно, в случае с барами нет нужды использовать разные цвета для обозначения роста и падения цены. В первом случае левый горизонтальный штрих (цена открытия) будет располагаться ниже уровня правого штриха (цена закрытия), во втором случае картина будет обратной.

В этой книге используются как свечи, так и бары, и для простоты восприятия мы будем считать эти термины равнозначными.

Среди части трейдеров довольно популярным инструментом рыночного анализа являются не только различные формы отдельных свечей (баров), но и их комбинации. Идущие на графике друг за другом свечи могут создавать самые затейливые сочетания (**паттерны**). Некоторые преподаватели строят на этом основании целые системы обучения, предлагая своим слушателям конкретные трактовки различных сочетаний свечей с указанием того, в какую сторону должен двинуться рынок после появления на графике того или иного паттерна. На мой взгляд, гадание на паттернах без учета рыночных условий, сложившихся в каждом конкретном случае, не имеет смысла, поэтому их отдельное рассмотрение не является темой данной книги.

Тайм-фреймы

График, на котором по отдельности отражается цена каждой сделки (так называемый тиковый линейный график), не имеет практического применения, поскольку в нем содержится слишком малая доля полезного для анализа смысла. Единичная сделка не дает нам общей картины движения рынка, поэтому на практике используются *интервальные* графики, показывающие, как меняется биржевая цена инструмента в результате всех сделок, совершенных за определенный период (интервал) времени. Такие базовые временные периоды называются **тайм-фреймами**.

Современные компьютерные технологии позволяют рассматривать биржевые графики в самых разных временных разрезах. Соответственно, продолжительность тайм-фрейма для каждого графика можно выбрать практически любую: 1 минута, 5–30 минут, час, день, неделя, месяц или даже год. **Минутный график** будет состоять из цепочки специальных символов, каждый из которых заключает в себе основную информацию обо всех сделках, произошедших за определенную минуту. С началом новой минуты на графике будет появляться очередной символ. Аналогичным образом на дневном графике (**дневке**) каждый символ будет отражать ценовую информацию о сделках, произошедших в течение всего торгового дня.

Тайм-фреймы принято разделять на три вида:

- короткие, или минутные (продолжительность которых измеряется в минутах),

- средние, или часовые (измеряются в часах),

- длинные, или дневные (измеряются в днях, неделях и т. д.).

Применение того или иного тайм-фрейма зависит от цели анализа, применяемой торговой стратегии и личных предпочтений трейдера. Для **технического анализа** наиболее употребимыми являются дневной и часовой тайм-фреймы (последний еще называют **часовиком**). Краткосрочные трейдеры часто используют интервалы, продолжительность которых выражается в минутах.

Чем меньше выбранный тайм-фрейм, тем больше баров вы будете видеть на графике. Соответственно, на графиках с коротким тайм-фреймом будет образовываться больше различных формаций, больше ценовых уровней и больше торговых **сигналов**. Таким образом, при торговле на более коротких тайм-фреймах у трейдера возникают дополнительные поводы для совершения сделок: пробои, отбои и ложные пробои уровней — но эти поводы будут такими же мелкими, как и сам тайм-фрейм. При этом работает прямая зависимость: чем больше тайм-фрейм, тем сильнее идентифицируемые на нем ценовые уровни и тем надежнее возникающие торговые сигналы. Естественно, что сильных уровней и сигналов всегда гораздо меньше, чем слабых. Этим и объясняется тот факт, что на длинных тайм-фреймах (от дневки и выше) вы торгуете редко, но опираясь на более надежные сигналы, и наоборот.

Если у вас есть возможность уделять торговле много времени и желание торговать чаще, вы можете использовать короткие тайм-фреймы (от пятиминутки до часа). Однако использование различных тайм-фреймов зависит не только от того, сколько времени трейдер может посвящать торговле. Ознакомившись с дальнейшим содержанием данной книги, вы поймете, что различные тайм-фреймы применяются для разных целей. Даже если вы часто торгуете на малых тайм-фреймах, вам все равно необходимо будет пользоваться дневкой, поскольку дневной график позволяет получить информацию, важную для любого стиля торговли:

- запас хода;
- направление **тренда**;
- положение текущей цены относительно сильных уровней.

В свою очередь, короткие тайм-фреймы тоже находят применение даже в том случае, если вы предпочитаете редкие сделки, основанные на сильных сигналах, приходящих с дневных, недельных и месячных графиков. Они нужны для определения филигранной точки входа. Это объясняется тем, что сделка для **открытия позиции** происходит в реальном масштабе времени, поэтому ее параметры в любом случае должны учитывать не только долгосрочные, но и краткосрочные движения цены.

В итоге трейдеры обычно используют комбинированный подход, когда для определения глобальных движений они вначале смотрят на график старшего порядка (построенный на более длительных интервалах), а затем для получения более подробной информации рассматривают график того же инструмента, построенный на более коротких интервалах. Это очень похоже на то, как мы обычно изучаем карту местности с помощью интернет-сервисов «Яндекс» или Google. Вначале фокусируемся на нужном нам городе, а затем используем функцию постепенного приближения, вплоть до нахождения конкретного дома.

Гэпы

Как уже было сказано, тайм-фреймы являются следующими друг за другом интервалами времени. Однако далеко не все рынки функционируют круглосуточно. Периоды, во время которых торги не проводятся, на графиках не отображаются. Соответственно, например, для рынка российских **акций** за баром, закрывшимся в 18:45 предыдущего дня (на срочном рынке торги заканчиваются в 23:50), сразу последует бар, начинающий отсчет своего интервала с 10:00 нового дня. Но, поскольку жизнь с закрытием рынков не останавливается и в глобальном мире финансов продолжают происходить различные события, утренние настроения трейдеров могут сильно отличаться от вчерашних. В результате цена открытия нового дня может существенно отличаться от цены закрытия дня предыдущего. В этом случае на графике образуется заметный ценовой разрыв: резкий переход цены на новый уровень без промежуточных сделок, который принято называть **гэпом**[1].

При резкой смене расклада сил продавцов и покупателей гэпы могут возникать и внутри дня. Часто это связано с поступлением на рынок какой-то новой, неожиданной и, следовательно, еще не заложенной в цену информации. В этом случае цена немедленно совершает резкий прыжок — гэп — для выравнивания рыночного баланса.

Несмотря на то, что гэпы случаются на рынке довольно часто, трейдеры уделяют им повышенное внимание. Это объясняется в том числе наличием давней трейдерской приметы, которая звучит следующим образом: каждый гэп должен быть закрыт. Считается, что, если на биржевом

---

[1] От англ. gap — разрыв, пробел, окно, прыжок. — *Здесь и далее прим. авт.*

графике какого-то актива образовался гэп, его рыночная цена рано или поздно обязательно вернется, чтобы проторговаться в «перепрыгнутом» диапазоне, то есть заполнить образовавшийся разрыв. Необъяснимым образом эта примета довольно часто действительно срабатывает, но слепо верить в нее все же не стоит, поскольку примета не сообщает, *когда именно* должно состояться закрытие гэпа. Возможно, свидетелями этого события смогут стать только ваши внуки. Кроме того, например, статистика американского рынка свидетельствует о том, что гэпы, направленные вверх, действительно закрываются почти всегда, а вот гэпы вниз часто не закрываются совсем, в том числе по причине банкротства эмитента. Так, на интервале в 10 лет банкротством завершилась история 20% компаний, акции которых торговались на биржевом рынке.

Тем не менее многие трейдеры стараются отыгрывать гэпы в своей торговле, поэтому к возникновению таких рыночных ситуаций следует относиться с особым вниманием. Чтобы понять, как может быть отыгран тот или иной гэп, необходимо уметь различать их разновидности. Гэпы бывают четырех типов.

Обычный гэп возникает при боковом движении цены при невысоком объеме торгов. Он говорит о слабой ликвидности инструмента, то есть об отсутствии интереса к нему со стороны трейдеров. Такие гэпы не несут в себе полезной информации для практического использования.

Рис. 1.4. Обычный гэп

Гэп при пробое уровня происходит в начале сильного движения цены инструмента и сопровождается высоким объемом торгов. Его появление говорит нам об окончании набора позиции крупным игроком.

Рис. 1.5. Гэп при пробое уровня

Гэп ускорения встречается в середине ценового движения при повышенном интересе трейдеров к инструменту. Он указывает на более вероятное продолжение движения цены в текущем направлении.

Рис. 1.6. Гэп ускорения

Гэп истощения обманчив тем, что похож на предыдущий тип, но по своему характеру напоминает предсмертные конвульсии текущего рыночного движения и указывает на предстоящий разворот ценовой динамики. В этот момент трейдеры ошибочно полагают, что движение будет продолжено, и совершают активные сделки в прежнем направлении. Цена реагирует на это резким скачком, который происходит на последнем издыхании. Поэтому такую модель на жаргоне трейдеров еще называют «прыжок дохлой кошки». Этот гэп сопровождается очень высоким объемом торгов.

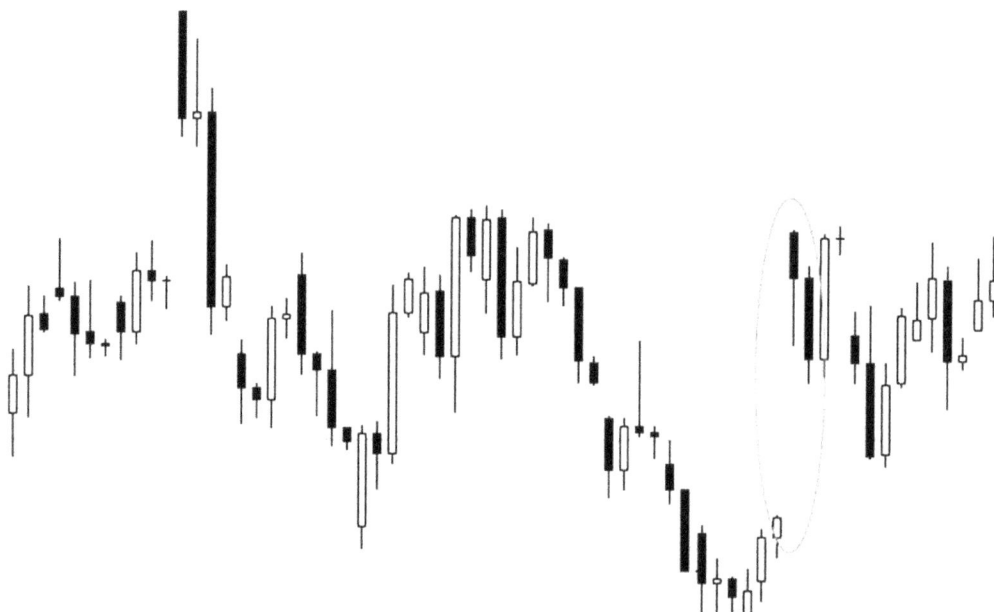

Рис. 1.7. Гэп истощения

Рыночные тренды

Итак, мы разобрались с тем, как цена инструмента отображается на биржевом графике при помощи специальных символов — свечей, или баров. Эти символы образуют последовательные цепочки, показывая нам, как цена инструмента изменяется во времени. Не нужно быть великим техническим аналитиком, чтобы заметить, что графики самых разных биржевых активов периодически движутся в определенном направлении. При этом движение не является прямолинейным: цена то поднимается, то — совершая разворот — опускается, но общая направленность следующих друг за другом баров все равно заметна невооруженным взглядом. Для примера вы можете взглянуть на графики, приведенные выше при описании гэпов.

Такое направленное движение цены трейдеры называют трендом (рыночной тенденцией). В зависимости от своего направления тренды могут быть **восходящими** (бычьими) при росте цены или **нисходящими** (медвежьими) при ее снижении. Отсутствие явно выраженной направленности динамики цены называют **боковиком**, **флетом** или движением в **рейндже**. Считается, что именно в рейндже рынок проводит большую часть времени (75–80%), хотя в зависимости от рассматриваемого тайм-фрейма и выбранной точки отсчета каждый трейдер может увидеть на одном и том же графике что-то свое.

Как уже было сказано, даже трендовое движение происходит не прямолинейно. При сохранении основного направления цена может откатываться в сторону, противоположную основному движению, образуя **коррекции**. Поэтому принято считать, что тренд — это совокупность последовательно повышающихся ценовых минимумов и максимумов в случае восходящей тенденции и, соответственно, последовательно понижающихся максимумов и минимумов при нисходящей тенденции. Такие достигаемые ценой максимумы и минимумы называют **экстремумами**. При этом различают *глобальные* экстремумы — абсолютно максимальные или абсолютно минимальные значения цены, достигнутые и не превзойденные за долгий промежуток времени, и *локальные* экстремумы — максимальные или минимальные значения цены на средне- и краткосрочном промежутке времени, но не превосходящие по своей величине ценовых значений глобальных экстремумов.

Значимость экстремума определяется исходя из следующих критериев:

1. Сила движения до образования точки экстремума.

2. Смысловая нагрузка точки экстремума (с точки зрения действий продавцов и покупателей).

3. Наличие подтверждений, усиливающих уровень экстремума.

4. Переход в рейндж после образования точки экстремума.

5. Остановка движения, обновившего предыдущий минимум или максимум, в точке экстремума.

6. Обновление предыдущего минимума или максимума дальнейшим движением, начавшимся с точки экстремума.

7. Пробой экстремума указывает направление глобальной тенденции.

Восходящий, или бычий, тренд образуется, когда участники рынка в большей степени настроены покупать. Нисходящий тренд возникает в том случае, когда на рынке преобладают продавцы. Рейндж, или боковик, наблюдается в те периоды, когда между **быками** и **медведями** продолжается примерно равная борьба. По степени значимости и по аналогии с точками экстремума я различаю *глобальные* и *локальные тренды*. При этом глобальный тренд обычно состоит из множества локальных. На глобальные тренды следует ориентироваться при среднесрочной торговле, а локальные тренды важны в торговле внутри дня (**дейтрейдинге**).

На рис. 1.9 представлен схематический пример образования бокового движения (рейнджа) внутри нисходящего глобального тренда. В данном случае ограниченный горизонтальными линиями канал был создан коррекционным движением цены биржевого актива после ее стремительного снижения. Поэтому, несмотря на то, что последние движения цены происходили в боковом диапазоне, можно считать, что на глобальном уровне тренд остается медвежьим (направленным на понижение).

Поскольку теория относительности распространяется и на биржевой рынок, для определения тренда необходимо иметь базовые точки отсчета. В качестве таких ключевых точек я всегда использую глобальные и локальные *уровни* и оцениваю поведение цены инструмента относительно этих уровней. (Более подробно построение уровней рассматривается в соответствующей главе данной книги.) Глобальные уровни являются наиболее сильными, поэтому их пробитие будет указывать нам направление формирующейся долгосрочной тенденции.

Ключевыми точками, задающими местоположение глобальных уровней, являются точка остановки сильного трендового движения и точка окончания технического отката (*коррекции*). Именно они служат для большинства участников рынка своеобразными «красными линиями» — ориентирами, помогающими в определении дальнейшего направления движения рынка.

Боковое движение дает рынку передышку, позволяет ему консолидироваться, набрать силу для дальнейшего движения. А вот в какую сторону будет направлено это движение, как раз покажет выход цены за тот или иной глобальный уровень.

Локальные уровни, которые мы также называем *моментумами*, строятся на основе более слабых (второстепенных) ключевых точек, поэтому их пробитие определяет лишь краткосрочное направление ценового движения, что можно использовать при внутридневной торговле.

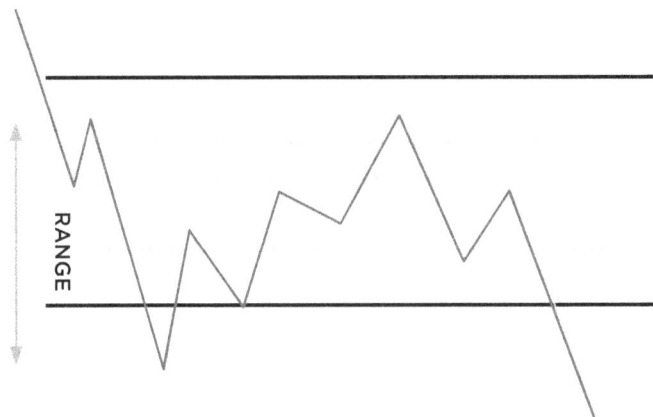

RANGE

Рис. 1.10. *Локальный тренд*

На рис. 1.10 мы вновь видим канал, который был создан коррекционным движением после стремительного снижения цены в рамках продолжающегося медвежьего тренда. В этом случае в качестве принимаемых нами за ориентиры глобальных уровней будут выступать: уровень остановки сильного трендового движения и уровень окончания технического отката (коррекции). Из сказанного выше следует, что именно они будут влиять на дальнейшее направление движения цены.

Остановка нисходящего движения обозначает местоположение первого локального уровня, от которого началась коррекция, образовавшая глобальный максимум, подтвержденный далее касанием цены с последующим отбоем. При возврате цены к уровню первого локального минимума и его пробое образуется локальный тренд, совпадающий по своему направлению с глобальной медвежьей тенденцией. Совпадение направлений глобального и локального трендов усиливает ценовое движение, поэтому трейдеру необходимо учитывать это свойство наложения трендов в своей торговле.

Затем цена останавливается и начинает новый откат, обозначив для нас нижнюю границу канала. С промежуточными коррекциями цена поднимается до верхней глобальной границы канала, образуя последовательность повышающихся экстремумов. Таким образом, мы наблюдаем локальный восходящий тренд внутри более продолжительного бокового движения. После отбоя от верхней границы канала цена пробивает предыдущий локальный минимум, что указывает на смену локального тренда. Новая локальная тенденция вновь совпадает с глобальной, и цена движется к границе канала, совершая по пути еще одну локальную коррекцию. Впоследствии цена пробивает нижнюю границу канала, подавая внимательным трейдерам сигнал о продолжении глобальной тенденции.

Теперь давайте рассмотрим ситуацию со сменой глобального тренда и отметим признаки, которые могут указывать на такой разворот.

Рис. 1.11. Смена тренда

Первый признак возможной смены тренда — возвращение цены в канал, образованный коррекционным движением к нисходящему (в данном случае) тренду, и ее закрепление внутри границ этого канала.

Второй признак — коррекция на восходящем тренде образует последовательно повышающиеся экстремумы.

Третий признак — пробой и закрепление цены выше уровня верхней границы канала, образованного последней коррекцией к нисходящему тренду.

Приведенные выше признаки последовательно указывали на завершение, или, как говорят трейдеры, *слом*, глобального тренда. В чем ценность этой информации? На самом деле правильное определение направления тренда является очень важным моментом при применении практически любой торговой стратегии. Несколько забегая вперед, приведу в качестве примера описание простой торговой стратегии, которая называется *торговлей по тренду*.

Эта стратегия действительно очень проста: находим инструмент, цена которого сейчас в тренде, и совершаем покупку (при восходящем движении) или продажу (при нисходящем движении), присоединяясь таким образом к основному рыночному движению. Образно говоря, в этом случае мы подсаживаемся в поезд, идущий в понятную для нас сторону, и спокойно едем в мягком вагоне к прибыли, не забывая при этом поглядывать в окно, чтобы не пропустить описанные выше признаки предстоящего разворота тренда.

В данной стратегии важную роль играет и правильное определение локальных трендов, поскольку момент вашего присоединения к главному движению (открытия торговой позиции) должен происходить в период совпадения направлений локального и глобального трендов.

Кроме этого, при торговле по тренду очень важно не только следить за динамикой цены интересующего вас актива, но и дополнительно учитывать общерыночную ценовую тенденцию. Для этого подходит наблюдение за тем индексом широкого рынка, с которым коррелирует выбранный вами инструмент. Это может быть индекс RTS (для российского рынка) или индекс S&P500 (для американского рынка). Для валютного рынка в зависимости от торгуемой валютной пары глобальными ориентирами могут быть индексы рынка нефти или металлов. Если ваш актив следует тенденциям широкого рынка, то уровни, направляющие движение этого рынка, несомненно, будут влиять и на динамику цены вашего актива.

Виды рыночных сделок

Базовыми сделками на биржевом рынке, как и на любом другом рынке, являются покупка (также **buy**, или **бай**) и продажа (также **sell**, или **селл**) какого-либо актива[1]. При этом любая биржевая сделка имеет целью открытие или **закрытие позиции** (или **позы**). Простейший пример: вы совершаете свою первую сделку, покупая какие-то акции в надежде продать их затем подороже, — тем самым вы открываете торговую позицию. Покупку, в результате которой у вас в **портфеле** появился некий актив, принято называть открытием **длинной** (лонговой) **позиции**, или просто **лонга**[2]. Через некоторое время вы продаете купленные акции, совершая тем самым *закрытие* своей длинной позиции.

В только что описанном примере вы продавали то, что купили ранее, но одной из особенностей биржевых торгов является часто вызывающий непонимание у новичков факт: вы можете продать и то, чего у вас нет. Например, ваш анализ показывает, что цена какого-то актива должна снизиться. Соответственно, правильным решением было бы продать

---

[1]   В этой книге приводятся торговые стратегии и приемы, которые подходят для самых разных рынков, поэтому я буду использовать не только общий термин — *актив,* но и другие термины для обозначения того, что мы продаем или покупаем. Если иное не оговорено специально, то термины «акции», «фьючерсы», «инструменты», «бумаги» следует понимать как равнозначные обозначения торгуемого актива.

[2]   От англ. long — длинный.

этот актив. Но у вас в наличии его попросту нет. Тем не менее на биржевом рынке вы все равно можете воспользоваться создавшейся ситуацией и совершить сделку по продаже этого актива. Такая продажа называется **шорт**[1], и в этом случае вы открываете **короткую** (шортовую) **позицию**. Если при покупке актива вы преследуете цель продать его затем подороже, то в случае с шортом все происходит с точностью до наоборот: вы стараетесь сначала продать актив подороже, чтобы потом откупить его подешевле. В этом случае покупка будет являться уже не открытием, а закрытием вашей короткой позиции.

Откуда берется актив для короткой продажи, если его нет в вашем инвестиционном портфеле? Его дает вам взаймы ваш **брокер** — посредник, через которого совершаются все операции на бирже. Нюансы этой процедуры не должны вас волновать. Работа трейдера и без того связана с обработкой огромного массива информации, поэтому второстепенные вещи нужно научиться отфильтровывать и принимать как данность. Главное, что вы должны понимать: в биржевой торговле допустима равноправная игра в обе стороны, как от покупки, так и от продажи. И в том, и в другом случае, если цена актива после вашей сделки пошла в нужную вам сторону, вы сможете заработать прибыль — я настаиваю на том, что трейдеры не просто получают прибыль, а *зарабатывают* ее своим трудом.

Торговые приказы

Для совершения любой биржевой сделки трейдер должен отдать соответствующий **приказ** (**заявку**; также используют термин «**ордер**») своему брокеру. В наш век высоких технологий для этого уже не нужно звонить в брокерскую контору: все приказы передаются по интернету использованием специализированных программных средств — торговых терминалов (платформ) — путем заполнения специальных экранных форм.

Биржевые приказы (как на покупку, так и на продажу) для удобства трейдеров и обеспечения возможности реализации различных торговых стратегий бывают разных видов.

Простейшим из них является приказ на совершение покупки или продажи по текущей рыночной цене (*по рынку*) без каких-либо ограничений. Это так называемый рыночный ордер (или маркет-ордер), который ничем не отличается от привычной всем нам операции покупки на обычном рынке. В таком приказе вы сообщаете брокеру лишь название

---

[1] От англ. short — короткий.

интересующего вас актива, направление сделки (что именно вы хотите сделать — купить или продать) и объем сделки в **лотах**[1] (количество акций, облигаций, **фьючерсов** и т. п.). Все точно так же, как на обычном базаре, когда вы выбираете понравившиеся вам помидоры и, не торгуясь, просите взвесить пару килограммов. Но отличия все же есть, и заключаются они не только в том, что на бирже вас не обвесят.

Основное отличие от ситуации на обычном базаре состоит в том, что рыночный ордер гарантирует вам сделку, но не гарантирует цену сделки. Если вы продаете или покупаете приличный объем актива, то, возможно, ваш приказ будет исполняться в несколько этапов. Допустим, вы видите, что цена последней сделки составляет 30 руб., и отдаете приказ купить по рыночной цене 1000 лотов актива. При этом на рынке имеются следующие встречные заявки на продажу: 500 лотов по 30 руб., 300 лотов по 30,5 руб. и 250 лотов по 31 руб. В этом случае ваша заявка будет выполняться последовательно. Сначала вы получите 500 лотов по лучшей цене 30 руб. После этого лучшей ценой станет цена 30,5 руб., и вы заберете все 300 лотов, выставленных на продажу по этой цене. Поскольку для полноценного выполнения вашего приказа не будет хватать еще 200 лотов, вам их дадут по цене следующей заявки уже третьего продавца и по его цене 31 руб. Таким образом, ваша заявка будет выполнена тремя сделками, на совершение которых потребуются доли секунды. При этом цена выполнения, как говорят трейдеры, «проскользит» с 30 до 31 руб., и, несмотря на то, что на момент подачи заявки рыночная цена составляла 30 руб. ровно, в среднем цена каждого купленного вами лота составит 30,35 руб.

В каких случаях нам пригодится данный вид заявки? Маркет-ордер необходим прежде всего для экстренного закрытия вашей торговой позиции. Не важно, длинной или короткой. Сделка по рынку нужна, когда ее цель — закрытие позиции — оправдывает использование средства, не дающего вам ценовых гарантий.

Теперь вернемся на наш базар и представим, что жена снова послала вас за двумя килограммами помидоров, но на этот раз строго-настрого наказала, чтобы вы купили их по цене не выше 200 руб. за килограмм.

Как видите, на этот раз в заказе появилось ценовое условие. Супруга установила для вас ценовой лимит. В биржевой торговле такие приказы как раз и называются *лимитными*. Лимитный ордер — в случае его

---

[1]   Лот — единица измерения объема биржевых инструментов. В зависимости от типа актива, его цены и торговой площадки один лот может включать в себя различное количество товара, валюты или ценных бумаг. Например, для различных эмитентов один лот может быть равен как одной, так и 100 акциям.

исполнения — гарантирует, что вы купите или продадите нужный вам актив по цене *не хуже* указанной вами. То есть цена будет либо ровно такой, какую вы указали, либо более выгодной *для вас*. Выставив лимитную заявку на покупку по 200 руб., вы, возможно, получите нужный вам актив за 199,99 руб. или ниже, но точно не за 200,01 руб. и выше.

Удобно, правда? Есть одно но. На рынке всегда присутствуют продавцы и покупатели, но никто из них не обязан продавать вам или покупать у вас актив по желаемой вами цене. Продавцы выставляют свою цену — цену предложения (**ask**, или **аск**), покупатели объявляют свою цену — цену спроса (**bid**, или **бид**), а ваши пожелания, выраженные в лимитной заявке, могут не вписываться в сложившиеся ценовые рыночные условия. Таким образом, лимитная заявка, в отличие от маркет-ордера, гарантирует вам цену сделки, но не гарантирует само исполнение сделки. Если рыночный ордер исполняется всегда, то лимитный ордер может остаться неисполненным.

Лимитная заявка применяется в том случае, когда вы точно знаете, чего хотите. И это понимание у вас, несомненно, будет, если вы сумеете воспитать в себе дисциплинированного трейдера. Когда вы будете понимать, куда движется цена актива и где находятся ключевые ценовые уровни, вы будете знать и то, по какой лимитной цене вам следует выставлять свои заявки для открытия и закрытия торговых позиций, вместо того чтобы хватать или отдавать активы по рынку не торгуясь.

Еще одной разновидностью торговой заявки, необходимой дисциплинированному трейдеру, является *стоп-ордер*. Данный тип заявки отличается тем, что: а) ее исполнение происходит в два этапа и б) в отличие от лимитного, стоп-ордер позволяет совершать сделку по цене *хуже* текущей. Возникает резонный вопрос: почему трейдеру может потребоваться покупать по более высокой цене или продавать по более низкой? Ответ прост: потому что человек не робот, он не может и не должен следить за любым изменением цены каждого из интересующих его активов.

Когда вы научитесь определять и использовать ценовые уровни, потребность совершать сделки по цене, отличающейся от текущей в худшую сторону, будет возникать у вас регулярно. И тогда вы уже точно поймете, что стоп-ордер — это очень удобный инструмент.

Простой пример: вы определили границы канала, в котором движется цена актива. При этом видите, что в данный момент цена подходит к верхней границе канала. Эта граница представляет собой сильный уровень, и, как описывалось выше, поведение цены относительно такого уровня является определяющим. Цена может пробить сильный уровень и сформировать мощный восходящий тренд, а может в очередной раз отбиться от этого уровня и снова отправиться к нижней границе. Вы не знаете, какой из сценариев будет реализован, но вы не в казино, чтобы делать ставку наугад. Вы хотите совершить такую сделку, которая даст вам хорошие шансы на успех при любом варианте развития событий.

Выставление условий для входа в позицию — это один из тех случаев, когда используется стоп-ордер. Вы можете выставить заявку на покупку, которая сработает только в том случае, если цена актива поднимется выше ключевого уровня — то есть если состоится пробой границы канала. Например, текущая рыночная цена актива составляет 199,5 руб. При этом значение ключевого уровня — 200 руб. Вы хотите купить актив лишь в том случае, если ключевой уровень будет пробит вверх. Тогда ваш стоп-ордер можно было бы описать следующим образом: купить столько-то лотов актива, если его рыночная цена достигнет уровня 200,1 руб. Да, цена покупки при этом будет выше относительно той, что была до пробития уровня, но при этом сделка будет совершена по сигналу, то есть в нужный, соответствующий вашей торговой стратегии момент. В данном случае более важным для совершения покупки условием было не конкретное значение цены, а ее положение относительно ключевого уровня. При этом сделка по стоп-приказу будет совершена автоматически, вне зависимости от того, сидите вы в этот момент за монитором или отправились на прогулку. В данном случае стоп-ордер — это тот самый инструмент, который позволяет вам торговать по сценарию даже без вашего непосредственного участия.

Второй вариант использования стоп-ордера является менее приятным, но абсолютно необходимым. Данная разновидность стоп-ордера называется **стоп-лосс (stop-loss)**, что переводится как «ограничение убытков». Убытки — неизбежное зло **трейдинга**. От них нельзя избавиться, но благодаря такому инструменту, как стоп-лосс, их можно автоматически ограничивать. Один из главных принципов дисциплинированной биржевой торговли состоит в том, что выставление стоп-лосса является *обязательным* условием для входа в сделку. Скажу больше: само решение о входе в сделку принимается на основе имеющихся в конкретной ситуации возможностей для выставления стоп-лосс приказа. Коротко этот принцип можно сформулировать так: *всегда торговать от стопа*. Эта мысль будет повторяться в тексте книги неоднократно вовсе не потому, что Герчик стал заговариваться, а потому, что соблюдение этого принципа действительно поможет вам сохранить свои деньги. Как рассчитать уровень ограничения убытка, подробно описано в соответствующей главе, посвященной риск-менеджменту. Сейчас же рассмотрим лишь схему, по которой работает данный тип торговой заявки.

Допустим, вы купили некие акции, после чего их цена пошла вниз. По вашему портфелю образуется убыток, который до того момента, пока вы не закроете свою позицию и не зафиксируете убыток, принято называть **бумажным**. Вы как настоящий оптимист сохраняете надежду на то, что рынок вот-вот одумается и развернется в вашу сторону, позволив вам все-таки продать купленные акции с прибылью. Но слово «оптимист» не синонимично понятию «хороший трейдер», и ваш убыток с дальнейшим падением цены продолжает расти. Причем расти он может как у вас на глазах, так и тогда, когда вы выключаете компьютер, утратив способность спокойно смотреть на то, как улетучиваются ваши деньги.

Проблема заключается не в том, что вы совершили неудачную сделку — от этого никто не застрахован, — а в том, что ваш убыток является неконтролируемым. Поставить его под контроль как раз и позволяет торговая стоп-лосс-заявка, которую вы — будучи не только оптимистом, но и дисциплинированным трейдером — должны были выставить сразу после покупки.

Допустим, вы совершили покупку акций по цене 200 руб. Тогда ваш стоп-лосс-приказ брокеру можно было бы описать следующим образом: продать все купленные акции в том случае, если их рыночная цена опустится до уровня 199,6 руб. С этого момента ваш убыток оказывается под автоматическим контролем. Теперь вы знаете, сколько денег можете потерять, если рынок, вопреки ожиданиям, пойдет против вас.

Технически срабатывание стоп-ордера происходит в два этапа. На первом этапе, когда рыночная цена касается установленного вами стоп-уровня или пересекает его, срабатывает «триггер», который выставляет уже обычную рыночную или лимитную заявку по заранее заданной вами цене.

Как было отмечено выше, в настоящее время для подачи любых видов торговых приказов уже не требуется связываться с брокером лично и на словах или на пальцах описывать ему, какую именно сделку и при каких ценовых условиях вы хотели бы совершить. Все эти возможности зашиты в функционал используемых трейдерами торговых платформ. Давайте кратко рассмотрим типы торговых ордеров, которые можно выставлять в современных электронных торговых платформах (системах) применительно к различным рынкам.

Типы ордеров валютного рынка

Стоп-лосс (stop-loss — ограничение убытков) — указание закрыть позицию при достижении определенного ценового уровня. При этом изменение цены происходит против вашей позиции (то есть в невыгодную для вас сторону).

Тейк-профит (take-profit — фиксация прибыли) — указание автоматически закрыть позицию при достижении заранее определенного ценового уровня, когда движение цены происходит в выгодную для вас сторону. При этом закрытие позиции произойдет по более выгодной цене с фиксацией прибыли.

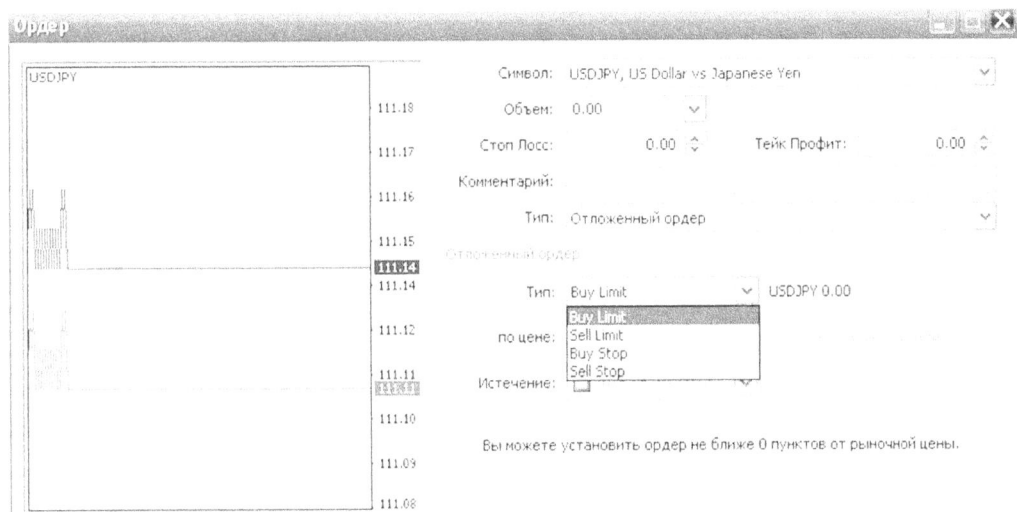

Рис. 1.12. Выбор типа торгового ордера в торговой системе валютного рынка

Buy limit — отложенный ордер на покупку финансового инструмента при понижении цены до указанного в ордере уровня. Исполняется по цене предложения (ask) и может быть установлен только ниже текущей цены предложения.

Sell limit — отложенный ордер на продажу финансового инструмента при повышении цены до указанного в ордере уровня. Исполняется по цене спроса (bid) и может быть установлен только выше текущей цены спроса.

Buy stop — отложенный стоп-ордер на покупку финансового инструмента при повышении цены до указанного в ордере уровня. Исполняется по цене ask и может быть установлен только выше текущей цены предложения.

Sell stop — отложенный стоп-ордер на продажу финансового инструмента по цене ниже текущего уровня: продать дешевле, чем сейчас. Исполняется при равенстве будущей цены bid указанному в заявке значению.

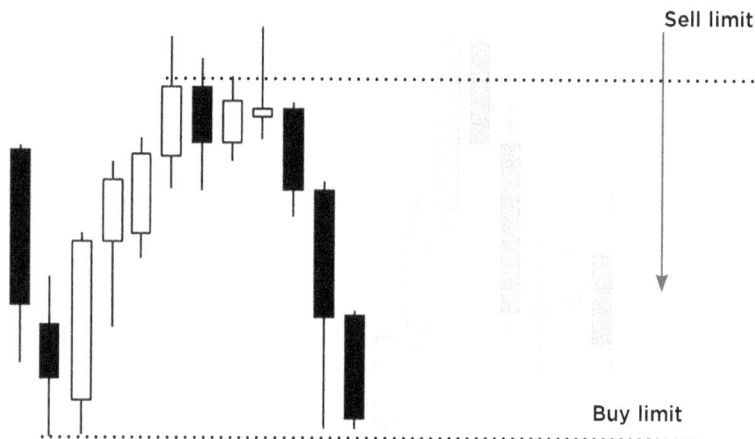

Рис. 1.13. Отложенные лимитные ордера

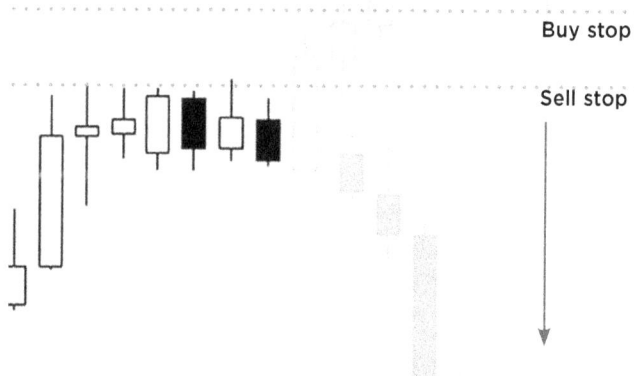

Рис. 1.14. Отложенные стоп-ордера

Типы ордеров российского фондового рынка (на примере платформы QUIK)

По своей сути торговые приказы, используемые на российском **фондовом рынке** (будь то секция акций, валюты или срочных контрактов), ничем не отличаются от тех, что применяются на валютном рынке. И все же они требуют краткого описания.

Как уже было сказано выше, стоп-заявки исполняются автоматически при выполнении заданных в них ценовых условий. В торговом терминале QUIK применяется несколько видов таких заявок.

Стоп-лимит — стоп-заявка, порождающая при своем срабатывании (то есть при достижении установленного ценового уровня) новую лимитную заявку с заранее определенными параметрами.

Назначение заявки: ограничение величины убытков при изменении цены купленного актива в сторону, противоположную ожидаемой.

Стоп-цена по другой бумаге — заявка, работающая по тому же принципу, что и стоп-лимит, однако в данном случае условие достижения стоп-цены проверяется по одному биржевому инструменту, а выставление лимитной заявки в случае выполнения заданного условия происходит для другого инструмента.

Назначение заявки: используется в специфических торговых стратегиях, например, когда условием стоп-заявки по срочному контракту является цена базового актива.

Со связанной заявкой — это сразу две заявки, выставляемые по одному и тому же инструменту с одинаковым объемом. Первая заявка — это заявка вида стоп-лимит, вторая — лимитная заявка. Особенность данного типа заявки состоит в том, что при исполнении одной из заявок вторая автоматически снимается.

Назначение заявки: данный тип предназначен для закрытия позиции при любом развитии рыночных событий. Стоп-заявка используется для фиксации убытков в случае неудачи, а лимитная заявка — для фиксирования прибыли в случае, если цена пошла в нужном вам направлении. Преимуществом связанной заявки является то, что блокировка активов, обеспечивающая исполнение выставленных заявок, происходит однократно и при закрытии позиции в одну сторону связанная с ней заявка автоматически снимается. Эта особенность предохраняет трейдера от совершения незапланированных сделок в тех случаях, когда рынок штормит и цена актива резко изменяется то в одну, то в другую сторону.

При исполнении стоп-заявки связанная с ней лимитная заявка снимается полностью.

Данный тип заявки действителен только до конца текущей торговой **сессии**. На срочном рынке FORTS стоп-заявка действительна также до конца текущей торговой сессии, а связанная с ней лимитная заявка, если она выставлена в период вечерней торговой сессии, остается активной и может быть исполнена на следующий торговый день.

При частичном исполнении связанной заявки стоп-заявка может либо сниматься полностью, либо уменьшаться на величину исполненной части связанной заявки, в зависимости от выбранных вами параметров при выставлении данного ордера.

Тейк-профит — это заявка, условие которой описывается следующим образом: «исполнить при ухудшении цены на заданную величину от достигнутого максимума (при продаже) или минимума (при покупке)». Рассмотрим принцип работы заявки данного вида на примере заявки на продажу: при достижении ценой актива установленного в заявке уровня начинается проверка на отклонение цены каждой последующей сделки в сторону снижения от достигнутого максимума. Если цена последней сделки снижается от максимума на величину, превышающую установленный в заявке *отступ*, то автоматически создается лимитная заявка с ценой, уступающей цене последней сделки на величину защитного **спреда**, опять же задаваемого вами в параметрах заявки. Величины отступа и защитного спреда могут указываться как в абсолютных ценовых величинах, так и в процентах.

Назначение заявки: закрытие позиции по инструменту с максимальной прибылью.

Тейк-профит и стоп-лимит — это заявка, срабатывающая при выполнении одного из двух задаваемых условий. Фактически она просто объединяет в себе два рассмотренных выше вида заявок: тейк-профит на случай, если цена последней сделки после достигнутого максимума ухудшится на величину, превышающую установленный отступ, и стоп-лимит, если цена последней сделки ухудшится до заданного уровня.

В случае срабатывания одного из условий проверка второго условия стоп-заявки прекращается. Если оба условия заявки удовлетворены одновременно, то заявка исполнится по параметрам, указанным для тейк-профита.

Назначение заявки: фиксация максимальной прибыли с одновременным ограничением величины убытков.

Для наглядности рассмотрим выставление стоп-заявки в торговой платформе QUIK на примере фьючерсного контракта на акции Сбербанка.

Предположим, что вы открыли длинную позицию (купили контракт) по цене 13 260, при этом вы хотите поставить стоп-лосс на уровне 13 236. Для этого достаточно, находясь в окне **стакана** с **котировками** фьючерсных контрактов Сбербанка, либо нажать клавишу F6, либо щелкнуть правой кнопкой мыши и в появившемся контекстном меню выбрать пункт «Новая стоп-заявка».

В открывшемся окне необходимо указать параметры и условия выполнения стоп-приказа.

В поле «Тип стоп-заявки» (1) должно стоять «стоп-лимит». В поле «Срок действия» (2) ставим «до отмены». В поле «Условие активации заявки» (3) ставим «Покупка» или «Продажа»; в нашем случае будет продажа, так как мы открыли лонговую позицию. В поле «стоп-лимит, если цена < =» (4) указываем цену, при достижении которой должно произойти срабатывание стоп-заявки. В нашем случае это 13 236. Выше мы говорили о том, что выполнение стоп-заявки происходит в два этапа. Соответственно, в поле «Цена» (5) мы ставим цену лимитной заявки, которая будет активирована при выполнении ценового условия стоп-заявки. Здесь необходимо учесть возможное **проскальзывание**, то есть тот факт, что сразу после исполнения условия стоп-заявки цена спроса может еще ухудшиться. Чтобы повысить вероятность исполнения лимитной заявки, необходимо предложить рынку меньшую цену. Заложим **допуск** на проскальзывание в размере еще 12 **пунктов**. Таким образом, худшая цена, по которой может произойти закрытие нашей позиции при срабатывании стоп-лосса, составит 13 224 пункта.

В поле «Кол-во (лот 100)» (6) указываем количество контрактов для сделки. Я категорически рекомендую оперировать в процессе обучения не более чем одним контрактом. Это позволяет вам освоить все необходимые функции торговой платформы, сократив до минимума уровень риска.

Далее нажимаем кнопку «Ввод», и сразу после этого ваша заявка начнет отображаться в таблице стоп-заявок и будет ожидать либо выполнения заданных в ней ценовых условий, либо отмены.

Типы ордеров американского фондового рынка

Технология торговли на американском рынке сильно отличается от условий работы на валютном рынке. На рынке **Forex** достаточно выставить тейк-профит, в то время как на американском рынке нужно выставлять противоположный ордер. Например, если у вас открыта длинная позиция, то, чтобы зафиксировать прибыль, вам нужно будет выставить ордер на продажу на уровне цены, по достижении которой вы хотите выйти из позиции. Обращаю ваше внимание на тот факт, что у некоторых брокеров лимитные ордера не переносятся на следующий торговый день. То есть выставленные вами лимитные заявки, которые служили страховкой для вашей позиции, а именно ваши стоп-ордера, будут отменены и ваша позиция на открытии торговой сессии останется без защитного контроля над величиной убытка!

Также хочу отметить, что на американском рынке заявки вида тейк-профит — это лимитные заявки. Если на рынке Forex при срабатывании стоп-лосса и закрытии позиции автоматически отменяются все связанные с ней заявки (тейк-профит), то на американском рынке заявка на продажу или покупку инструмента с целью фиксации прибыли останется висеть, несмотря на то что в вашем портфеле уже нечего фиксировать. Эти заявки придется убирать вручную.

Типы торговых ордеров, применяемые на американском рынке, в основном являются аналогами уже рассмотренных нами биржевых заявок, но все же имеют некоторые особенности. Кроме того, повторение, как известно, мать учения.

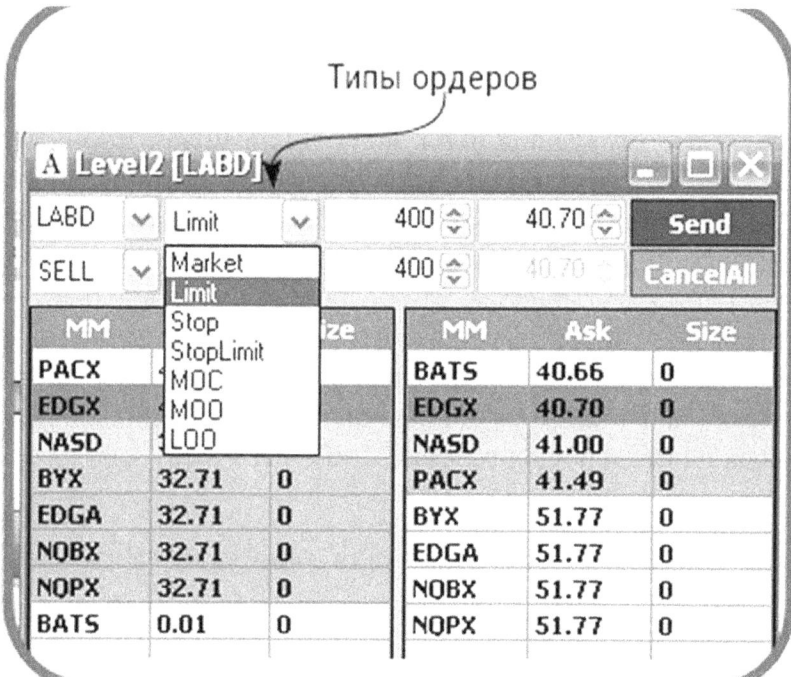

Рис. 1.17. Типы ордеров на американском рынке

Market Order (рыночный ордер) — этот ордер исполняется по наилучшей цене, имеющейся на рынке в момент размещения заявки. В результате исполнение ордера происходит практически сразу.

Limit Order (лимитный ордер) — этим ордером вы указываете брокеру максимальную цену, по которой готовы купить, или минимальную цену, по которой готовы продать выбранный актив.

Важно понимать: для лимитного приказа цена на покупку должна быть ниже текущей рыночной цены, а на продажу — выше, иначе лимитный ордер будет исполнен сразу по рыночной цене.

Stop Order (стоп-ордер, стоп-лосс) — это ордер, который становится рыночной заявкой, как только достигнута установленная цена (стоп-цена). Чаще всего стоп-ордер применяется для закрытия позиции.

Take-profit (тейк-профит), наоборот, представляет собой поручение закрыть позицию при повышении цены. Например, если вы поставите стоп-ордер на уровне 10%, то акция, которую вы купили за $10, будет продана при снижении цены до $9. В случае же с тейк-профитом при выборе того же параметра заявки в 10% закрытие позиции произойдет при росте цены до $11.

Stop Limit Order (стоп-лимитный ордер) — это стоп-ордер с функцией лимита цены исполнения. В случае, если рыночная цена достигла заданного в приказе значения стоп-цены, выставляется лимитный ордер. При этом лимитная цена может как совпадать, так и отличаться от стоп-цены. Чаще всего такой ордер используется для подстраховки от проскальзывания при резких движениях цены актива.

По способу исполнения на американском рынке выделяют следующие типы ордеров:

Limit on Open Order (LOO) — ордер исполняется на открытии рынка только по заданной или лучшей цене.

Market on Open Order (MOO) — ордер исполняется по первой цене на открытии рынка.

Market Close Order (MOC) — ордер исполняется по последней цене на закрытии рынка. В течение всего торгового дня биржи накапливают MOC-ордера и объединяют их в последней сделке торгового дня. По правилам NYSE[1] MOC-ордер не может быть отменен в последние 15 минут торговой сессии.

---

[1]   NYSE (New York Stock Exchange) — Нью-Йоркская фондовая биржа.

Глава 2

ИДЕНТИФИКАЦИЯ ЦЕНОВЫХ УРОВНЕЙ

Как Земля вертится вокруг своей оси, так и все рыночные движения происходят вокруг ценовых уровней, с той лишь разницей, что в отличие от земной оси таких уровней у каждого инструмента не один, а много. Ценовые уровни имеют массу полезных для практического применения свойств, поэтому данная тема является для трейдера одной из самых важных. Уровни, как дорожные знаки, выступают ориентирами, позволяют нам оценить запас хода и дают представление о направлении рыночного движения. Это как раз та информация, которая нам нужна для подготовки к сделке. Поскольку мы торгуем только то, что видим на графике, именно уровни обеспечивают нам отправные точки для любых наших рыночных действий.

Ценовые уровни существуют и работают для любых рыночных инструментов. Чтобы убедиться в этом, достаточно взглянуть на любой биржевой график. Мало кто, однако, задумывается над тем, откуда берутся ценовые уровни. И напрасно, потому что понимание происхождения ценовых уровней ведет к созданию эффективных **систем торговли**. Поэтому далее я постараюсь дать вам это понимание. Начну с примера, показывающего, что возникновение ценовых уровней является закономерным явлением и что торговать от уровней наиболее безопасно. Для этого используем несколько пар графиков, на которых для разных инструментов показана ценовая дневка (первый график) и соответствующие ей данные горизонтального объема торгов (второй график). (Графики горизонтального объема взяты с ресурса Volfix.net).

Как видите, наибольший объем сделок сосредоточен именно в диапазоне между ценовыми уровнями, где происходит активный набор позиций. Ценовые уровни выступают здесь в роли своеобразных берегов, ограничивающих русло рыночной реки. Как известно, берег является наиболее безопасным местом для рыбной ловли. Это правило справедливо и для совершения торговых сделок.

Аналогичную картину можно наблюдать в совершенно разных инструментах.

Пример 1 (британский фунт)

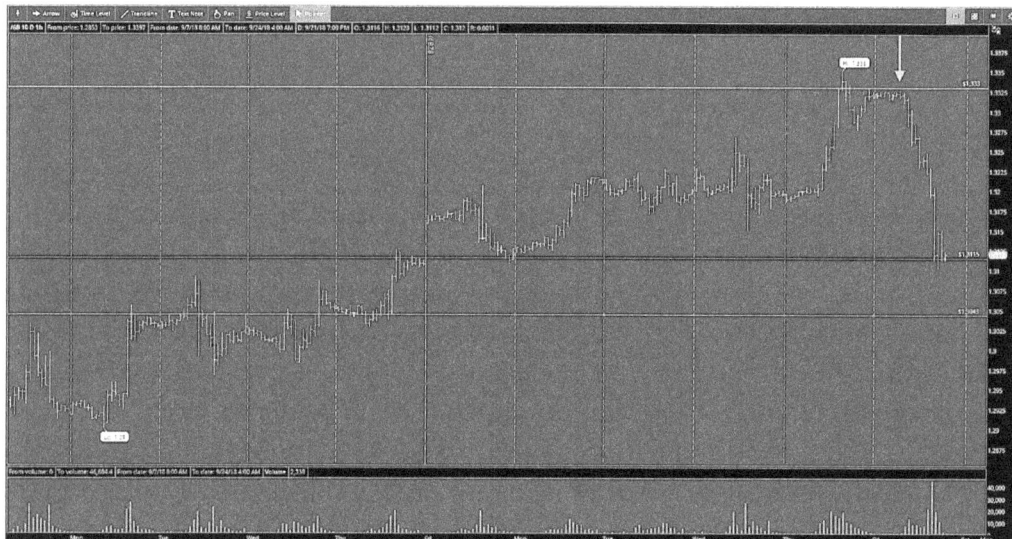

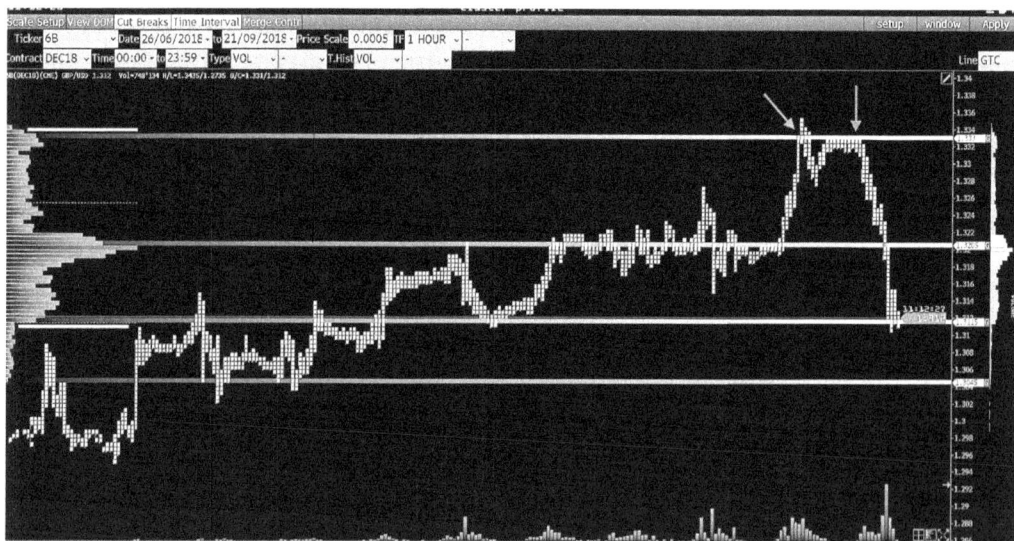

Рис. 2.1. Возникновение ценовых уровней, подтверждаемое изменениями объема торгов

Пример 2 (нефть)

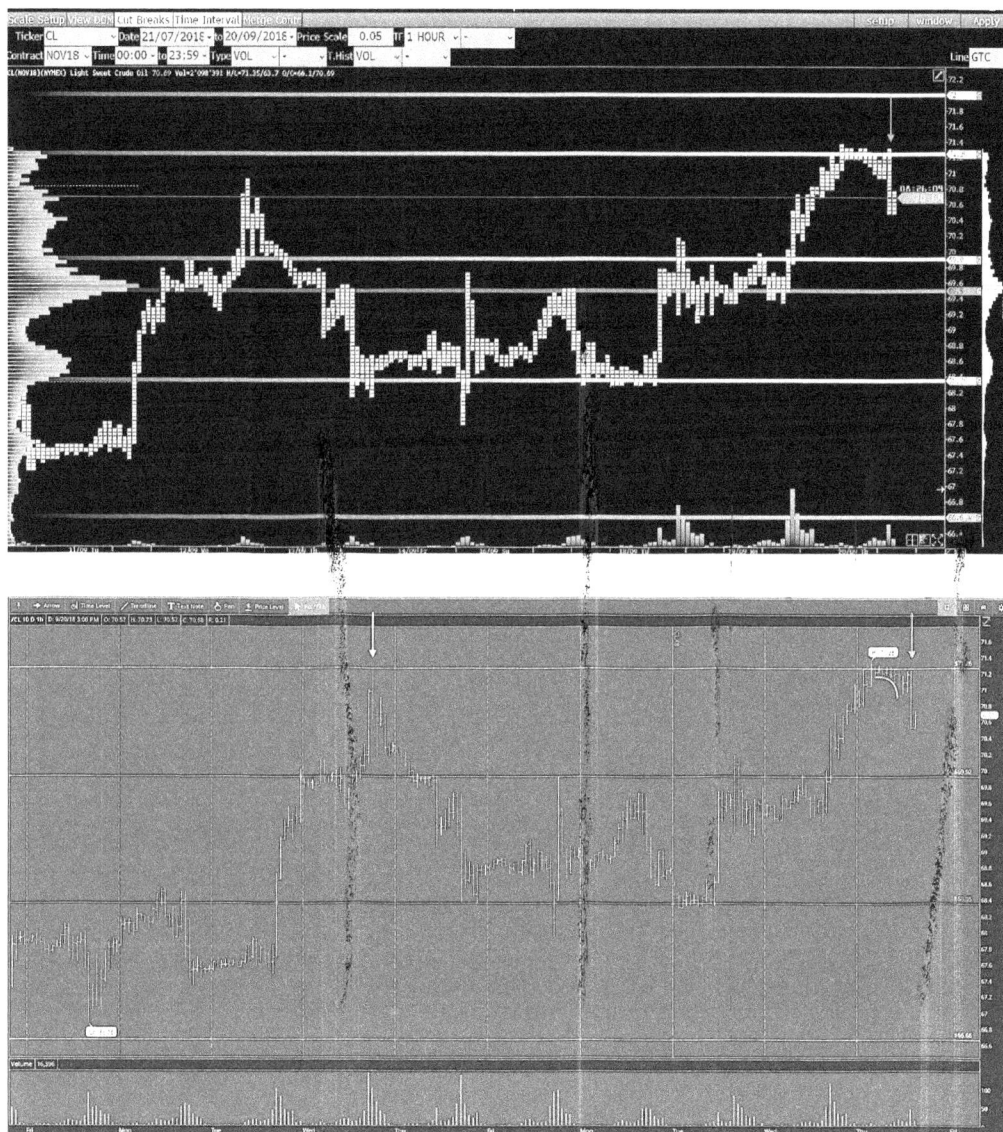

Рис. 2.2. Возникновение ценовых уровней, подтверждаемое изменениями объема торгов

Пример 3 (S&P500)

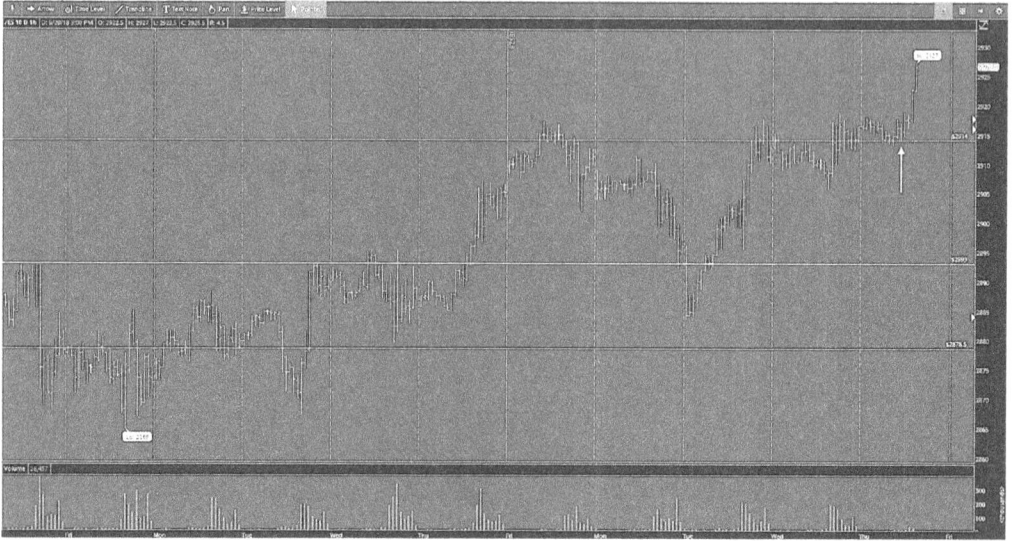

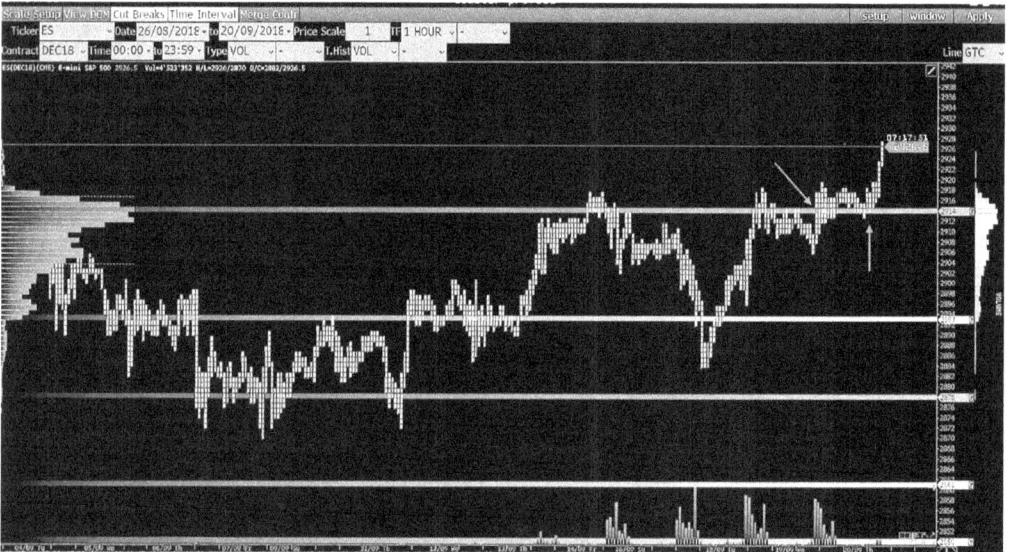

Рис. 2.3. Возникновение ценовых уровней, подтверждаемое изменениями объема торгов

Все это доказывает, что ценовые уровни — это не выдумка автора, а объективная рыночная реальность. Ценовые уровни — это не индикаторы, искусственно созданные Герчиком или кем-то еще. Поэтому задача успешного трейдера состоит в том, чтобы, ничего не придумывая, правильно увидеть ценовые уровни и использовать увиденную картинку в своей торговле.

Закономерность образования ценовых уровней объясняется прежде всего тем фактом, что на рынке есть всего два вида игроков: продавцы и покупатели.

Продавцы и покупатели

На биржевом рынке присутствует множество игроков, оперирующих различными объемами активов и преследующих различные цели. Но при этом все они являются либо продавцами, либо покупателями. В разные моменты времени и по разным инструментам они могут переходить из категории покупателей в категорию продавцов, и наоборот, но это не меняет сути дела, потому что никакой третьей категории игроков на рынке не существует. Такой расклад имеет простое объяснение: несмотря на весь околобиржевой антураж и огромные деньги, которые крутятся в торговле валютой и ценными бумагами, биржа по своей сути является обыкновенным базаром и подчиняется его простым законам.

Инвестиционные фонды, **маркет-мейкеры**, частные инвесторы, всех мастей спекулянты — все они действуют по одному и тому же известному испокон веков принципу: купить подешевле, продать подороже. И в достижении этой цели биржевым игрокам (включая нас с вами) помогает один технический, но очень удобный нюанс, которого нет на обычном базаре: каждая биржевая сделка отражается на специальном графике.

И крупные, и мелкие продавцы/покупатели оставляют на биржевом графике следы своих действий. Задача трейдера состоит в том, чтобы научиться эти следы читать, трактовать и использовать их понимание для зарабатывания прибыли.

Любой биржевой покупатель может собрать нужный ему объем актива только за счет продавцов, поскольку другого источника просто не существует. Но если покупателю нужен значительный объем актива, то как он может его собрать без существенного повышения цены? Для этого есть лишь две возможности:

1. Использование периода рыночной консолидации, когда позиция набирается за счет движения цены в рейндже.

2. Контртрендовая торговля, когда покупатель, образно говоря, выходит навстречу бегущим по нисходящему тренду продавцам, которые сами ссыпают актив в подставленные покупателем карманы.

Естественно, что умный покупатель постарается никого не посвящать в свои планы, чтобы не разгонять цену раньше времени. Чтобы понять

KURC ACTIVNOGO TREYDERA

это, представьте обычный городской рынок. Если вы начнете массово и на-показ скупать здесь помидоры, их цена сразу вырастет. Поэтому, чтобы купить весь нужный ему объем подешевле, покупатель будет делать это по-тихому, переходя от одного продавца к другому. И только после того, как покупатель полностью выполнит свой план по закупке, он «отпускает рынок», то есть объявляет, что готов скупать помидоры по рыночной цене. Естественно, что, почувствовав наличие спроса, рыночная цена на по-мидоры рванет вверх. Таким образом, продавцы сами начинают играть на руку покупателю, поднимая стоимость уже набранной им позиции. Возникает восходящий тренд, который привлекает внимание других по-купателей. Они включаются в игру и совершают новые покупки, которые поднимают цену еще выше. В это время наш первый покупатель превра-щается уже в продавца и сливает набранный ранее объем набежавшим покупателям по цене, сильно превышающей цену его покупки.

Рис. 2.4. Набор позиции — разгрузка позиции

Точно так же на биржевых торгах любой нормальный покупатель будет маскировать свои истинные цели. Как уже было сказано выше, все дей-ствия игроков отражаются на графике и в биржевом стакане. С одной сто-роны, это усложняет задачу маскировки, но, с другой стороны, крупный покупатель прекрасно знает, что за его действиями следят другие игроки. Поэтому он может запутывать следы, «рисовать» на графике нужную ему картинку, изображая, например, слом локального тренда, чтобы подтол-кнуть других игроков к нужным ему действиям. Увидев на графике бар, ло-мающий тренд, испуганные трейдеры начинают закрывать свои позиции, не догадываясь, что тем самым они лишь помогают крупному игроку собрать нужный ему объём. Затем, когда цена вдруг снова разворачивается и продолжает движение в прежнем направлении, высаженным из позиций трейдерам остаётся лишь грустно смотреть вслед уходящему поезду.

Возьмём другой пример. Вы наверняка наблюдали ситуацию, при которой в биржевом стакане появляется лимитная заявка на покупку или продажу огромного количества лотов. На самом деле это вовсе не значит, что кто-то действительно захотел купить/продать весь выставленный объём, но такая заявка воздействует на уровне психологии, заставляя трейдеров думать, что у них за спиной появилась мощная **поддержка**.

Тогда окрылённые трейдеры кидаются открывать свои позиции и в результате разгоняют цену, даже не догадываясь, что при этом они работают на крупного игрока, который с помощью своего вызывающе большого ордера просто манипулирует их действиями. При последующем развороте рынка эти трейдеры удивляются, почему мощная заявка куда-то подевалась и не защитила их от ухода «на стопы». На самом же деле удивляться в этой ситуации нечему, ведь вполне возможно, что на «стопы» их свозил тот самый игрок, который своей крупной заявкой нарисовал видимость сильной поддержки.

Поэтому моя задача состоит в том, чтобы научить вас не поддаваться на подобные хитрости и видеть на графике реальное положение дел, а не те картинки, которые нам подсовывают так называемые **кукловоды**. Когда вы видите на графике непонятный бар, ломающий закономерность, вместо того, чтобы бросаться на амбразуру, вы должны спокойно сидеть в засаде и наблюдать, выжидая чёткий сигнал о том, чья сторона действительно побеждает в соперничестве продавцов и покупателей. Образно говоря, вы не должны быть постоянно за «белых» или за «красных»: вы должны быть только за себя, но всегда на стороне тех, кто побеждает в той или иной ситуации.

Если вы считаете, что пример с помидорами не слишком подходит для описания происходящего на фондовом рынке, то вот вам реальная сводка рыночных событий, происходивших как раз в то время, когда писалась эта глава. В ней наглядно отражаются взаимоотношения между простыми трейдерами и кукловодами:

Российские трейдеры сделали рекордную ставку на обвал рынка и проиграли[1]

---

[1]   https://smart-lab.ru.

В четверг, 5 июля, физики шортанули фьючерс на индекс РТС в объеме 23 359 контрактов, свидетельствует статистика биржи. В денежном выражении на падение акций непрофессиональные инвесторы поставили 3,5 млрд руб. — рекордную с начала года сумму. Но рынок сразу же двинулся в противоположную сторону: за пятницу индекс РТС прибавил 0,15% пункта, в понедельник подскочил еще на 1,67%.

Однако и это не охладило решительный настрой трейдеров играть на понижение: накануне они продали в короткую еще 13 347 контрактов на индекс РТС, рассчитывая заработать на его падении.

Частные трейдеры играют против рынка все три недели, что растет РТС: с 22 июня они вложили в игру на понижение 6,5 млрд руб., продав более 42 000 фьючерсов.

Открывать позицию можно лишь тогда, когда вы точно понимаете, что именно делают в этот момент покупатели и продавцы. Даже если в дальнейшем вы получите по этой позиции убыток, вы будете знать, что торговали по системе, а не под влиянием эмоционального порыва. Любая система подразумевает наличие убыточных сделок. Они неизбежны, но ничего страшного в этом нет. Более того, прочитав эту книгу, вы поймете, что для того, чтобы зарабатывать на рынке, вам достаточно будет иметь лишь 35% прибыльных сделок. Но есть одно главное условие: вы должны торговать системно и не отклоняться от правил выбранной вами торговой стратегии.

О торговых стратегиях и алгоритмах я рассказываю в других главах, а пока давайте разберемся, какими бывают продавцы и покупатели и какие *реальные* следы своих действий они оставляют на биржевых графиках.

Продавцов и покупателей можно разделить на *статичных* (лимитных) и *динамичных*. Статичные игроки, никуда не торопясь, выставляют *лимитные заявки* с фиксированной ценой. В результате эти заявки образуют на графике ценовые уровни, о которые бьется цена: статичные продавцы формируют уровни **сопротивления**, не дающие цене идти вверх, а статичные покупатели — уровни **поддержки,** ограничивающие движение цены вниз. Таким образом, статичные игроки занимаются тем, что создают преграды для прямолинейного движения цены. Но делают они это не потому, что окончили строительный факультет или имеют что-то против трендовых движений. Ценовые уровни образуются естественным путем и являются теми самыми реальными следами действий продавцов и покупателей, о которых мы говорили выше. Именно поэтому ценовые уровни так важны для трейдера. Их невозможно подделать или спрятать, но это очевидно лишь для тех, кто знает, как находить их на графике. (Определению ценовых уровней посвящена отдельная глава.) Это те рубежи обороны, на которых борьба продавцов и покупателей достигает своего пика и приводит к появлению победителя, к которому вы должны присоединиться.

В отличие от держащих оборону статичных игроков, динамичные продавцы и покупатели представляют атакующую сторону. Они, в свою очередь, совершают собственные продажи или покупки по рынку и тем самым заставляют цену биться об удерживаемый статичными игроками уровень в попытках его пробить. В такие моменты для нас начинается самое интересное, потому что именно движение цены относительно уровня позволяет сделать вывод о том, кто побеждает в противостоянии продавцов и покупателей. Здесь мы, сидящие в засаде трейдеры, включаем все свое внимание и ожидаем появления подходящего момента для открытия позиции: определяем *точку входа*, то есть цену, по которой совершим свою сделку.

При этом полезно знать, что самыми агрессивными из динамичных покупателей являются те, кто закрывает свои короткие позиции. Шортистам приходится быть гораздо умнее тех, кто торгует в лонг, потому что их риски выше. Обычно продавцы, торгующие в шорт, совершают сделки в двух случаях: когда инструмент достигает своих экстремумов, то есть находится в самом верху или в самом низу. Поэтому, если покупателям удается пробить уровень ценового сопротивления, игроки, сидящие в коротких позициях, тут же начинают их закрывать, чтобы избавиться от растущих рисков. Таким образом, мы вправе ожидать, что при пробитии уровня сопротивления закрывающиеся шортисты присоединятся к покупателям лонгов и общими усилиями они разгонят цену вверх.

Аналогичным образом при пробитии динамичными продавцами уровня ценовой поддержки к шортистам присоединяются бывшие покупатели, вынужденно закрывающие свои дешевеющие длинные позиции.

Продавцы (шортисты)

Динамичные (рыночные) ⟷ Статичные (лимитные)

Пробивают уровни поддержки

Строят уровни сопротивления

Покупатели (лонгисты)

Динамичные (рыночные) ⟷ Статичные (лимитные)

Пробивают уровни сопротивления

Строят уровни поддержки

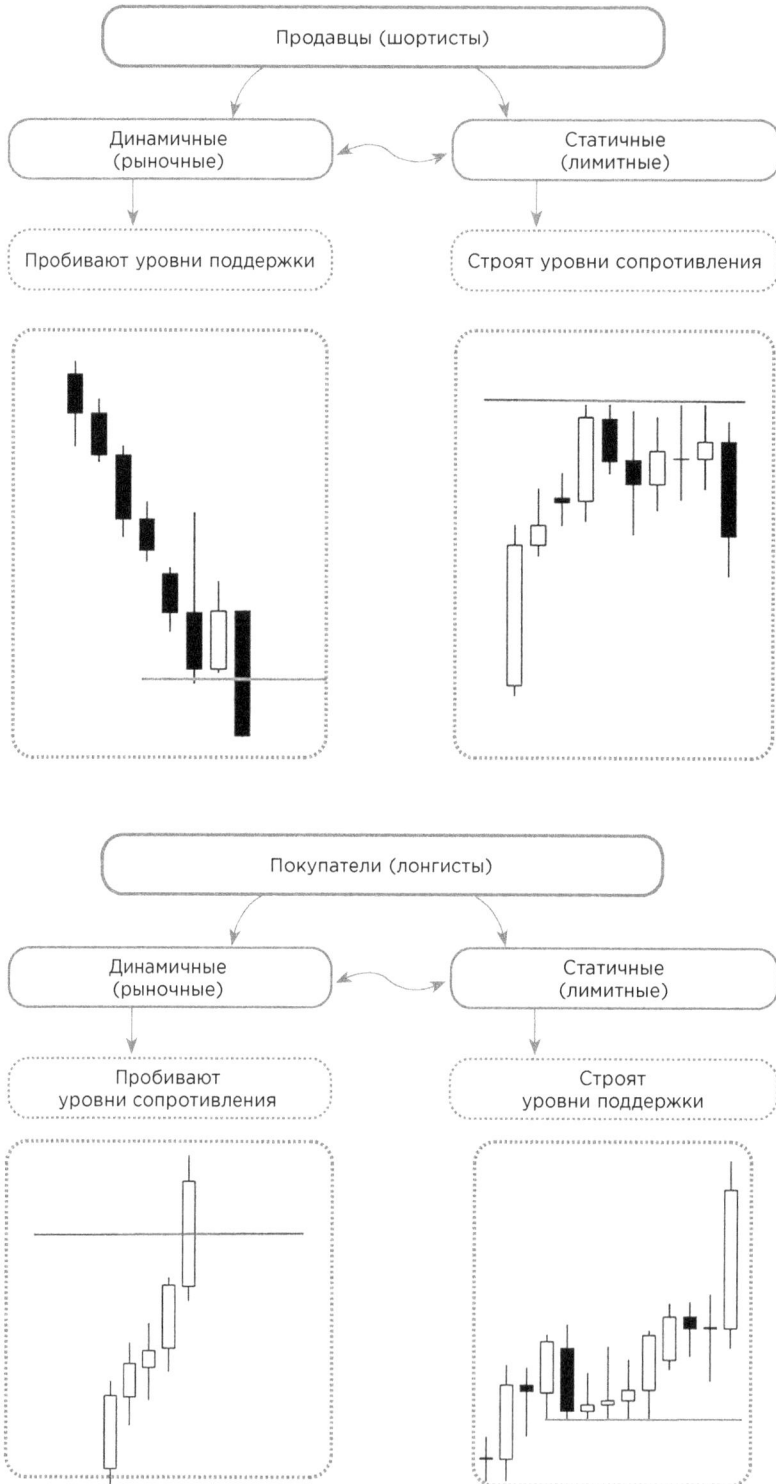

Рис. 2.6. Динамичные и статичные участники рынка

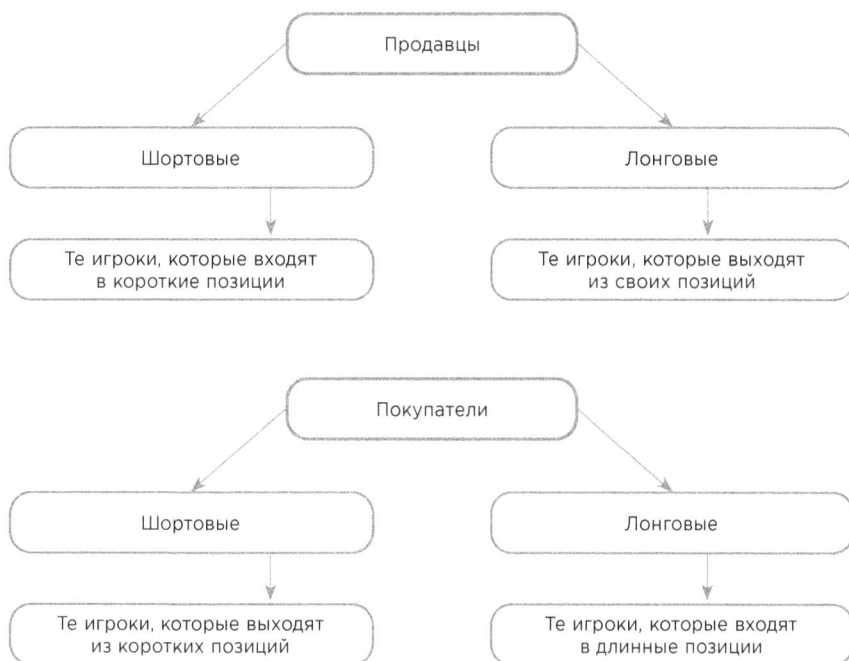

Рис. 2.7. Классификация продавцов и покупателей по направлению торговли

Пока статичные игроки строят ценовые уровни, а динамичные пытаются их пробить, мы сидим в засаде и наблюдаем за развитием событий. На что мы при этом обращаем особое внимание? Конечно, на следы, которые оставляют на биржевом графике продавцы и покупатели. Прежде всего нас интересуют следы, оставляемые ими вблизи сильных ценовых уровней. Существуют модели, появление которых на графике помогает нам найти ответы на такие важные вопросы, как: стоит ли ожидать пробитие уровня; является ли случившийся пробой уровня истинным или ложным? Более подробно такие модели рассматриваются в той главе этой книги, которая посвящена ценовым движениям вблизи ключевых уровней, пока же приведу для вас лишь несколько показательных примеров.

Пробитие уровня становится более вероятным, если при приближении к нему наблюдается *ценовая консолидация*.

Такая модель образуется на графике в том случае, когда противостоящие друг другу продавцы и покупатели, с одной стороны, держат лимитный уровень, а с другой — набирают крупную позицию. Идиоты обычно не задерживаются на рынке надолго, поэтому, если вы видите, что кто-то набирает объемную позицию перед сильным уровнем, значит, у него есть основания верить в то, что ему удастся этот уровень пробить. Чем дольше продолжается консолидация, тем больше набираемая позиция и тем выше сделанные в этой игре ставки. Отсюда следует вывод о том, что в этом месте накапливается сила, или бензин, для последующего трендового движения, в котором у вас есть шанс поучаствовать.

Другой пример. Пробитие сильных уровней должно приводить к немедленному возникновению импульсного движения цены. Если такого движения не возникает, значит, мы, скорее всего, наблюдаем ложный пробой и тогда нам нужно либо уйти и снова затаиться в своей засаде, либо торговать стратегию, основанную как раз на ложном пробое.

Еще одним критерием для классификации участников рынка служит горизонт времени, на который ориентируются трейдеры, то есть срок жизни открываемых ими торговых позиций. На этом основании трейдеров подразделяют на следующие категории.

Долгосрочные трейдеры: фактически они являются не игроками, а инвесторами, которые либо в собственных интересах, либо при выполнении заказа своих клиентов, либо при управлении средствами инвестиционного фонда вкладываются всерьез и надолго. Этой категории трейдеров неинтересны сиюминутные изменения настроения рынка: они мыслят стратегически, принимая во внимание глобальные ценовые движения.

Среднесрочные трейдеры: они составляют широкую категорию, умеющую как выжидать, так и действовать достаточно быстро. Среднесрочные трейдеры удерживают открытые позиции от нескольких дней до нескольких месяцев.

Краткосрочные трейдеры (дейтрейдеры): это спекулянты, совершающие свои операции внутри дня, то есть открывающие и закрывающие свои позиции в течение одной торговой сессии. Дейтрейдеры могут совершать несколько сделок даже в течение одной минуты.

Все вышесказанное говорит нам о том, что на рынке ничего не происходит просто так. Каждое действие или бездействие продавцов и покупателей имеет смысл, который вы должны понять, прежде чем совершить сделку. И если вы научитесь выжидать и правильно трактовать то, что видите на графике, не давая обмануть себя ложными финтами, ничто не помешает вам участвовать в сильных рыночных движениях, получая на этом прибыль.

Рис. 2.8. Продавцы и покупатели и их рыночные следы

Механизм формирования ценовых уровней

Итак, мы с вами выяснили, что единственные участники рынка — продавцы и покупатели — в своей рыночной борьбе создают и ломают ценовые уровни. Для закрепления пройденного и лучшего понимания последующего материала давайте рассмотрим один простой пример, который раскрывает механизм формирования ценового уровня.

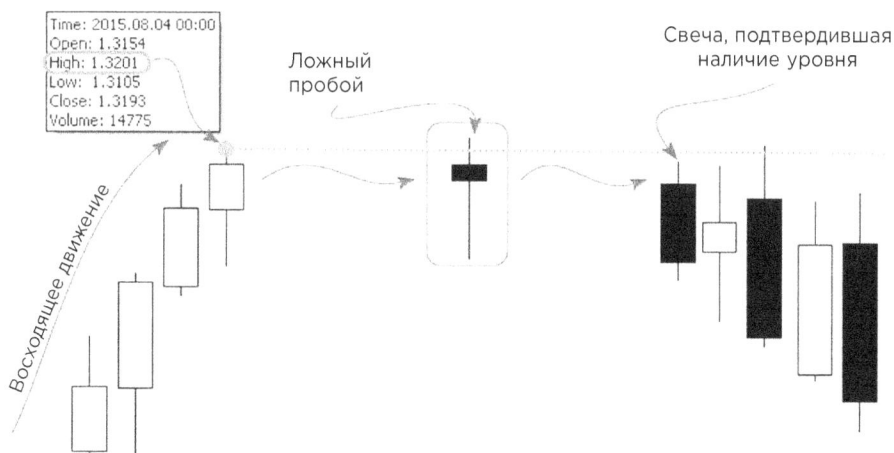

Рис. 2.9. Схема формирования ценового уровня

На рисунке мы наблюдаем восходящее движение. Покупатели «съедают» весь объем актива, который им готовы предложить продавцы, и просят добавки. Сделки происходят по все более высокой цене, поскольку на рынке пока нет продавца с таким объемом товара, который позволил бы насытить всех покупателей по одной цене. Представим, что перед нами дневной график, где каждой свече соответствует один торговый день. Итак, день за днем заканчивается тем, что покупатели соглашаются на все более высокую цену продавцов до тех пор, пока на рынке не происходит нечто новое. Наступает день, в который сначала случается ставшее уже привычным достижение нового максимума цены, но затем котировки начинают снижаться и закрытие торговой сессии происходит уже по цене более низкой по отношению к уровню закрытия предыдущего дня. Поскольку на рисунке мы использовали не бары, а свечи, этот момент представлен еще более наглядно: вы видите, что после ряда белых свечей наконец появляется черная.

Ситуацию, когда цена в моменте пробивает ближайший уровень вверх или вниз, но не может удержаться (закрыться) в достигнутой плоскости и отступает назад, называют ложным пробоем. При этом соответствующий такой ситуации бар (свеча) имеет пробивающий уровень хвост, но закрытие бара оказывается ниже (или выше) пробития ценового уровня. Более подробно модель «ложный пробой» описана в главе, посвященной изучению рыночных движений вблизи ценовых уровней.

Ложный пробой сам по себе является важным сигналом, поэтому он обращает на себя наше внимание, и мы начинаем более пристально следить за тем, что происходит на рынке далее. Для сложившейся ситуации есть несколько объяснений: либо покупатели к этому моменту набрали нужный им объем актива и больше не горят желанием покупать, либо на рынке появился крупный игрок, готовый продавать большое количество актива по устраивающей его цене.

Далее мы видим на графике очередную попытку пойти вверх, завершившуюся касанием того ценового уровня, который стал высшей точкой в последний день роста. После этого цена опускается, и день закрывается *ниже* уровня закрытия последней белой свечи. Это позволяет нам сделать сразу несколько важных выводов. Во-первых, на рынке, скорее всего, действительно появился крупный лимитный продавец. При этом для нас совершенно неважно, кто он, откуда взялся и почему он решил продавать, а не присоединился к покупателям. Нам достаточно самого факта его наличия. Во-вторых, мы знаем, какова его лимитная цена предложения: это цена, выше которой рынок уже не смог подняться. И это та же максимальная цена, до которой рынок дошел в период своего роста.

Все перечисленные признаки, собранные воедино, указывают нам на *формирование ценового уровня*, в данном случае — уровня сопротивления. В этот момент мы стали обладателями ценнейшей для любого трейдера информации. У нас появился ценовой ориентир, от которого можно торговать в шорт, пока еще не до всех покупателей дошло, что с высокой степенью вероятности на данном этапе выше цену уже не пустят. При этом наличие сильного уровня позволяет открывать короткую позицию с низким уровнем риска, поскольку подстраховывающий нашу позицию стоп-лосс-ордер в данной ситуации можно выставить совсем недалеко от точки входа (ненамного выше сформированного уровня сопротивления).

После нескольких безуспешных попыток подняться выше «наевшиеся» покупатели теряют свой бычий запал, и спрос на актив падает. Падает (в полном соответствии с законами рынка) вместе с его ценой, поскольку нашему крупному продавцу все еще нужно продавать и в отсутствие желающих покупать ему приходится снижать цену. Кроме того, к его продажам присоединяются и обладатели длинных позиций, до которых наконец дошло, что «кина не будет: электричество кончилось». Все это приводит к ускоряющемуся нисходящему движению, которое будет продолжаться до достижения ценой нового уровня: теперь уже уровня поддержки.

Вывод: ценовой уровень успешно отработал, и своевременная его идентификация позволила бы трейдеру получить за свою внимательность хорошее вознаграждение.

Цена любого биржевого инструмента движется от уровня к уровню, подобно тому, как перемещение войск во время боевых действий происходит от одного укрепрайона к другому. Все промежуточные (или, правильнее сказать, межуровневые) движения служат для перегруппировки и накопления сил, а также для подготовки наиболее удобных позиций для последующего штурма очередной линии обороны противника.

Поскольку такие движения вблизи уровней тоже очень важны, так как позволяют трейдеру оценить вероятность пробития уровня, данная тема будет подробно рассмотрена в следующей главе. Но прежде вы должны научиться правильно определять, где на самом деле проходят ценовые уровни. Это умение является основой технического багажа успешного трейдера, поскольку ошибочное определение уровня перечеркивает весь последующий анализ, приводит к неправильным выводам и, что самое печальное, дает вам неправильную точку входа. И наоборот, если вы научитесь видеть сильные уровни, это уже обеспечит вас самым главным: пониманием происходящего на рынке. Вы будете видеть, что делают продавцы и покупатели. Тогда все остальное для вас будет лишь делом техники и накопления необходимого опыта. Здесь как в изучении иностранного языка: если вы поняли структуру построения предложений, значит, вы освоили скелет, на который вам остается лишь нанизывать все новые выученные слова.

Разновидности ценовых уровней

Как и военные укрепления, ценовые уровни имеют разную оборонительную силу. Соответственно, различают уровни сильные и слабые, плавающие и четкие (фиксированные). Поскольку единственное, что у нас есть, — это динамика цены инструмента, определять уровни и оценивать их силу мы будем исключительно по биржевым графикам.

Давайте рассмотрим существующие разновидности ценовых уровней, и начнем мы с наименее полезного из них: плавающего уровня.

Плавающий уровень — фактически уровень, который находится еще в процессе формирования, поскольку мы пока не можем выделить ключевые точки. Происходит борьба продавцов и покупателей возле какой-то цены, но без четкого ее определения. Это так называемая *радиоактивная* зона, в которой торговать не рекомендуется. Рано или поздно цена должна покинуть такую зону и перейти в консолидацию выше или ниже плавающего уровня.

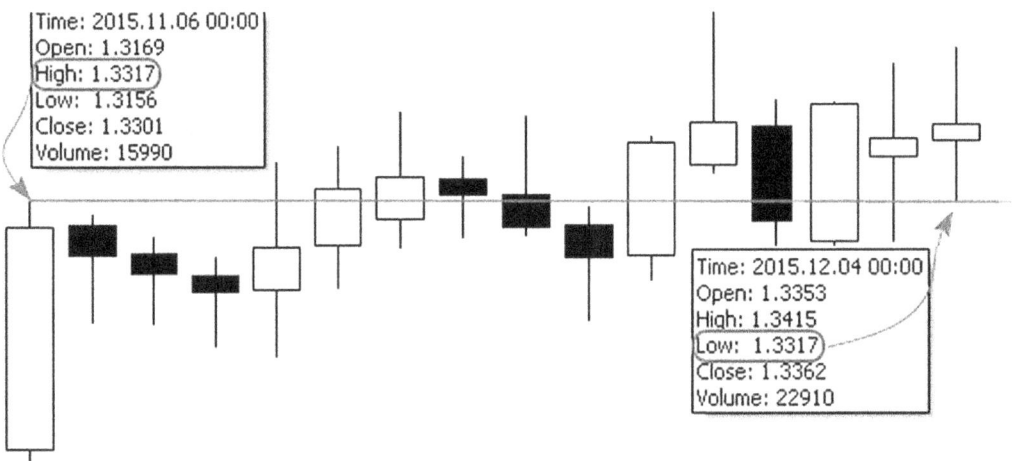

Time: 2015.11.06 00:00
Open: 1.3169
High: 1.3317
Low: 1.3156
Close: 1.3301
Volume: 15990

Time: 2015.12.04 00:00
Open: 1.3353
High: 1.3415
Low: 1.3317
Close: 1.3362
Volume: 22910

Рис. 2.10. Плавающий уровень

Обратите внимание на рис. 2.10. Мы видим, что свечи в течение некоторого времени (в середине графика) «гуляют» возле конкретной цены. Так продолжается до тех пор, пока одна из противоборствующих сторон не одерживает победу. Этот момент ознаменован *подтверждением* в виде касания цены нижним хвостом бара. Такое повторное касание ключевой точки указывает нам на то, что в данном поединке победили покупатели и теперь на их стороне появился лимитный игрок, пытающийся удержать цену на достигнутом уровне, а наш плавающий уровень в результате полученного подтверждения превратился в фиксированный: в данном случае «зеркальный» (описание этой разновидности ценового уровня см. далее).

Фиксированный (лимитный) уровень в отличие от плавающего всегда показывает конкретную цену, на которой утвердил свою победу покупатель или продавец.

Более сильный уровень повышает вероятность того, что он не будет быстро пробит. Соответственно, более сильный уровень дает нам лучшие возможности для открытия торговой позиции. В этом случае мы знаем, что у нас есть мощная поддержка, знаем, на каком ценовом уровне она расположена, а значит, знаем и то, при какой цене нам нужно будет спасаться бегством, то есть где мы должны выставить наш стоп-лосс.

Рассмотрим разновидности ключевых точек биржевого графика и создаваемых на их основе уровней, начиная от наиболее сильных.

Ценовой уровень, основанный на точке излома тренда

В точке излома тренда цена меняет направление своего движения. Для того чтобы развернуть тренд, требуются очень серьезные усилия. Соответственно, появление разворотного бара говорит нам о том, что такие силы на рынке появились. Поэтому данная точка указывает место наступления переломного момента в рыночной игре, и именно в этом месте проходит самый сильный уровень.

Изломы тренда могут быть простыми или сопровождаться *проторговками*. Под проторговкой понимаются такие ценовые движения, когда цена несколькими барами демонстрирует неспособность пробить уровень, что говорит о силе сформировавшего и удерживающего этот уровень лимитного игрока.

Простые изломы тренда возникают либо в том случае, когда игроки больше не верят в продолжение направленного движения и начинают закрывать свои позиции, либо при появлении крупного игрока, который начинает набирать позицию против тренда.

Если крупному игроку требуется большой объем актива, резкий ценовой разворот ему не нужен, поскольку тогда собирать позицию ему придется по менее выгодной цене. В результате он своими действиями провоцирует возникновение проторговки, во время которой и набирает нужный ему объем за счет закрытия позиций других игроков вблизи образованного ценового уровня.

Схематически описанные варианты создания уровней на изломе тренда представлены на рис. 2.11–2.12.

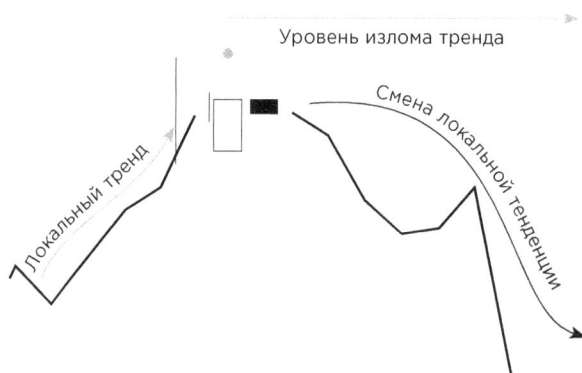

Рис. 2.11. Образование ценового уровня простым изломом тренда

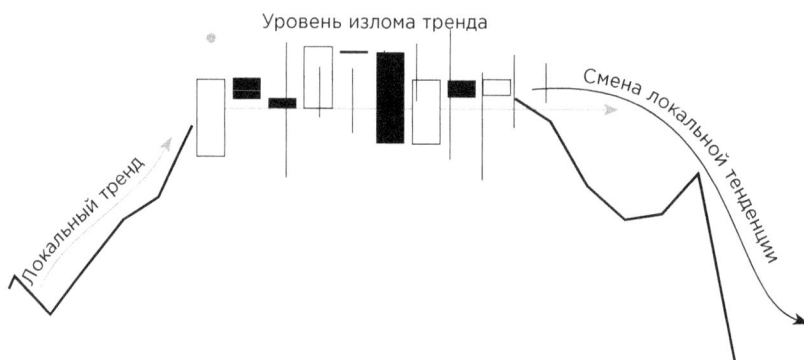

Рис. 2.12. Образование ценового уровня изломом тренда с проторговкой

Поскольку, как мы уже знаем, трендовые движения практически всегда сопровождаются коррекциями (временными откатами), к уровням излома тренда можно отнести и те ценовые уровни, которые основываются на ключевых точках таких откатов. Это уровни остановки движения и уровень, на котором заканчивается откат. При этом особенно важен уровень *первого* технического отката, поскольку он указывает, где удерживал цену игрок, сумевший помешать прямолинейному развитию тренда в наиболее сильной его стадии.

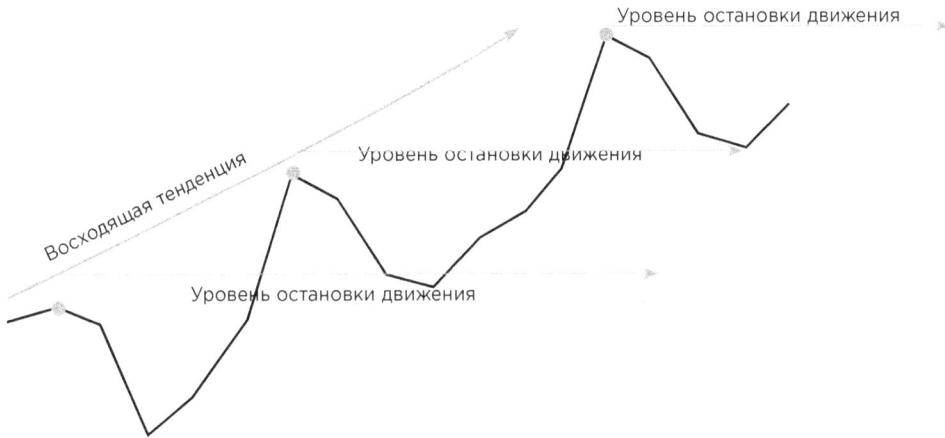

Рис. 2.13. Пример образования уровней коррекционной остановки ценового движения

Обратите внимание: при образовании коррекционных уровней не происходит смены глобального тренда; возникает лишь временное контртрендовое движение.

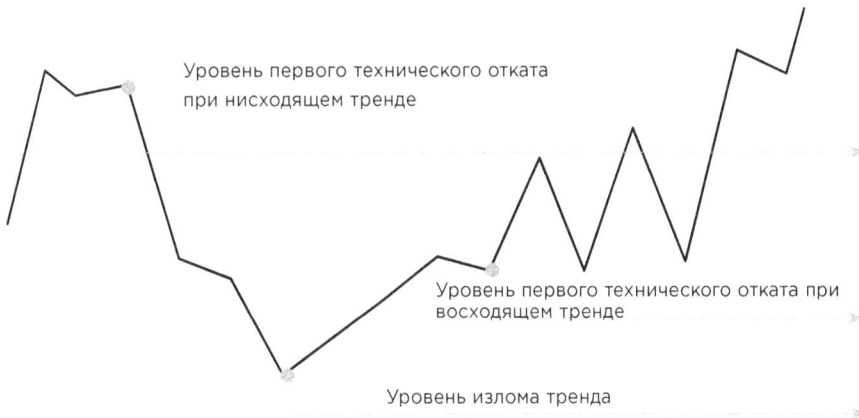

Рис. 2.14. Пример образования ценовых уровней первого технического отката

Исторический ценовой уровень

Исторический ценовой уровень — это уровень, построенный на основе ключевых точек с повторяющейся ценой. На представленном ниже реальном графике вы можете видеть, как значимые изменения в рыночном движении четыре раза случались на одном и том же ценовом уровне. Это нельзя объяснить простой случайностью. Повторения необязательно должны идти сразу друг за другом, но должны укладываться в видимую часть графика. Основным условием для формирования исторического уровня является необходимость точного повторения цены.

Рис. 2.15. Пример формирования исторического ценового уровня

Зеркальный ценовой уровень

Следующий по силе ценовой уровень отличается тем, что он последовательно выступает в двух противоположных ролях: сначала в роли уровня сопротивления, а затем, после пробития этого уровня, — в роли уровня поддержки; смена ролей может происходить и в обратной последовательности.

Рис. 2.16. Пример формирования зеркального ценового уровня

Ценовой уровень, образованный лимитным игроком

Такой уровень идентифицируется в том случае, когда мы наблюдаем на графике несколько ударов подряд в одну и ту же цену. Таких ударов должно быть не менее трех. Большее количество ударов усиливает уровень. Сильный лимитный уровень может быть образован как телами, так и хвостами свечей, но при одном главном условии: он не должен пробиваться ни на копейку (при торговле на валютном рынке допустима погрешность в один-два пункта). Это требование имеет понятное для внимательного читателя объяснение: если самое минимальное пробитие все же происходит, значит, лимитного ордера на этом уровне нет, ведь, как вы помните, лимитный ордер выставляется по фиксированной цене, не допускающей отклонений в худшую сторону. Если уровень, похожий на лимитный, пробивается, то следует признать его плавающим и ожидать формирования новой уровневой модели.

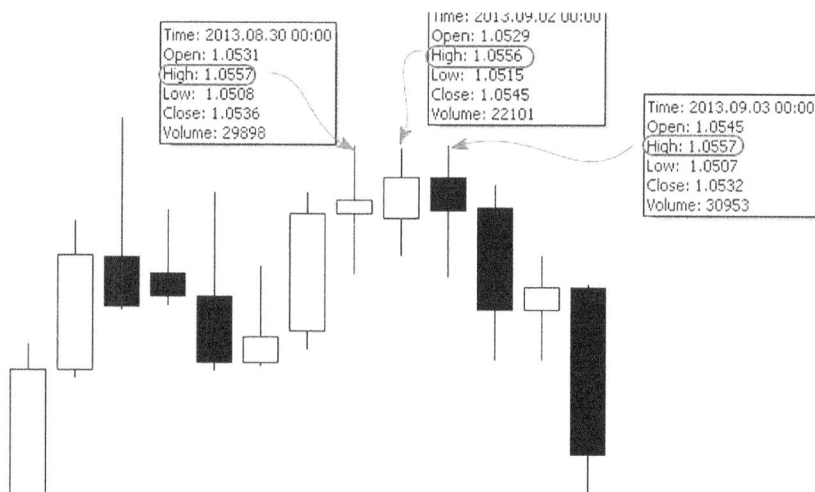

Рис. 2.17. Пример формирования лимитного ценового уровня

Ценовой уровень, образованный паранормальной свечой (баром)

Основой для уровня данного вида является паранормальная свеча (бар), размер которой в два и более раза превышает среднюю величину. Такой уровень требует подтверждения касаниями и усиления ложными пробоями. Особенность этой разновидности состоит в том, что при наличии необходимых подтверждений уровень создается обоими концами паранормальной свечи.

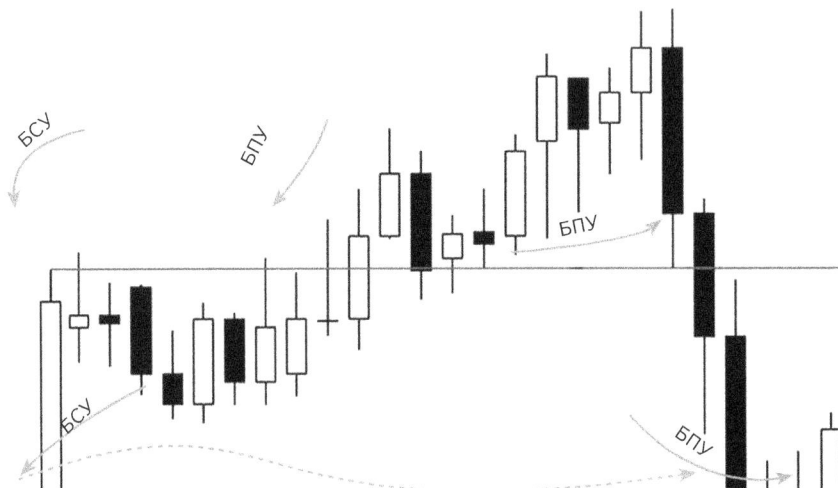

Здесь и далее как на графиках, так и в тексте обозначение БСУ расшифровывается как *бар, создающий уровень*, а БПУ — как *бар, подтверждающий уровень*. Данная пара обозначений используется и при описании торговых моделей, требующих обязательного подтверждения ценового уровня. Встречающееся далее обозначение ЛП расшифровывается как *ложный пробой*.

Рис. 2.18. Пример формирования ценового уровня паранормальной свечой

Если уровень формируется на основе свечи, имеющей маленькое тело и длинные хвосты, такой уровень считается более сильным по отношению к уровню, созданному длинным телом свечи. Это объясняется тем, что закрытие на максимуме или минимуме (при котором соответствующий хвост практически отсутствует) обычно указывает на то, что крупный игрок еще не закончил набор своей позиции, а значит, на следующий день движение может продолжиться и уровень не будет сформирован. Появление уровня данного вида часто сопровождается последующей проторговкой (см. описание следующего вида ценовых уровней).

Ценовой уровень, образованный проторговкой

Проторговки, которые мы уже упоминали при рассмотрении уровня излома тренда, происходят строго в зонах над или под уровнем, и этим данный вид уровня отличается от плавающего. Уровни проторговки часто обладают «эффектом памяти», и в этом они похожи на исторические уровни. Это означает, что при входе цены в зону, которая когда-то ранее являлась зоной проторговки, вполне возможно возникновение отбоя.

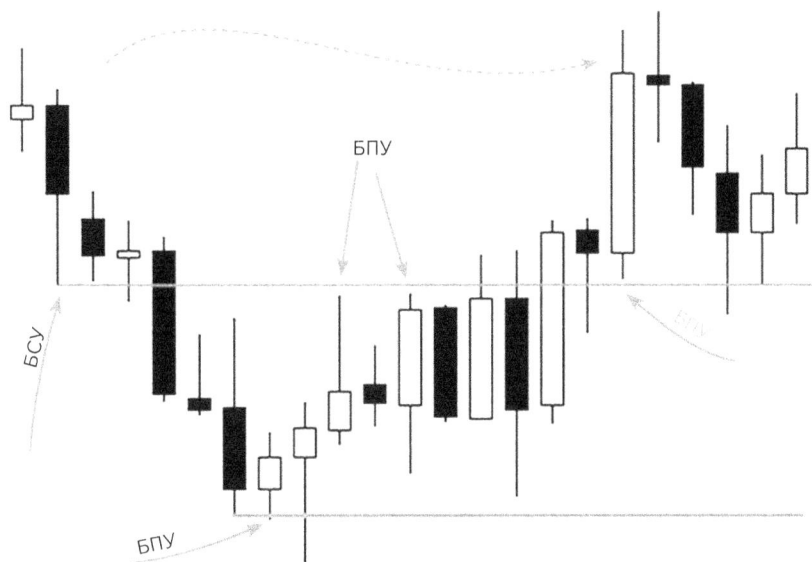

Рис. 2.19. Пример формирования ценового уровня проторговки

На рис. 2.19 основой для создания уровня является свеча с хвостом, до окончания которого не добивает следующая свеча, что указывает на наличие экстремума и подтверждает замедление или остановку движения. После этого начинается проторговка. Подтверждения уровня оформлены касаниями и ложными пробоями.

В дальнейшем при возврате цены к уровню проторговки мы наблюдаем касания, ложный пробой и, наконец, отбой.

Также на рис. 2.19 проведена нижняя граница зоны проторговки, которая своей самой низкой свечой также образовала новый уровень, подтвержденный касанием и усиленный ложным пробоем.

Ценовой уровень, образованный гэпом

Объяснение термина «гэп» было дано в главе, посвященной базовым рыночным понятиям. Однако помимо уже перечисленных свойств у гэпа есть еще одно: способность создавать ценовые уровни. Уровни формируются у верхней и нижней границ гэпа и требуют наличия подтверждений.

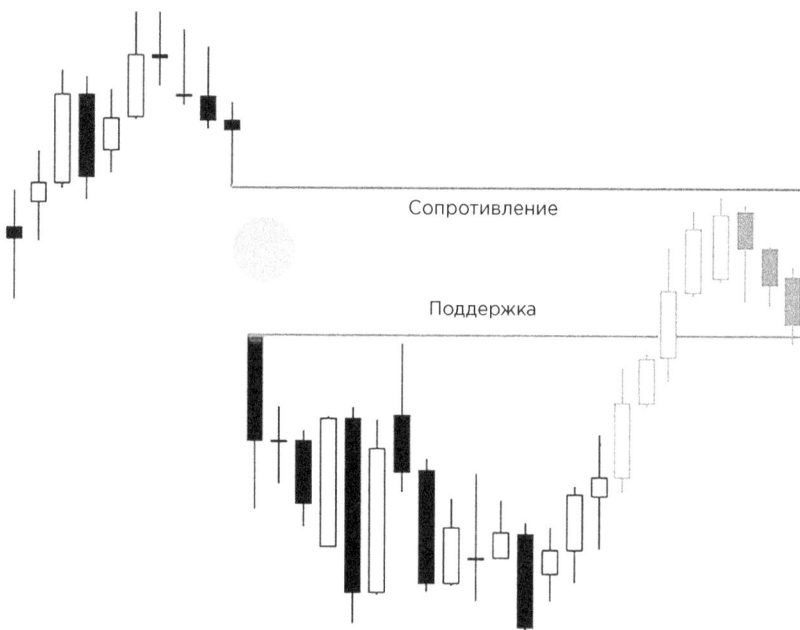

Рис. 2.20. Пример формирования гэповых уровней

На рис. 2.20 показано формирование гэповых уровней, когда нижняя граница гэпа становится поддержкой, а уровень верхней свечи, от которой произошел ценовой разрыв, образует сопротивление для движения цены актива.

Дополнительные признаки, подтверждающие и усиливающие ценовые уровни

Существует несколько признаков, наличие которых говорит нам о том, что идентифицированный уровень обладает большей, чем обычно, оборонительной силой. Имея набор таких признаков, изначально слабый по своей разновидности уровень вполне может превратиться в очень сильный. Что же это за признаки?

Первым из них является наличие дополнительных касаний барами подтвержденного уровня. Здесь не требуются развернутые пояснения, поскольку, я надеюсь, вы уже твердо усвоили, что уровни строятся лимитными игроками, а касание барами ранее созданного уровня явно указывает на то, что игрок продолжает этот уровень удерживать.

Необходимо лишь добавить несколько слов о трактовке так называемых *недобивающих баров*, то есть баров, почти доходящих до уровня, но не касающихся его. На самом деле недобивающий бар тоже дает нам указание на наличие уровня, и объясняется это следующим образом: если трейдер видит наличие крупного игрока, который, как и сам трейдер, тоже является продавцом или покупателем, он понимает, что по цене удерживаемого уровня он не сможет совершить свою сделку раньше, чем выполнится ранее выставленная заявка этого крупного игрока. Соответственно, мелкие трейдеры вынуждены выставлять свои заявки по чуть менее выгодной цене, то есть перед уровнем. В результате атаки других участников, играющих в противоположную сторону и пытающихся преодолеть уровень, могут отбиваться даже не крупным игроком, а заявками его мелких союзников, массово выстроившихся на подходе к удерживаемому уровню. На графике такая ситуация выглядит как недобивающий бар. Касание уровня при этом не происходит, но тем не менее это является признаком, подтверждающим наличие сильного уровня.

Следующим важным признаком является ложный пробой. Наличие ложного пробоя практически всегда усиливает уровень. Это объясняется тем, что почти все сильные движения заканчиваются ложными пробоями. О том, что представляет собой ложный пробой, говорится в начале данной главы. На рис. 2.21 для наглядности представлен пример ложного пробоя.

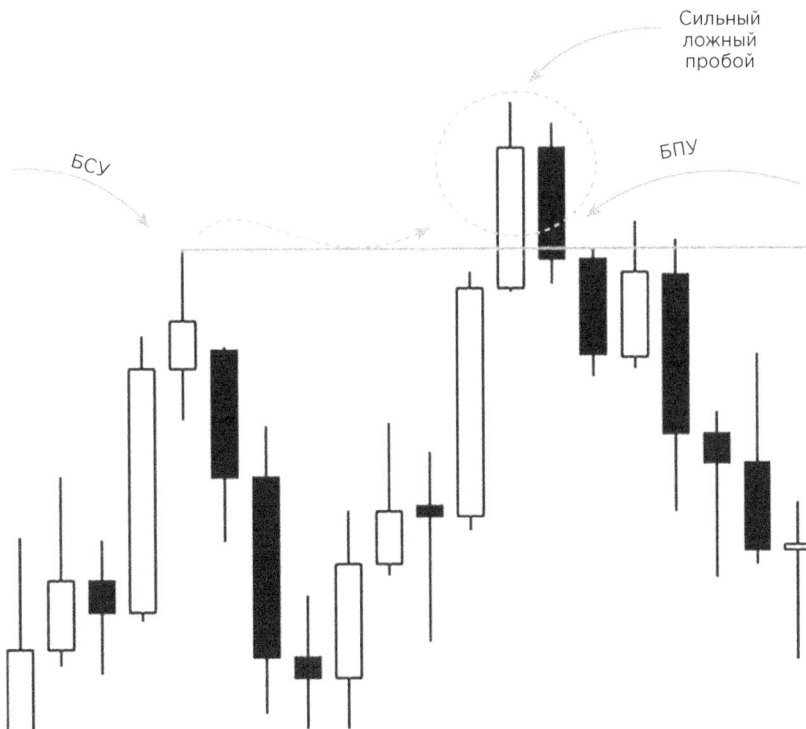

Рис. 2.21. Пример образования ложного пробоя

Вы видите, что при возврате к уже созданному уровню был совершен пробой, но он не привел к возникновению дальнейшего импульсного движения, цена не смогла удержаться над пробитым уровнем и, соответственно, на графике сформировался ложный пробой двумя барами. Цена вернулась под уровень, что само по себе явилось усилением и подтверждением его наличия. Следующие две свечи произвели касание и простой ложный пробой. Все это указывает нам на то, что мы имеем дело с сильным уровнем.

Уровни, основанные на изломе тренда, получают серьезное усиление еще и в том случае, когда с них начинается не просто контртрендовое движение, а такое движение, которое приводит к достижению нового экстремума, то есть нового ценового максимума или минимума[1].

Уровни, образованные окончаниями длинных хвостов свечей или баров, всегда сильнее уровней, основанных на коротких хвостах, поскольку длинные хвосты часто указывают на то, что крупный игрок пытается собрать позицию за счет других игроков. Как он может это сделать? Спровоцировав срабатывание выставленных этими игроками стоп-приказов — *стопов*. Для этого он выставляет объемные заявки по рыночной цене. Этим приемом он заставляет цену меняться таким образом, чтобы она достигла значений, на которых предполагается наличие большого числа стоп-заявок. В итоге происходит срабатывание этих заявок, которые и выкупает крупный игрок для формирования своей позиции. В результате такого выкупа цена возвращается к своим начальным значениям, а на биржевом графике остается след в виде длинного хвоста ценового бара.

Усиление уровня (примерно на 20%) происходит и в том случае, когда цена, на которой он расположен, выражена круглыми цифрами, заканчивающимися на 0, 0.50 или 0.25. Этому явлению есть несколько объяснений. Во-первых, человеческий мозг лучше воспринимает круглые цифры, и при прочих равных условиях трейдер предпочтет выставить свою лимитную заявку, используя именно круглое ценовое значение. Во-вторых, с круглыми цифрами легче производить математические операции, особенно когда это нужно сделать быстро и в уме. И наконец, для тех активов, которые являются базовыми для **опционов**, любовь трейдеров к круглым цифрам объясняется технической особенностью опционной торговли: цена исполнения опциона всегда имеет округленное значение, например

---

[1] На сленге русскоговорящих трейдеров такие ценовые движения называются *перехай* или *перелоу*. Термины образованы смешением приставки пере- с английскими обозначениями максимума и минимума: «high» и «low». Перехай превосходит предыдущий ценовой максимум, а перелоу — предыдущий минимум.

151.000, 155.000, 154.000. Страйк-цена опциона не может быть равной, например, 154.340. Эта связь с опционной торговлей находит свое отражение в цене базового инструмента.

Принципы построения и анализа ценовых уровней

Запомните несколько важных принципов построения ценовых уровней. В первую очередь вы должны делать свои выводы на основании того, что показывает вам график, а не искать на графике подтверждения для своих собственных заранее сделанных выводов. Поэтому уровни следует проводить только слева направо: от ключевых точек из прошлого к сегодняшнему дню и далее в будущее, а не наоборот.

Во-вторых, поймите, что не существует никаких «индивидуальных» уровней, сформированных по принципу «а я так вижу». Это не художественный абстракционизм, это рынок. Здесь вы не можете нарисовать линию там, где вам больше нравится, и назвать это своим персональным видением. Уровень должен быть понятен большинству участников рынка, иначе это не уровень. Объяснение работоспособности ценовых уровней заключается в том числе и в особенности массового мышления. Если цена инструмента несколько раз «затыкается» на одном и том же месте, то при очередном подходе цены к этому же месту трейдеры уже *ожидают,* что цена и на этот раз встретит препятствие. Их ожидания сами по себе создают уровень. И это еще одна из причин, по которым уровни работают.

В-третьих, рисование уровней не должно быть самоцелью. Это не детское упражнение на внимательность с поиском мелких деталей на картинке. Каждый нарисованный вами уровень должен нести в себе *смысловую нагрузку.* Вы должны иметь понимание того, в результате каких действий игроков образовался ценовой уровень и каково наиболее вероятное развитие дальнейших событий. Соответственно, вы должны рассматривать каждый найденный уровень с точки зрения его практической применимости и оценки заложенного в нем торгового смысла.

Уровни всегда строятся по ключевым, или информативным, точкам. При этом 90% точек графика не несут никакой информационной нагрузки. Однако проблема начинающих трейдеров состоит не только в том, как разглядеть оставшиеся 10% действительно важных точек среди рыночного «шума», но и в том, как научиться НЕ видеть — точнее говоря, *не выдумывать* ключевые точки там, где их на самом деле нет.

Сильные уровни всегда строятся на длинных тайм-фреймах, чаще всего на дневках. Согласитесь, что удержать какой-либо ценовой уровень в течение нескольких дней гораздо сложнее, чем продержаться несколько часов и тем более минут. Поэтому сильные уровни, вокруг которых бьются действительно крупные игроки, видны именно на длинных тайм-фреймах. Короткие тайм-фреймы могут использоваться после идентификации подтвержденного уровня для калибровки — более точного определения точки входа.

Ценовые уровни, которые вы планируете использовать для реальных сделок, должны быть сильными. Это значит, что они должны иметь все необходимые подтверждения и их формирование должно сопровождаться появлением описанных выше усиливающих признаков.

Есть еще один очень важный момент. Поскольку построение уровней происходит на дневном тайм-фрейме, каждая новая торговая сессия добавляет к биржевому графику всего лишь один элемент. Иными словами, еще до начала торгового дня у вас есть все необходимое для того, чтобы подготовиться к любому развитию рыночных событий. Помните: хороший экспромт должен быть заранее подготовлен. Поэтому анализ уровней требует проведения предварительной домашней работы с графиками.

Анализируйте график каждого интересующего вас актива. Зарисовывайте, ищите закономерности, пытайтесь мыслить как крупный игрок и понимать причины сильных движений, а также текущий расклад сил продавцов и покупателей. Что делали те и другие и кто из них в итоге победил или вот-вот одержит победу? Все это позволит вам составить продуманный план своих действий на предстоящий торговый день. Вы должны встретить его во всеоружии с расставленными сетями во всех заранее просчитанных точках. В вашем торговом плане должны быть прописаны действия для различных вариантов развития рыночных событий. Ближайшие к текущей цене уровни должны быть описаны с указанием их силы: зафиксируйте в специальной таблице количество имеющихся касаний и наличие ложных пробоев для каждого инструмента. Таким образом вы избавите себя от спонтанных решений. Эмоции и жадность — враги трейдера. Поэтому, если вы хотите совершать сделки на эмоциях, выдавая их за интуицию, вам проще будет отправиться в казино.

Примеры идентификации ценовых уровней

Теперь, когда мы познакомились с различными видами ценовых уровней, давайте для закрепления пройденного материала рассмотрим несколько практических примеров их идентификации.

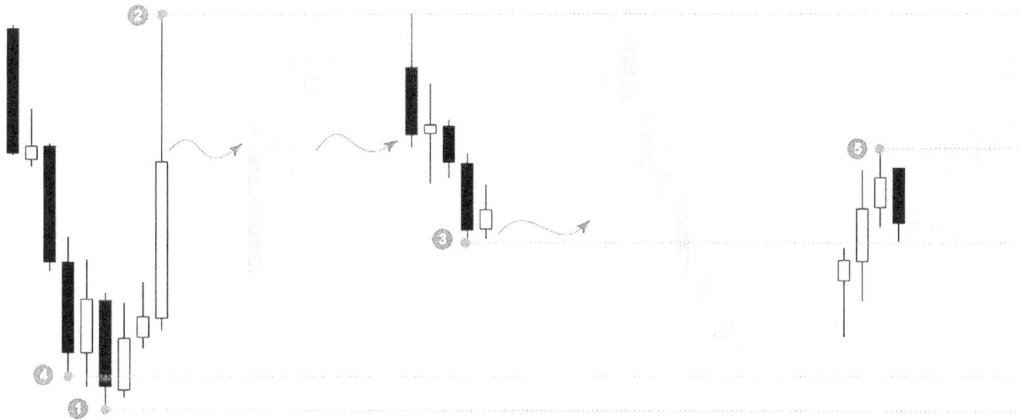

Рис. 2.22. Идентификация ценовых уровней. Пример 1

Уровень №1 создан точкой нижнего абсолютного экстремума, в которой произошла остановка движения, поскольку следующая свеча уже не создает новый минимум. От этой точки начинается сильное движение. Таким образом, мы наблюдаем типичный излом тренда.

Уровень №2 создан самой высокой свечой, которая к тому же является паранормальной свечой с длинным хвостом. Затем данный уровень подтверждается касаниями и усиливается ложным пробоем. Соответственно, мы видим также не вызывающий никаких сомнений уровень абсолютного экстремума.

Уровень №3 создан свечой, которой закончилось коррекционное движение. Следующая свеча произвела подтверждающее касание. В момент формирования данный уровень не выглядит сильным, но в дальнейшем он подтверждается касаниями и усиливается ложными пробоями.

Уровень №4 был создан в момент первой остановки ценового движения, но лишь спустя некоторое время мы получили для него подтверждение. В данном случае свеча, образовавшая уровень №1, может рассматриваться как сильный ложный пробой по отношению к уровню №4.

Уровень №5 образован в точке остановки трендового движения, после которой началась ценовая коррекция.

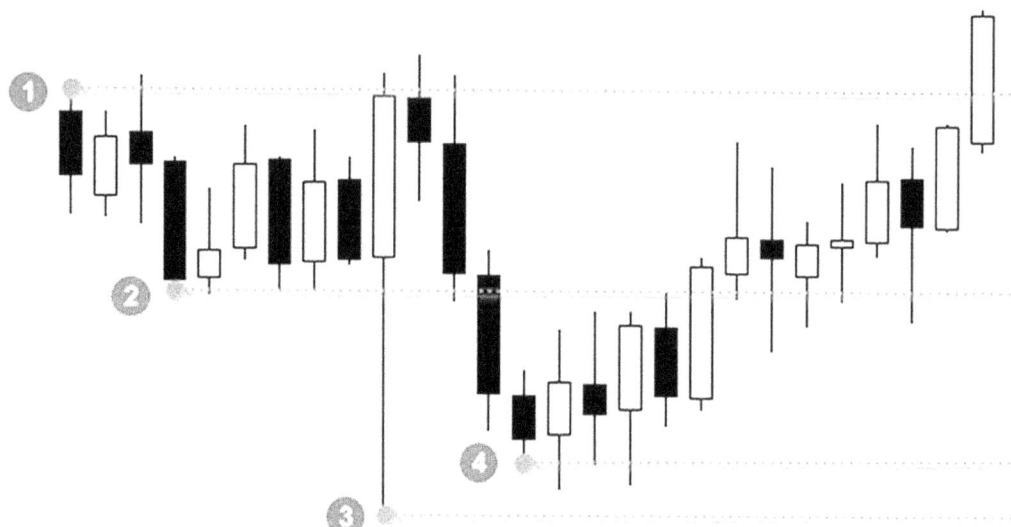

Рис. 2.23. Идентификация ценовых уровней. Пример 2

Уровень №1 образован в самой высокой точке происходящей проторговки. В дальнейшем этот уровень был подтвержден и усилен ложными пробоями. При этом одна из подтвердивших уровень свечей была паранормальной.

Уровень №2 образован в нижней точке коррекционного движения. Это лимитный уровень, усиленный очень глубоким ложным пробоем. Однако из-за отсутствия дальнейшего импульсного движения уровень не устоял и был пробит вернувшейся ценой.

Уровень №3 образован длинным хвостом паранормальной свечи. В достигнутой ценовой точке нашелся покупатель, который сумел остановить сильное и резкое падение.

Уровень №4 представляет собой внутренний уровень, расположенный совсем рядом с ранее определенным глобальным уровнем. Он образован в нижней точке ценового движения, усилен ложными пробоями и подтвержден касанием. На данном уровне явно присутствует покупатель. На это нам указывают достаточно длинные хвосты и неспособность продавцов обновить минимальное закрытие образующей уровень свечи.

Продолжая наблюдение за поведением цены, мы видим пробой уровня №2, закрепление цены выше этого уровня, а также его последующее тестирование и усиление ложными пробоями. Далее следует движение вверх и пробой уровня №1, который являлся абсолютным экстремумом на рассматриваемом отрезке времени.

Для того чтобы вы могли потренироваться в идентификации ценовых уровней, далее представлены еще несколько графических примеров, но уже без подробного описания, которое вы теперь можете попробовать сделать сами.

Рис. 2.24. Идентификация ценовых уровней. Пример 3

Рис. 2.25. Идентификация ценовых уровней. Пример 4

Рис. 2.26. Идентификация ценовых уровней. Пример 5

Рис. 2.27. Идентификация ценовых уровней. Пример 6

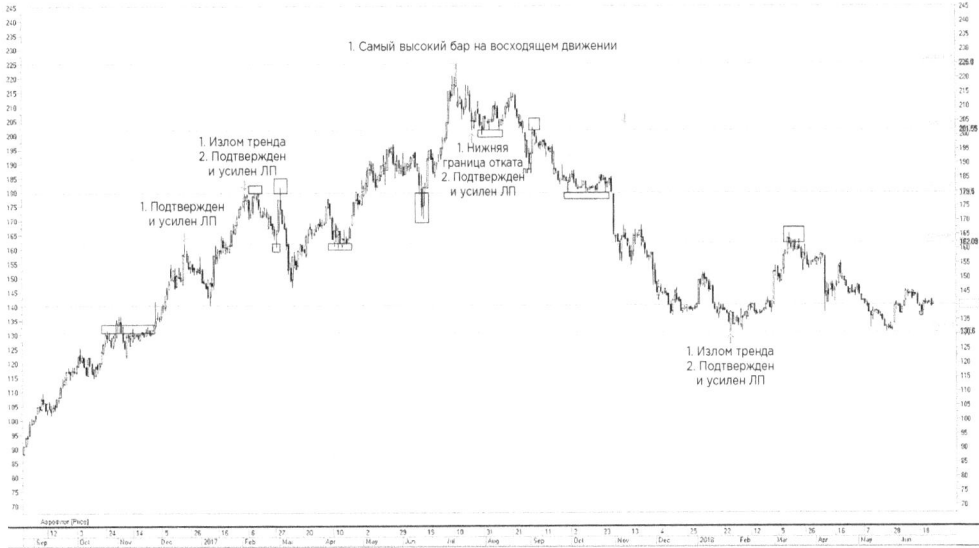

Рис. 2.28. Идентификация ценовых уровней. Пример 7

Рис. 2.29. Идентификация ценовых уровней. Пример 8

Дополнительные информационные материалы к этой и другим главам книги вы можете найти, перейдя по ссылке https://gerchik.ru/kniga/bonus или отсканировав QR-код, размещенный на обложке книги.

Занимаясь анализом графиков при идентификации уровней, мы с вами уже практически перешли к изучению основных движений вблизи ценовых уровней. Эти движения очень важны для понимания ситуации, технически обоснованного предсказания дальнейшего развития рыночных событий и, соответственно, для формирования нашей реакции на эти события, поэтому в следующей главе мы рассмотрим их более подробно.

Глава 3

РЫНОЧНЫЕ ДВИЖЕНИЯ ВБЛИЗИ ЦЕНОВЫХ УРОВНЕЙ

Как ни странно, биржевые рынки тоже подчиняются законам физики. В частности, мы видим множество доказательств соблюдения закона перехода энергии из кинетической в потенциальную и обратно. Остающаяся долгое время без заметного движения цена актива когда-то «выстрелит», и точно так же каждое рыночное движение рано или поздно будет остановлено. Энергию рынку обеспечивают деньги, которые постоянно перетекают из одного рыночного инструмента в другой. Соблюдается здесь и закон инерции, и, конечно же, законы математической статистики и теории вероятности. Им подчинены все рыночные движения, протекающие, как река, в русле, образованном ценовыми уровнями.

В предыдущих главах мы разобрались с тем, как образуются ценовые уровни и почему они так важны для трейдера. Коротко напомню, что ключевые уровни прежде всего обеспечивают понятную точку отсчета для установки страховочного стоп-лосса, без чего невозможен вход в сделку. Кроме того, в районе ключевых уровней образуется скопление игроков с обеих сторон — продавцов и покупателей. Это своеобразные линии обороны, и от того, выстоят они или нет, зависит направление дальнейшего движения цены.

По отношению к ценовым уровням отображаемое на биржевых графиках рыночное движение может соответствовать трем основным моделям поведения:

1. Пробой.
2. Отбой.
3. Ложный пробой.

Пробой уровня — преодоление ценового уровня с закреплением цены в плоскости пробоя — говорит о большей вероятности дальнейшего движения цены в сторону пробоя (при соблюдении описанных далее условий) вплоть до достижения нового уровня. Отбой от уровня — неспособность рыночных игроков преодолеть ценовой уровень — сигнализирует о более высоких шансах возврата цены к предыдущему уровню. Ложный пробой имеет несколько разновидностей и представляет собой отдельную модель ценового поведения, которую мы уже упоминали, когда обсуждали формирование ценовых уровней, но более подробно будем разбирать далее в этой главе.

Почему нас так интересуют рыночные движения вблизи ценовых уровней? В первую очередь потому, что именно эти движения способны подавать торговые сигналы, то есть признаки, указывающие либо на уже появившиеся хорошие возможности для открытия позиции, либо на скорое появление таких возможностей.

И продавцы, и покупатели работают от ценовых уровней, которые дают им понимание размера риска при открытии позиций. Уровень поддержки является наиболее важным для игроков, торгующих в лонг, поскольку при пробое этого уровня становится сложно оценить размеры риска, ведь глубина дальнейшего падения цены активов в их портфелях заранее неизвестна. В такой ситуации неопределенности лонгисты предпочитают закрыть свои длинные позиции, то есть продать падающие в цене активы. Такое поведение лонгистов вызывает корыстный интерес у шортистов: наложение закрытия длинных позиций лонгистами на короткие продажи шортистов генерирует сильное нисходящее движение цены. А это значит, что медведи получают возможность заработать хорошую прибыль.

Аналогичным образом уровнем опасений для шортистов является уровень сопротивления, так как при его пробое игрокам, держащим короткие позиции, придется понервничать: опять же, из-за неопределенности возникающих при этом рисков. Соответственно, в этой ситуации уже шортисты во избежание потерь, не поддающихся точному расчету, начнут закрывать свои короткие позиции на радость лонгистам, которые в этот момент входят в рынок, видя хорошие перспективы для движения вверх. Кроме того, ориентируясь на только что пробитый ценовой уровень, они имеют возможность довольно точно оценить и минимизировать размер возникающих рисков.

Таким образом, движение цены по отношению к ключевым уровням генерирует торговые сигналы как для лонгистов, так и для шортистов. Далее мы разберемся, как это происходит на практике.

Как рыночные движения
вблизи уровней генерируют торговые сигналы

Важно отметить следующий технический момент: для всех участников рынка сигнальным значением бара или свечи на биржевом графике является *цена закрытия*. Именно по этому показателю судят о том, кто на данный момент одержал победу: быки или медведи. Для тех трейдеров, которые находятся в ожидании подтверждающего сигнала для открытия позиции, таким сигналом является закрытие бара за ценовым уровнем. Если мы рассматриваем уровень сопротивления, то закрытие бара выше этого уровня может говорить о восходящем тренде и, соответственно, являться сигналом для набора длинных позиций и закрытия коротких. Аналогичным образом закрепление (закрытие) цены ниже уровня поддержки может говорить о нисходящем тренде и быть сигналом к открытию продаж и закрытию длинных позиций.

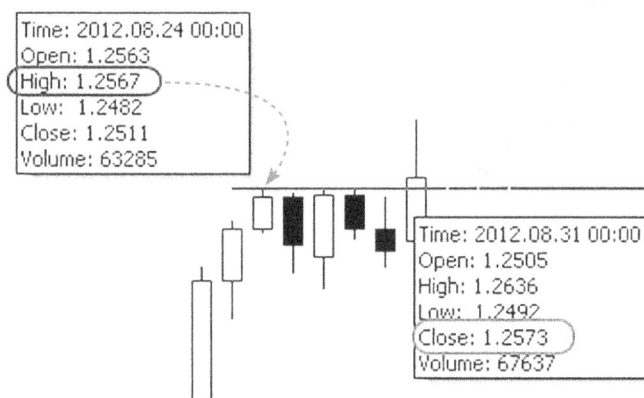

Рис. 3.1. Пример победы покупателей над продавцами. Ситуация №1

В ситуации №1 уровень сопротивления создан лимитным продавцом. Этот уровень, сформированный на ценовой отметке 1.2567 пункта, был подтвержден и является сильным. Тем не менее в какой-то момент цена пробивает уровень и закрывается выше него (close = 1.2573). Покупатели победили.

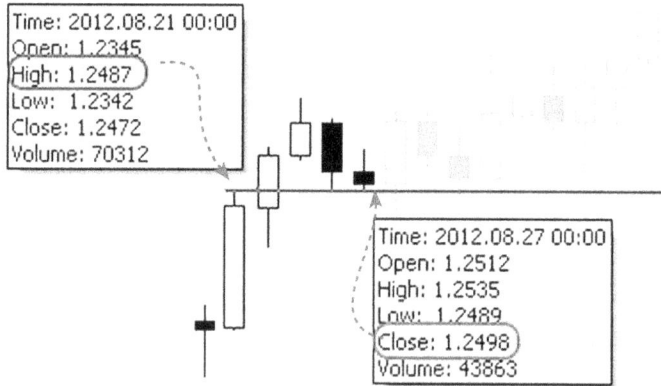

Рис. 3.2. Пример победы покупателей над продавцами. Ситуация №2

В ситуации №2 мы вновь видим уровень сопротивления, созданный лимитным продавцом на отметке 1.2487 пункта. В данном случае ценовой уровень оказался зеркальным, получив свое подтверждение касанием с обратной стороны. Закрытие свечи выше этого уровня генерирует лонговый сигнал для открытия длинных позиций. Покупатели победили, и уровень сопротивления превратился в уровень поддержки. Таким образом, покупатели получили и хороший запас восходящего хода цены, и хороший ориентир для выставления стоп-лосса.

В следующей ситуации уровень создан свечой, на которой завершилось снижение цены, после чего уровень был подтвержден ложным пробоем. На этой стадии сильнее оказались покупатели. Уровень сформирован на отметке 1.3090 пункта, и, соответственно, эта цена уровня поддержки служит ориентиром для отслеживания возможного появления торговых сигналов. Через некоторое время после еще одного подтверждения уровня очередная свеча пробивает поддержку и закрывается под уровнем на цене 1.3083 пункта. Это дает игрокам сигнал на открытие шортовых позиций. В этот момент срабатывают ордера медведей на открытие шорта и ордера быков на выход из собранных ими ранее длинных позиций.

В ситуации №2 уровень сопротивления создан свечой, обозначившей высшую точку, в которой произошло завершение технического отката. Максимальная цена данной свечи сформировала уровень на отметке 1.3084 пункта. Следующая свеча располагается ниже, что подтверждает достижение локального экстремума. Затем белая свеча не может преодолеть цену уровня и закрывается по цене 1.3081 пункта, что генерирует сигнал на открытие коротких позиций. Как видите, в данном случае сигнал возник не при пробойном, а при отбойном движении цены вблизи уровня.

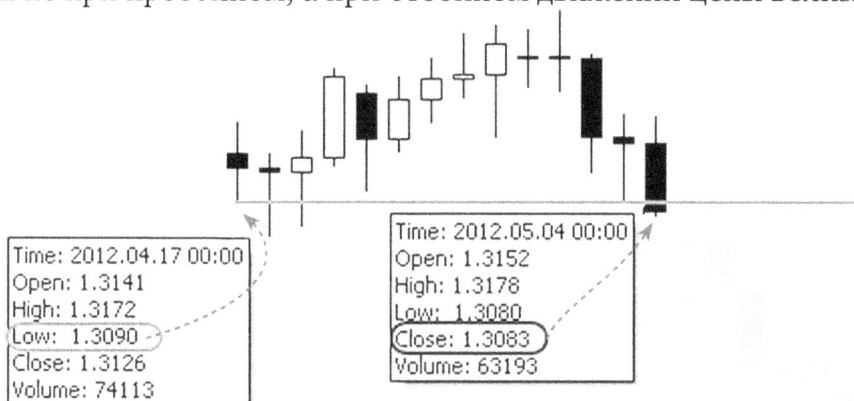

Рис. 3.3. Пример победы продавцов над покупателями. Ситуация №1

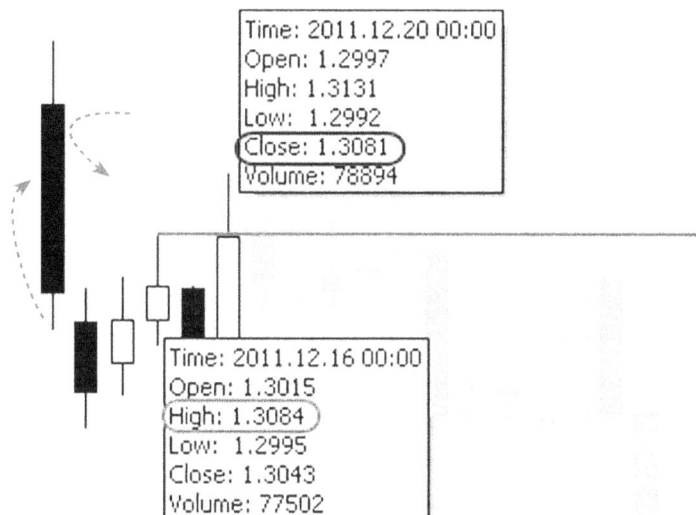

Рис. 3.4. Пример победы продавцов над покупателями. Ситуация №2

Движения, указывающие на подтверждение торгового сигнала

В главе, посвященной формированию уровней, я обращал ваше внимание на то, что правильность идентификации и сила уровня определяются наличием подтверждений. То же самое относится и к торговым сигналам, возникающим на основе рыночных движений вблизи ценовых уровней. Вы должны понимать, что рыночные движения не дискретны: каждое действие на рынке влечет за собой последующее. На этом и основан принцип обязательных подтверждений.

Что может служить подтверждением того, что пробой или отбой от уровня действительно состоялся? В том случае, если ценовой уровень правильно идентифицирован и он действительно является значимым для большого числа игроков, при пробое или отбое от такого уровня должно возникнуть сильное, или импульсное, движение. Если его не возникает после *пробоя*, то можно предположить, что этот пробой был ложным, и тогда более вероятным дальнейшим событием является не развитие движения в сторону пробоя, а разворот. Если импульсное движение не возникает после *отбоя* от уровня, то более вероятным вариантом развития событий является не разворот, а проторговка и, возможно, пробой уровня с новой попытки.

Хочу отметить, что в том случае, когда, получив торговый сигнал, вы открыли позицию и увидели, что сигнал не подтверждается импульсным движением, не стоит сразу выскакивать из позиции. Вместо этого следует продумать последовательность ваших дальнейших действий и дополнительно подстраховаться от возможных потерь: например, подтянув ближе к уровню стоп-лосс, установленный при открытии позиции.

Что представляет собой импульсное движение, или, проще говоря, импульс? Это сильное рыночное движение, во время которого цена инструмента проходит в одном направлении путь, в два-три раза превышающий среднедневной показатель. Импульс образуется как при пробое, так и при отбое от ключевых уровней, когда одна из противоборствующих сторон получает сигнал на открытие позиций, а другая сторона, потеряв свои рисковые ориентиры, закрывает позиции. В результате цена разгоняется в направлении пробоя или отбоя совместными усилиями как продавцов, так и покупателей.

Как уже неоднократно повторялось, продавцы и покупатели являются взаимозависимыми игроками, поскольку одни не могут существовать без других. Покупателям нужен кто-то, кто продаст нужный им актив, а продавцы нуждаются в том, чтобы всегда был кто-то, готовый заплатить за их бумаги.

Наличие или отсутствие в конкретной рыночной ситуации продавцов и покупателей легко определяется на основании отражающихся на графике движений цены. Безоткатное одностороннее движение говорит об отсутствии достаточно крупных игроков, желающих выставить свои заявки навстречу этому ценовому движению.

В подобных ситуациях наиболее правильной тактикой будет затаиться и подождать остановки движения, иначе у вас просто не будет никакого ориентира, к которому вы могли бы привязать свою точку входа и, соответственно, защитный стоп-лосс. Влезать в рынок посреди сильного движения — это все равно что на ходу запрыгивать в поезд. Да, если вам повезет, вы, возможно, быстро доедете до нужной вам точки, но риски сломать себе шею в результате такого прыжка непропорционально велики.

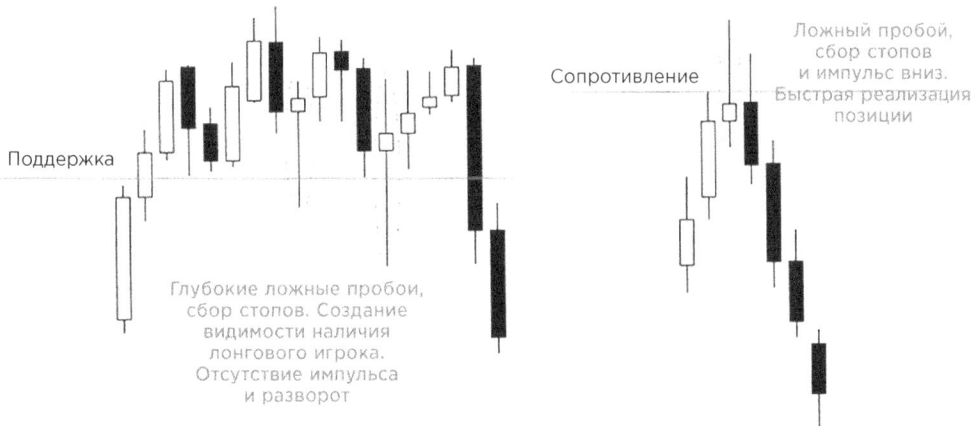

Рис. 3.5. Примеры отсутствия и наличия импульсного движения вблизи ценовых уровней

Дождавшись перехода быстрого направленного движения в консолидацию (проторговку), мы можем по следам ценовых движений на графике определить, насколько серьезными являются встречные силы, остановившие движение своим появлением на рынке: способны ли они на разворот тренда или же мы наблюдаем всего лишь передышку перед продолжением движения.

Давайте рассмотрим модели, которые возникают на биржевых графиках в моменты отсутствия на рынке одной из противоборствующих сторон. Замечу, что в представленных на рис. 3.6 и 3.7 ситуациях нельзя сказать, что продавцы или покупатели полностью отсутствуют на рынке. Речь идет об отсутствии игроков, достаточно сильных для того, чтобы хотя бы приостановить возникшее направленное ценовое движение.

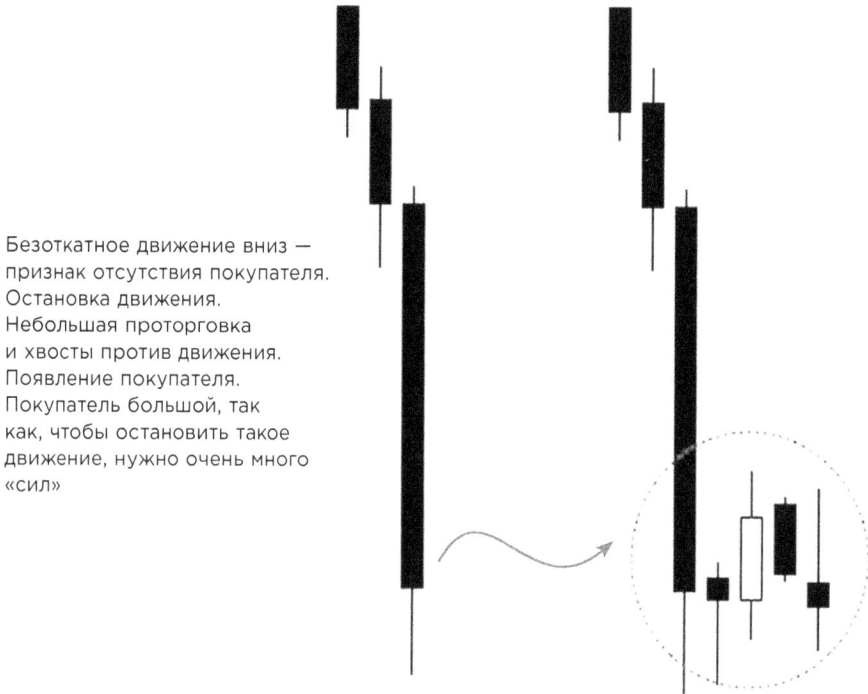

Безоткатное движение вниз — признак отсутствия покупателя. Остановка движения. Небольшая проторговка и хвосты против движения. Появление покупателя. Покупатель большой, так как, чтобы остановить такое движение, нужно очень много «сил»

Рис. 3.6. Пример отсутствия на рынке крупных покупателей

В представленной ситуации на рынке присутствует либо один крупный продавец, либо большое количество средних и мелких динамичных продавцов, которые готовы продавать актив всем желающим по цене спроса. На рис. 3.6 отмечен момент, когда падение цены останавливают появившиеся на рынке достаточно крупные заявки на покупку.

На рис. 3.7 представлена обратная ситуация, когда один крупный динамичный покупатель или большое количество средних и мелких покупателей готовы забрать весь объем предлагаемого на рынке актива по цене предложения. Отмечен момент, когда резкий рост цены останавливается с появлением на рынке достаточно крупных заявок на продажу.

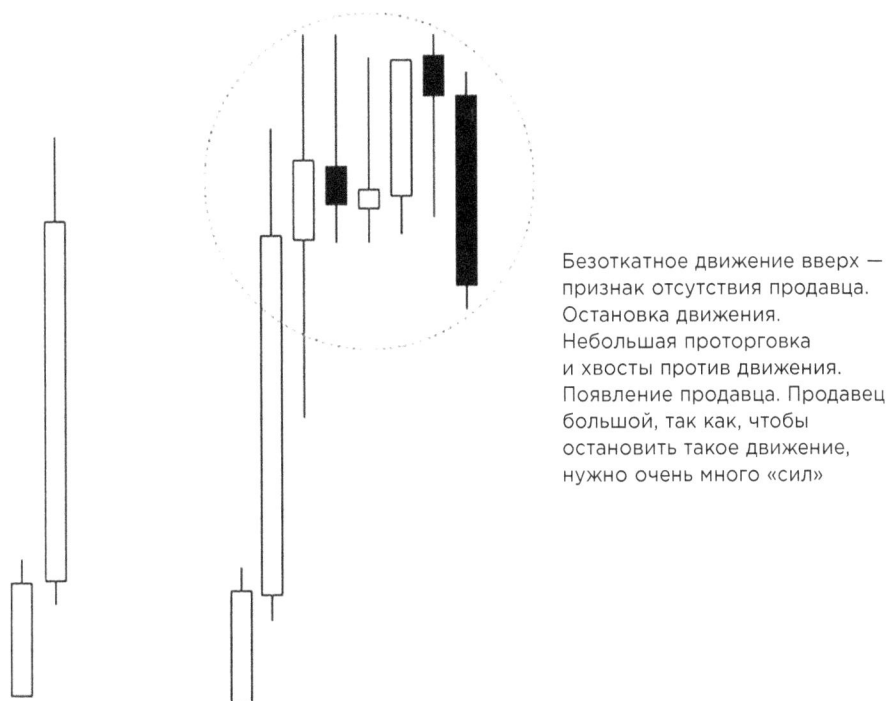

Безоткатное движение вверх —
признак отсутствия продавца.
Остановка движения.
Небольшая проторговка
и хвосты против движения.
Появление продавца. Продавец
большой, так как, чтобы
остановить такое движение,
нужно очень много «сил»

Рис. 3.7. Пример отсутствия на рынке крупных продавцов

При этом остановка движения вовсе не означает, что за ним последует смена направления тренда. Многие трейдеры трактуют любую остановку сильного движения как достижение дна (при падении) или потолка (при росте). В каких-то случаях это может быть правдой, но далеко не всегда. Может даже оказаться, что остановка движения вообще не связана с появлением на рынке крупных игроков, представляющих противоположную сторону. Вполне возможно, что остановку движения спровоцировал тот же самый игрок, который до этого его разгонял. Он делает это просто потому, что ему потребовалось заманить в рынок новых жертв. Далее мы с вами рассмотрим некоторые признаки, указывающие именно на такое поведение крупных игроков.

Набор позиций крупными игроками

Что, по сути, происходит на рынке, когда цена колеблется между ценовыми уровнями? В такие моменты — а они составляют большую часть всего времени торгов — происходит *набор крупными игроками торговых позиций.* Крупный игрок всегда знает, в какую сторону — вверх или вниз — он смотрит и что он будет делать дальше, поэтому он набирает позицию заблаговременно в соответствии со своими стратегическими планами. Чем дольше набирается позиция, тем большим получится ее объем и, соответственно, тем сильнее будет движение в ту или иную сторону. В этом смысле набор позиции напоминает заправку бензобака перед предстоящим движением. Ни один трейдер, даже мелкий — что уж говорить о крупных игроках, — не хочет опоздать к началу сильного движения и покупать дороже или продавать дешевле, когда это движение уже началось. В зависимости от того, кем является игрок — статичным или динамичным продавцом или покупателем, — он набирает позицию либо по фиксированной цене, либо в устраивающем его ценовом диапазоне. Для статичного игрока «заправка топливом» происходит во время проторговки. Самые сильные позиции набираются именно в это время.

Давайте рассмотрим процесс набора позиции крупным игроком на примере графика рыночных движений в диапазоне (рейндже).

Рис. 3.8. Пример набора позиции в ценовом диапазоне

В рассматриваемом случае на рынке может присутствовать как один крупный игрок, так и несколько. Однако для трейдера, не обладающего возможностями крупных инвестиционных фондов, это совершенно не важно. Ему, как мелкой рыбешке, нужно очень внимательно следить за происходящими вокруг движениями вне зависимости от того, находится ли поблизости лишь один крупный хищник или целая стая. Для такого наблюдения у нас есть только один инструмент: биржевой график.

Давайте попробуем разобраться, какую полезную информацию несет в себе рис. 3.8.

Цена актива зашла в диапазон сверху: значит, есть вероятность того, что, инициировав боковое движение в рейндже, крупный игрок хочет собрать позицию с целью дальнейшей продажи, поскольку цена данного актива, по его мнению, еще не достигла своего дна. Но, чтобы продавать актив по приемлемой — как можно более высокой — цене, продавцу нужны участники рынка, готовые этот актив покупать.

Поскольку желающих «ловить падающие ножи» на рынке не слишком много, крупному продавцу в сложившейся ситуации становится выгодно — даже с учетом временных потерь — удержать цену от дальнейшего падения, чтобы привлечь покупателей, распуганных стремительным снижением цены. Поэтому наш крупный игрок выставляет лимитный ордер на покупку по цене нижней границы заранее определенного им ценового диапазона.

Приманка в виде остановки движения срабатывает: шортисты, решив, что движение вниз закончено, начинают закрывать свои короткие позиции, а лонгисты на основе того же самого вывода начинают открывать длинные позиции. Оба этих действия выражаются в их совместных покупках, толкающих цену вверх. Однако хитроумный план нашего крупного игрока вовсе не предусматривает разворота тренда, ведь при возникновении соответствующего сигнала ему может не хватить сил, чтобы удержать целое стадо ринувшихся на рынок быков. Поэтому он выставляет еще и лимитную заявку на продажу — естественно, по цене верхней границы определенного им диапазона.

Когда новоявленные лонгисты сталкиваются с отбоем от образованного крупным игроком верхнего ценового уровня, они начинают сбрасывать набранные позиции. В результате цена снова снижается и подходит к нижней границе диапазона, где сбрасываемые объемы актива подбирает крупный игрок, вновь пугая этим шортистов и зарождая надежды у лонгистов. Таким образом, крупный игрок провоцирует движения внутри канала в установленных им границах, набирая при этом нужную ему позицию и зарабатывая на мелких игроках с обоих концов созданного им диапазона.

График показывает, что в определенные моменты игрок даже создает видимость отсутствия верхней границы диапазона, позволяя ее пробить. Пробой уровня генерирует торговый сигнал, и игроки начинают заходить в длинные позиции с еще большим энтузиазмом. В этот момент игрок выставляет объемный ордер на продажу и снова засаживает еще большее количество мелких игроков в границы диапазона. При этом у лонгистов срабатывают стоп-заявки, и их активы переходят в портфель к крупному игроку. Те, кто не успел быстро избавиться от убыточных позиций, начинают закрывать их по любой цене и тем самым вызывают нужное крупному игроку движение вниз.

В данном случае мы видим, что крупный игрок ведет свою игру достаточно уверенно, не боясь, что более мелкие игроки совместными усилиями смогут нарушить его планы. Из этого следует вывод, что он собирает внушительную по объему позицию. Когда позиция набрана, крупный игрок провоцирует очередное движение вниз от верхней границы и просто убирает лимитный ордер на покупку у нижней границы канала, отпуская цену актива в свободное падение. Происходит пробой нижнего ценового уровня, который затем подтверждается импульсным нисходящим движением.

В отличие от лимитных игроков, для динамичных продавцов и покупателей, в силу того что они используют для торговли рыночные заявки, более актуален *аккумулятивный* способ набора позиции.

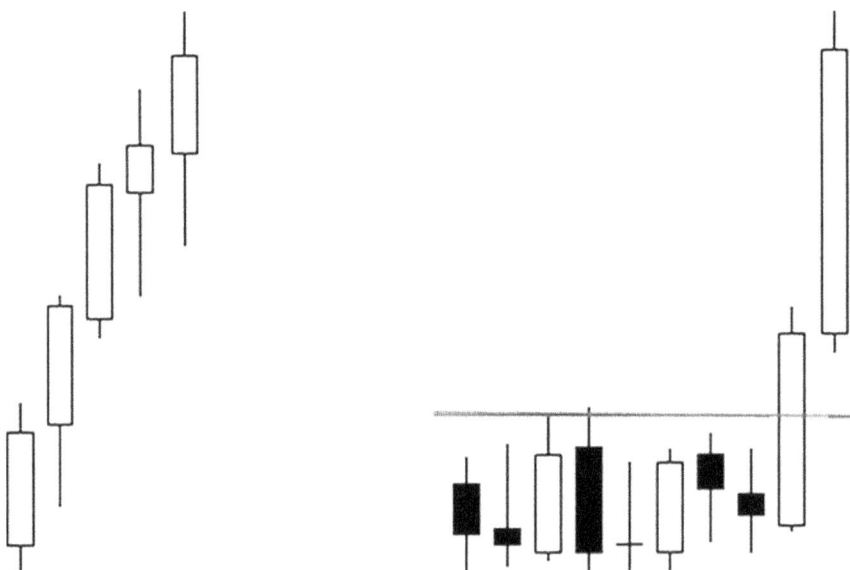

Рис. 3.9. Примеры аккумулятивной модели набора позиции и дистрибуции после набора позиции в рейндже

При **аккумуляции** цена поступательно движется вверх или вниз, реагируя на, соответственно, покупки или продажи крупного игрока по рыночной цене. Аккумуляция продолжается до тех пор, пока динамичный игрок не наберет позицию в нужном ему объеме. Это сильная модель ценового движения, и ее появление на графике обычно указывает на наличие высокой вероятности продолжения тренда.

Набор позиции крупным игроком обычно заканчивается раздачей, или, выражаясь более официально, *дистрибутивным* движением. Когда позиция сформирована в нужном крупному игроку объеме, у него пропадает необходимость расставлять капканы и приманки, и тогда он попросту отпускает цену актива, то есть перестает ее ограничивать с нужной ему стороны. При этом цена может обрушиваться или взлетать с гэпом. В этом случае в биржевом стакане появляется очень крупная заявка на покупку, имеющая целью впечатлить мелких дейтрейдеров, создать у них представление о наличии сильного союзника и тем самым заставить их разогнать цену актива в нужном крупному игроку направлении. В процессе такого разгона крупный игрок постепенно фиксирует свою прибыль. Дистрибутивное движение, как правило, является непродолжительным и говорит о скорой смене рыночного тренда.

Давайте подытожим все вышесказанное о наборе позиции крупным игроком.

Во-первых, следует запомнить, что рыночная тенденция после временного торможения с большей вероятностью получит свое продолжение, чем прекратится.

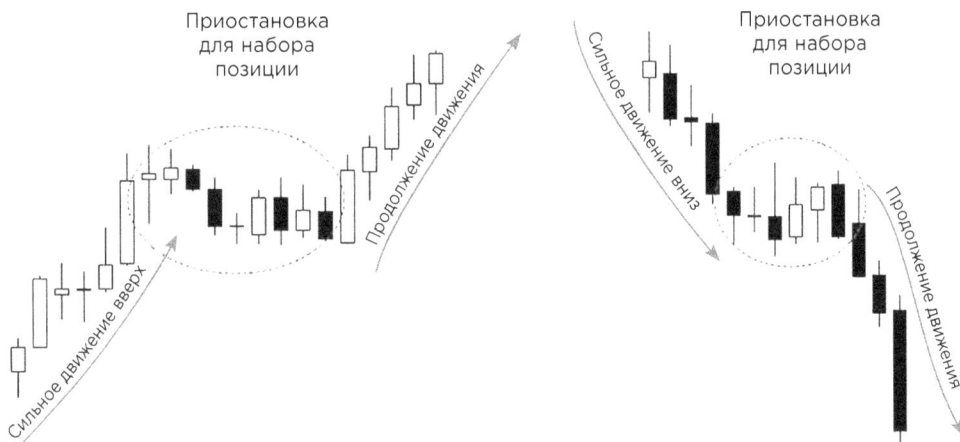

Рис. 3.10. Трендовые движения с приостановками, необходимыми крупному игроку для набора позиции

Во-вторых, крупные игроки набирают свои позиции в ценовых диапазонах — часто ими же организованных — за счет более мелких игроков.

Пока крупный игрок не наберет нужный ему объем позиции, он не будет отпускать цену.

В-третьих, в случае, когда никто не хочет покупать или продавать актив по приемлемой для крупного игрока цене, он будет «рисовать» на биржевом графике привлекательные картинки и создавать ценовые движения, генерирующие такие торговые сигналы, которые позволят заманить игроков в рынок, заставляя их открывать новые или закрывать имеющиеся позиции в пользу крупного игрока. На биржевом графике это может отображаться в виде ложных пробоев, которые могут принимать различные формы.

Ложные пробои

Ложный пробой — это своего рода обманное движение, которое использует крупный игрок для набора позиции. В силу своей специфики ложный пробой представляет собой постфактумное явление. Это означает, что непосредственно в момент возникновения на биржевом графике пробоя ценового уровня мы еще не знаем, настоящим он окажется или ложным. Об этом можно будет судить лишь спустя некоторое время, после того как мы получим информацию о дальнейшем движении цены относительно пробитого уровня.

Ложные пробои имеют несколько разновидностей.

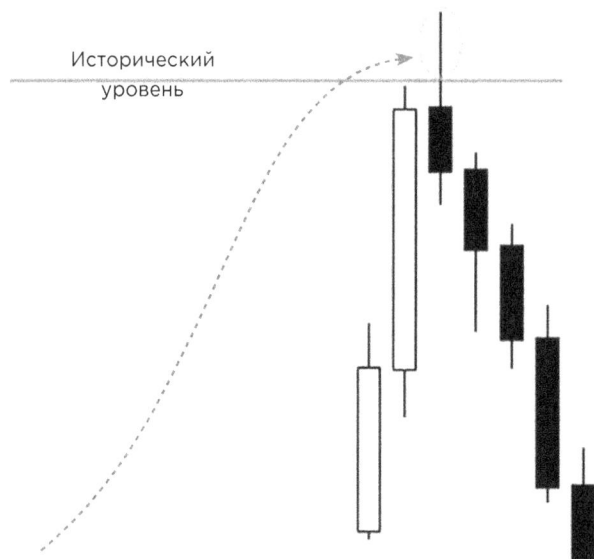

Рис. 3.11. Простой ложный пробой

При *простом ложном пробое* цена в моменте пробивает уровень, что приводит к срабатыванию стоп-заявок, в данном случае шортистов. Они закрывают свои короткие позиции, осуществляя покупки. Крупный биржевой медведь оборачивает эти покупки в свою пользу: продает актив закрывающимся шортистам по выгодной для него цене. На сленге трейдеров такое действие крупного игрока называется собиранием стопов. В результате цена не может закрепиться над пробитым уровнем и возвращается в прежний диапазон, попутно собирая срабатывающие стопы теперь уже у лонгистов, которые открыли свои длинные позиции по пробойному сигналу. Все это сопровождается продажами, вызывающими сильное движение вниз.

Следующие разновидности ложных пробоев отличаются большей достоверностью производимого ими обманного движения. Соответственно, они генерируют более сильные торговые сигналы и обманывают большее количество игроков.

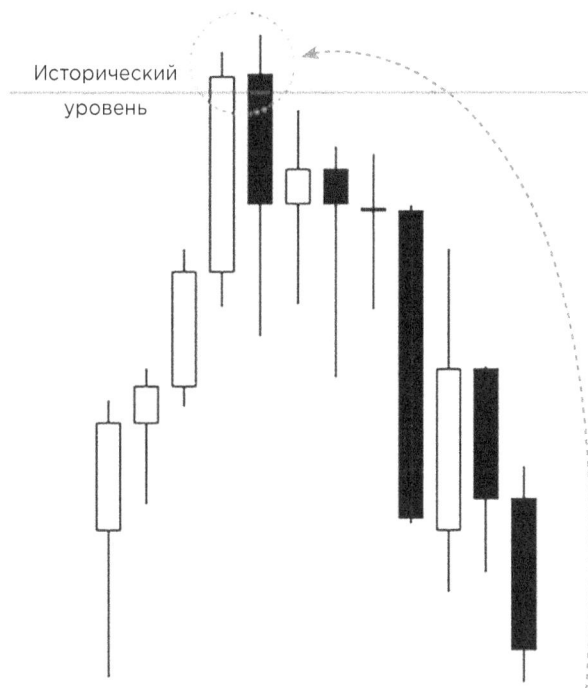

Рис. 3.12. *Сильный ложный пробой (пробой двумя барами)*

При ложном пробое двумя барами цена первым из баров не только пробивает уровень, но и закрепляется за ним. Тем самым крупный игрок демонстрирует силу лонгового сигнала и убеждает других участников рынка в том, что вниз цена уже не пойдет. Таким образом он призывает игроков покупать. Но когда покупатели начинают открывать длинные позиции, крупный игрок выставляет объемную заявку на продажу и засаживает более мелких игроков в прежний ценовой диапазон, заставляя их закрывать длинные позиции. За счет этих закрытий крупный игрок собирает свою собственную позицию.

Рис. 3.13. Сложный ложный пробой (пробой n-ным количеством баров)

Следующая разновидность ложного пробоя обладает еще более убедительной силой. Цена не только пробила уровень и закрепилась выше при закрытии первой свечи (бара), но и далее продолжила движение в плоскости, расположенной выше пробитого уровня. Конечно, в этом случае набирается еще больше игроков, уверовавших в предстоящий рост и желающих покупать данный актив. При этом крупный игрок постепенно удовлетворяет все поступающие заявки на покупку, а затем, как и в предыдущих рассмотренных нами случаях, выставляет объемную заявку на продажу, возвращая цену под пробитый уровень. Это приводит к срабатыванию большого числа стопов и, соответственно, к возникновению более сильного нисходящего движения.

Здесь стоит отметить, что на рассмотренные выше уловки крупного игрока не должны были попасться те трейдеры, которые, следуя приведенному в этой главе совету, внимательно следили за появлением на графике подтверждающего импульсного движения. Отсутствие импульса в каждом рассмотренном нами случае явно указывало на ложный характер пробоя ценового уровня.

Прогнозные признаки в рыночных движениях

Анализ характера ценовых движений при приближении к ключевому уровню может дать нам упреждающую подсказку о том, состоится ли пробой уровня или обороняющимся удастся отбить атаку. Согласитесь, что для трейдера это весьма полезная информация.

Чтобы получить эту ценную информацию, трейдеру нужно обращать внимание на некоторые признаки, основанные на том, каким образом цена подходит к ключевому уровню. Например, если подход совершается небольшими свечами (барами), это говорит о том, что уровень с большей вероятностью будет пробит.

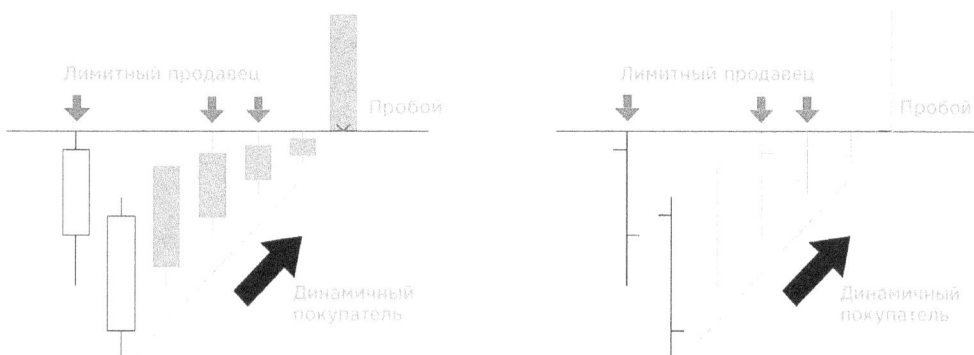

Рис. 3.14. Формирование модели поджатия

В этой ситуации наблюдается так называемая модель **поджатия**, когда динамичный покупатель, пытаясь пробить уровень, начинает постепенно прижимать к нему текущую цену, образуя все более и более короткие свечи и постепенно уменьшая степень сопротивления противоборствующей стороны. Тем самым он привлекает на свою сторону все большее количество игроков. И чем ближе ему удастся подобраться к уровню, тем легче будет его пробить (рис. 3.14).

Если же цена подходит к уровню высокими барами, то пробитие маловероятно. Высокие бары скорее указывают на близость разворота.

При этом важно понимать, что далеко не каждое поджатие заканчивается пробоем. Можно ли по следам ценовых движений вблизи ключевого уровня понять, что в этот раз у атакующих не хватит сил для взятия обороняемого рубежа? Да, признаки, указывающие на бо́льшую вероятность возникновения отбоя от уровня, тоже достаточно легко идентифицировать. Взгляните на рис. 3.15.

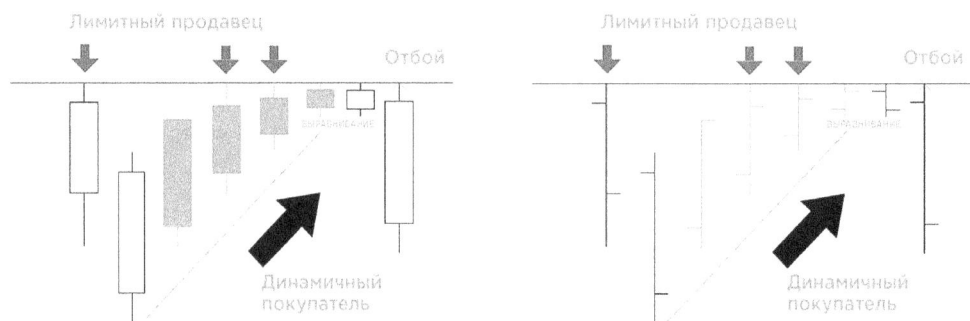

Рис. 3.15. Признаки формирования модели отбоя от уровня

Мы видим, что при подходе к ключевому уровню происходит *выравнивание* двух баров — второй бар закрывается на уровне предыдущего или ниже его (если речь, как в данном случае, идет о подходе к уровню сопротивления). То есть фактически мы наблюдаем прекращение процесса поджатия. Это означает, что покупатель больше не готов покупать и платить за торгуемый актив более высокую цену. В такой ситуации можно сделать вывод о том, что дело идет к развороту.

На что еще нужно обращать внимание или, если точнее, появление каких признаков нельзя игнорировать при анализе рыночных движений вблизи ценовых уровней?

Одним из таких признаков является наличие подпирающих уровень баров, закрытие которых происходит на максимуме (минимуме), то есть баров, у которых отсутствует хвост со стороны уровня. Появление таких баров может быть вызвано тем, что на момент закрытия бара крупный игрок все еще находился в процессе сбора позиции. Если крупный игрок действительно не успел набрать нужный ему объем, то велика вероятность, что он продолжит свои покупки (продажи), и тогда ближайший уровень может не выдержать ценового давления.

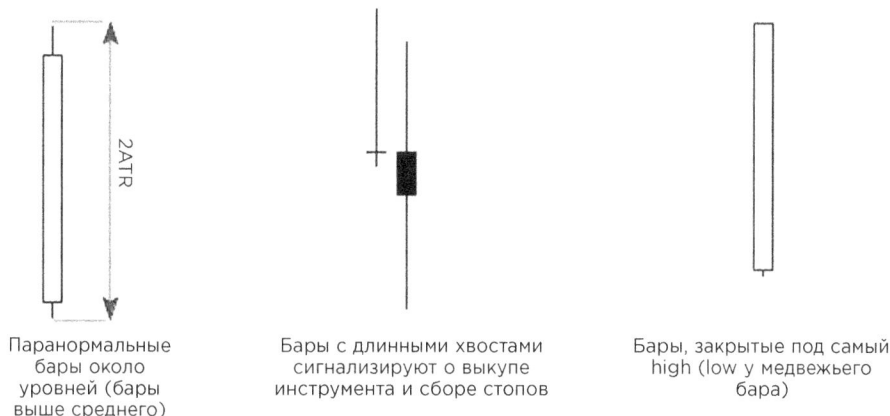

Паранормальные | Бары с длинными хвостами | Бары, закрытые под самый
бары около | сигнализируют о выкупе | high (low у медвежьего
уровней (бары | инструмента и сборе стопов | бара)
выше среднего)

Рис. 3.16. Бары, требующие особого внимания трейдеров

Другим признаком является наличие на графике паранормальных баров, то есть баров, которые по своему размеру в два и более раза превышают среднюю величину. Как уже было сказано выше, высокими барами уровни пробиваются гораздо реже, чем мелкими. В главе, посвященной идентификации уровней, мы говорили о том, что такие бары сами по себе могут формировать уровни, способные сдержать ценовые атаки. Объясняется это тем, что паранормальные бары появляются в процессе реализации предварительно набранной позиции и в отсутствие крупного игрока. С появлением на графике такого бара трейдеру следует включить свое внимание и проследить за дальнейшим поведением цены. Если максимум (минимум) паранормального бара совпадает еще и с историческим уровнем, шансы на его пробитие, по крайней мере с первой попытки, невелики.

Еще один признак основан на появлении баров с длинными хвостами. Длинные хвосты указывают на выкуп инструмента и сознательный сбор стопов крупным игроком. Ранее в этой главе мы довольно подробно разбирали ситуации, в которых крупный игрок провоцирует срабатывание стоп-приказов более мелких игроков и за счет этого собирает свою позицию. Видимым на биржевом графике следом таких операций как раз и является хвост свечи или бара. Поэтому длинные хвосты могут является признаками реализации хитроумного плана крупного игрока, и если это действительно так, то можно ожидать близкого разворота тренда.

Рис. 3.17. Вынос стопов ложным пробоем оставляет на графике след в виде длинного хвоста свечи

Все перечисленное, конечно, нельзя отнести к стопроцентно срабатывающим признакам, но учитывать их наличие при планировании торговых операций, безусловно, стоит. Вы же обращаете внимание на не всегда сбывающийся прогноз погоды, решая, стоит ли вам взять с собой зонтик? Тем более что в данном случае, игнорируя прогнозные признаки, вы рискуете не промокнуть, а потерять свои деньги.

Глава 4

РИСК-МЕНЕДЖМЕНТ
И МАНИ-МЕНЕДЖМЕНТ

Получение прибыли в трейдинге всегда связано с рисками. Никто не может предсказать поведение рынка со 100%-ной вероятностью. Отсюда следует, что безрисковых сделок не бывает. В свое время я был признан самым безопасным трейдером, поскольку на протяжении восьми лет торговли не было ни одного месяца, который я завершил бы с убытком. Но это вовсе не значит, что в этот период у меня не было убыточных сделок. Там, где есть риск, всегда есть место убытку. И если рисков нельзя избежать, значит, нужно научиться ими управлять. Соответствующий раздел науки трейдинга так и называется — риск-менеджмент.

Если вам в жизни приходилось заниматься любым видом спорта опаснее шахмат и при этом у вас был хороший тренер, то наверняка ваши первые занятия были посвящены не тому, как забивать голы и крутить сальто, а тому, как правильно падать. Поэтому прежде, чем приступить к изучению торговых стратегий, позволяющих зарабатывать прибыль, давайте сначала разберемся, как наиболее безболезненно фиксировать убытки.

Надеюсь, вы еще не забыли то, о чем говорилось во вступительной части этой книги: убытки — неизбежная составляющая трейдинга. Заработок трейдера образуется не за счет отсутствия убытков, а за счет того, что размер прибыли кратно превосходит размер убытков. В любом бизнесе существуют сопутствующие расходы, и в трейдинге к таким расходам относятся не только различные комиссии, но и убытки, полученные по результатам сделок. Поэтому постарайтесь выработать в себе именно такое к ним отношение — как к необходимым расходам.

Конечно, мои слова относятся только к тем убыткам, которые были получены при соблюдении всех описанных в этой книге правил торговли. В противном случае полученный вами убыток будет не закономерным расходом, а следствием вашей ошибки.

Как в трейдинге отличить ошибку от допустимых расходов? Очень просто. Если при анализе убыточной сделки вы приходите к выводу, что действовали в полном соответствии со своим торговым планом и при повторении рыночной ситуации совершили бы эту же сделку, значит, вы можете смело списывать полученный убыток в неизбежные расходы.

Я никогда не забуду слова своего первого босса, под руководством которого начинал карьеру в американской брокерской фирме. На вопрос о том, зачем нужен риск-менеджмент, он ответил: «Я не могу контролировать, сколько денег ты заработаешь, но зато с помощью этой штуки я смогу контролировать, сколько ты потеряешь».

Давайте рассмотрим правила риск-менеджмента, выполнение которых позволит вам держать свои потери под жестким контролем. Иными словами, будем учиться падать.

Математическое ожидание и статистика

Вы никогда не задумывались, почему трейдинг часто называют игрой, а трейдеров — игроками? Во что они играют и что является основой этой игры? Как и во многих азартных играх, в основе трейдинга лежит вероятность того или иного события. А там, где присутствует вероятность, всегда существует математическое ожидание. Так вот, если говорить о трейдинге как об игре, то это игра на математическом ожидании, и выигрывает в ней тот, кто сможет использовать математическое ожидание в свою пользу. Те, кто говорит, что это математически невозможно, ошибаются. Да, если рассматривать игру в рулетку (во французскую ее разновидность), где на колесе имеется 37 ячеек одинакового размера, шансы на то, что шарик попадет в какую-то конкретную ячейку, действительно каждый раз одинаковы и равны 1:37 — если, конечно, дилер не жульничает. В случае с подбрасыванием монеты шансы выпадения орла или решки тоже равны. Но сказать то же самое о трейдинге равносильно тому анекдоту, в котором на вопрос, какова вероятность встретить на улице динозавра, отвечают: 50 на 50 — либо встречу, либо нет.

Да, на биржевом рынке тоже существует ограниченный набор возможных событий: цена либо вырастет, либо снизится, либо останется неизменной. Но в отличие от игры в рулетку или орлянку на рынке довольно часто возникают ситуации, в которых вероятность одного варианта развития событий существенно превышает вероятность другого. Стабильно зарабатывающий биржевую прибыль трейдер отличается от азартного игрока именно тем, что он умеет идентифицировать такие ситуации и правильно ими пользоваться. Если вы до сих пор внимательно читали эту книгу, вы уже поняли, о каких ситуациях идет речь: уровни и ценовые движения вблизи них генерируют сигналы, указывающие, в какую сторону рынок пойдет с *большей* вероятностью.

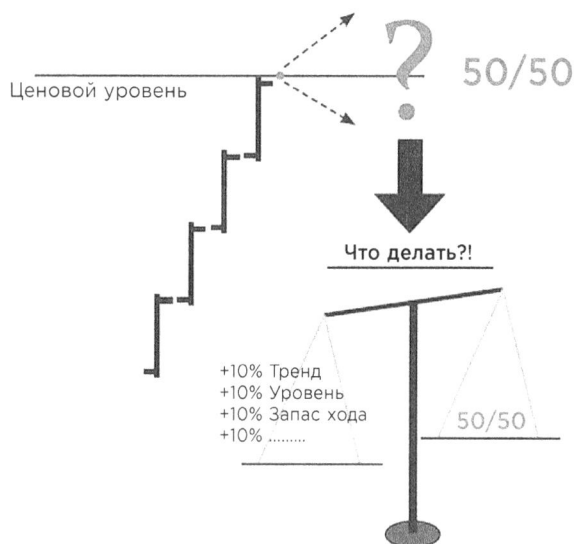

Рис. 4.1. Рыночные сигналы обеспечивают перевес сил в вашу пользу

Конечно, эти указания и предсказания не являются 100%-ными, но есть еще один очень важный для понимания и основанный на математической вероятности нюанс. Для того чтобы зарабатывать трейдингом, необязательно открывать прибыльные позиции в 100% случаев. Более того, хотя это и желательно, совсем не обязательно выигрывать даже в половине всех сделок. При грамотном управлении рисками достаточно, чтобы выигрышной оказывалась каждая третья ваша сделка. В чем заключается грамотное управление? При планировании своих сделок вы должны строго соблюдать *соотношение прибыли к риску в размере как минимум три к одному (3:1).*

Давайте посчитаем, что получается в этом случае. Обозначим размер вашего риска по каждой сделке как *R*. При соблюдении указанного выше соотношения прибыли к риску три к одному размер каждого выигрыша будет равен трем размерам риска — *3R*. Мы совершаем 10 сделок, из которых

70% (семь сделок) оказываются проигрышными и лишь 30% (3 сделки) завершаются в нашу пользу. В итоге наш проигрыш составит $7 \times 1R = 7R$, а выигрыш $3 \times 3R = 9R$. Только подумайте: проигрывая в два с лишним раза чаще, чем выигрывая, мы в конечном счете положили в карман $2R$ прибыли! Колдовство? Нет, правильное использование математического ожидания!

Стоп-лосс как инструмент управления рисками

Возможно, когда вы прочли выше в этой главе про расчеты размера риска, у вас возник вопрос, почему в этих расчетах риск взят в виде фиксированной величины R, ведь речь идет не о казино, где размер потери (риска) в каждом раунде игры ограничен размером ставки. Для ответа вспомним о таком полезном торговом инструменте, как *стоп-лосс*, который был описан в главе «Базовые понятия и определения». Именно он позволяет трейдерам регулировать размер риска по открытой позиции.

Первое, что необходимо сделать для того, чтобы взять риски под свой полный контроль, — это научиться определять размер риска по каждой потенциальной сделке. Почему потенциальной? Потому что размер риска необходимо определять еще ДО совершения сделки. И если окажется, что рассчитанный размер риска выходит за рамки допустимой величины, такая потенциальная сделка не должна превращаться в реальную. И наоборот, довольно часто наличие условий, в которых очень хорошо просматривается уровень для выставления стоп-лосса, само по себе уже является весомым основанием для входа в рынок.

Если вы будете неукоснительно следовать изложенным в этой книге правилам, определить размер риска для вас будет совсем несложно по той простой причине, что вы можете *и должны* устанавливать его сами. Все в ваших руках! Проблема лишь в одном: математическое ожидание допускает, что даже при следовании всем правилам торговли вы можете получить несколько убыточных сделок подряд. И тогда в вашу голову может закрасться крамольная мысль о том, что причиной ваших потерь являются стопы, на которые вас все время выбрасывает, и, мол, если от них отказаться… Дальше в голове проносятся бравурные и отключающие рациональное мышление лозунги типа: «Тормоза придумали трусы». Я не могу запретить вам торговать без стопов, но моя задача состоит в том, чтобы научить вас не играть в азартные игры, а зарабатывать, и в этом деле стопы являются необходимым инструментом. Если вы хотите испытывать судьбу, гуляя по рынку без страховки, — это ваше право, но только не говорите потом, что Герчик вас не предупреждал.

Фактически размер риска в расчете на один лот открываемой позиции равен разнице между ценой входа (покупки или продажи) и ценой, которую вы указываете в защитном стоп-лосс-приказе. Конечно, это справедливо только в том случае, если при открытии позиции стоп-лосс был вами установлен. Напомню, что данный вид торгового приказа позволяет автоматически закрывать позиции, если цена пошла в невыгодном для вас направлении и достигла заранее установленной в приказе величины. Поэтому я настоятельно рекомендую выставлять такой защитный ордер сразу после открытия позиции. Только в этом случае вы получаете возможность контролировать свои риски.

При этом очень важно не просто выставить защитный стоп-лосс-приказ, но и сделать это правильно. Казалось бы, что может быть проще, ставь стоп-лосс как можно ближе к точке входа, и тогда возможные потери будут максимально ограничены. Но не тут-то было. Даже если вы правильно определили общее направление будущего движения рынка и открыли правильную позицию, может случиться так, что перед началом этого движения цена сделает маленький шаг в противоположную сторону. Тогда ваш сверхблизкий стоп сработает, позиция будет автоматически закрыта, и далее рынок помчится в предсказанном вами направлении, но уже без вас.

Если же вы кинетесь в другую крайность и установите защитный стоп слишком далеко от точки входа, размер риска и, соответственно, возможного убытка может стать непропорционально крупным. То есть вы потеряете больше, чем могли бы при более грамотном расчете уровня срабатывания стоп-лосса. Кроме того, при большом размере стопа вам будет очень сложно выполнить условие о соотношении прибыли к риску в размере как минимум три к одному. Иными словами, цена, по которой выставляется защитный стоп-лосс, должна быть обоснованной.

Как же ее обосновать? Стоп-лосс всегда должен быть к чему-то привязан. Не существует лучшей привязки, чем сильный ценовой уровень. Логика здесь проста: крупный игрок сделает все возможное для того, чтобы не пустить цену туда, где она поломает рыночную модель, которую он торгует, потому что в противном случае ему придется бороться с большим количеством игроков, получивших сигнал. Как мы уже выяснили ранее, такие торговые сигналы возникают в районе локальных и глобальных ценовых уровней. Соответственно, стоп-лосс следует *прятать за уровень* с надеждой, что крупный игрок не допустит его пробития. Естественно, делать это нужно с учетом отступа, необходимого для того, чтобы ваш стоп не зацепило случайным или ложным движением цены.

Как правильно рассчитать размер стоп-лосса?

В зависимости от принципа расчета различают два вида стоп-лосса: *расчетный* и *технический*.

Расчетный стоп-лосс

Расчетный (рыночный) стоп-лосс в наибольшей степени подходит для торговли на российском фондовом рынке. Он не привязывается к конкретной рыночной ситуации, является чисто математическим и рассчитывается исходя из цены актива, по которому вы собираетесь открыть торговую позицию. В общем случае размер расчетного стоп-лосса равен 0,1–0,2% от цены актива, в зависимости от **волатильности** (ценовой подвижности) рынка и силы уровня, к которому вы привязываете свою сделку. Если уровень сильный, а значит, вероятность его пробития является более низкой, стоп можно устанавливать ближе к точке входа (то есть использовать коэффициент 0,1%). Близкий (короткий) стоп применяется либо при длительных консолидациях (не менее пяти баров), либо при наличии часто встречающегося и непробиваемого уровня. Кроме того, с целью минимизации убытков близкий стоп по возможности следует использовать, открывая позицию против тренда. Логично, что для более волатильных активов должны применяться более длинные стопы.

Чем нам интересен именно короткий стоп-лосс? Дело в том, что короткий стоп обеспечивает меньший размер риска и, соответственно, цена должна пройти меньшее расстояние в выгодную для нас сторону, чтобы обеспечить выполнение минимального соотношения прибыли к риску 3:1. Если принимать размер стопа (риска) за R, нам нужно получить прибыль, равную утроенному размеру риска $3R$. Естественно, что чем меньше значение R, тем выше шансы на то, что цена сможет пройти расстояние, равное $3R$, в нужную нам сторону.

Помните, что *в любом случае* цена исполнения стоп-лосс-приказа должна находиться ЗА защитным уровнем.

И еще один важный момент: ценовой уровень выступает в качестве ориентира для формирования точки входа[1] (о которой мы поговорим далее в этой главе) и установки стоп-приказа, но расчет размера риска

---

[1]   Под точкой входа понимается ценовой уровень, на котором выставляется лимитная заявка для открытия позиции. Соответственно, сделка должна быть осуществлена именно по цене точки входа. Иногда в тексте и всегда на используемых рисунках точка входа обозначается как ТВХ.

должен производиться не от цены взятого за основу уровня, а от цены сделки, по которой вы открываете позицию.

Теперь у нас есть все, чтобы произвести расчет цены стоп-лосса для каждого конкретного случая. Приведем пример. Допустим, вы идентифицировали сильный уровень сопротивления по акциям Сбербанка на уровне 230 руб. и хотите открыть длинную позицию. В этом случае размер страховочного стопа будет определяться следующим образом: 230 руб. × 0,2% = 0,46 руб.

Технический стоп-лосс

Технический стоп-лосс отличается от расчетного тем, что его невозможно рассчитать по формуле. В зависимости от конкретной рыночной ситуации технический стоп-лосс выставляется со смещением на один-два пункта за уровень, точку экстремума или хвост пробойного бара. Следует также принимать во внимание максимум и минимум дневного бара, зоны сильных проторговок и ценовые значения, выраженные в круглых цифрах.

При выставлении технического стопа нужно следовать нескольким важным правилам:

- Размер технического стопа не должен превышать размер расчетного более чем на 20%, поэтому расчетное значение стопа нужно будет высчитать, даже если вы хотите воспользоваться техническим стопом.

- Если вы торгуете внутри ценового канала, то размер технического стопа не должен составлять более 20% от ширины этого канала.

- Если технический стоп-лосс оказывается меньше расчетного, им можно воспользоваться, но вы должны быть уверены в правильности определения того ориентира, к которому вы привязываете технический стоп.

Лично я предпочитаю использовать именно технические стопы, поскольку они носят индивидуальный характер и являются более адекватными для каждой конкретной рыночной ситуации.

Необходимо понимать, что выставляемый стоп должен соответствовать двум критериям. Во-первых, он должен обеспечивать для планируемой сделки выполнение соотношения прибыли к риску как минимум 3:1. Во-вторых, стоп-лосс должен стоять там, где становится понятно, что рынок пошел против вас. Рыночная цена должна преодолеть те ключевые ориентиры и опровергнуть те торговые сигналы, от которых вы отталкивались, планируя свою сделку.

Вы должны соблюсти баланс между терпеливым ожиданием и признанием поражения в конкретной сделке. С одной стороны, не следует ни жадничать, ни паниковать раньше времени, иначе вас будет легко вышибить ложным движением из выгодной позиции. С другой стороны, размер вашего риска на сделку должен быть минимально возможным, чтобы в случае поражения не отдавать рынку больше необходимого размера платы за риск.

Как говорил еще Исаак Ньютон, при изучении наук примеры полезнее правил, поэтому давайте закрепим полученные знания.

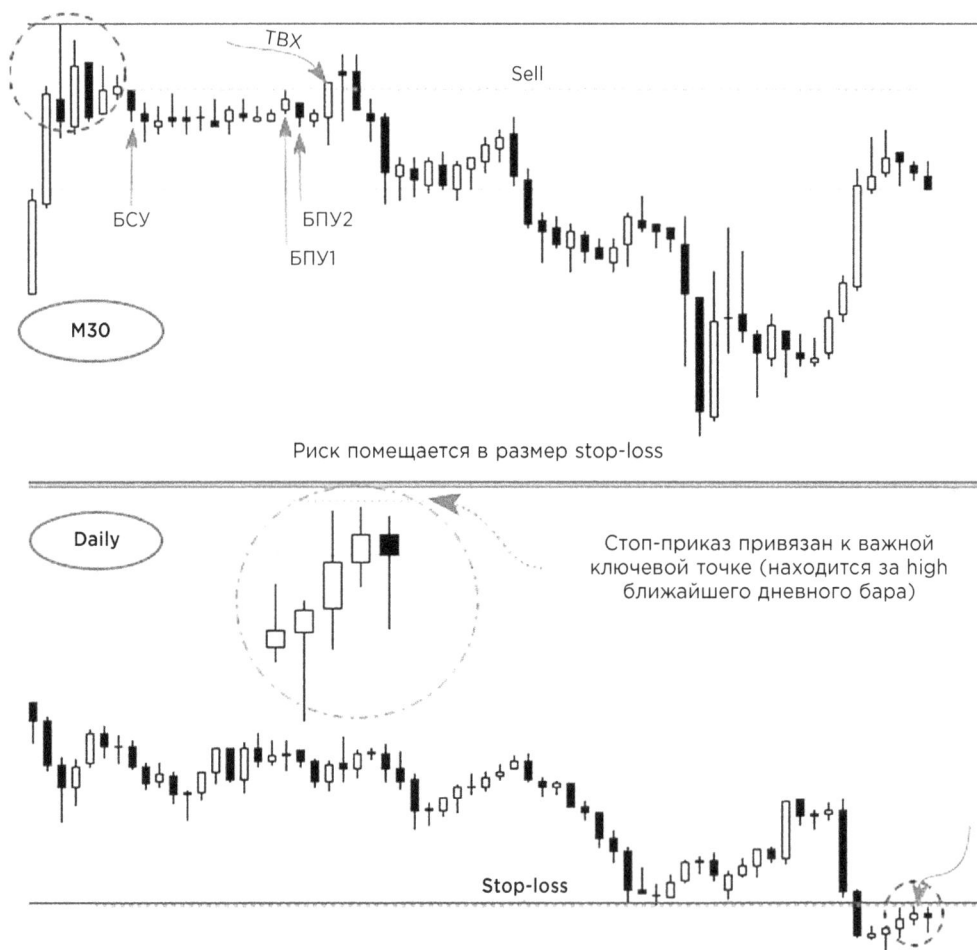

Рис. 4.2. Пример правильного выставления стоп-заявки

Сначала обратите внимание на нижний — дневной (daily) — график. Мы идентифицировали сильный ключевой уровень, на котором произошла остановка откатного движения при нисходящем тренде. Ложный пробой подтверждает наличие сильного уровня, и последующая свеча не добивает до предыдущей. Все перечисленные сигналы дают нам основание для поиска точки входа в короткую позицию.

Переходим на локальный тайм-фрейм для поиска более филигранной точки входа. В данном случае мы используем 30-минутный тайм-фрейм (М30). Мы видим, что локальный уровень образовался неподалеку от глобального (дневного). Рынок торгуется в боковике. У нас имеется ближайший экстремум, за который можно поставить стоп-лосс, и при этом его размер укладывается в допустимые пределы. Точка входа располагается под уровнем сопротивления, а цена стоп-заявки привязана к максимуму предыдущей дневной свечи, который на локальном тайм-фрейме и явился экстремумом. Такой стоп-лосс одновременно обеспечивает надежную защиту от получения неконтролируемого убытка в случае неудачного развития событий и не мешает нам зарабатывать прибыль.

Теперь рассмотрим пример неправильного выставления стоп-заявки.

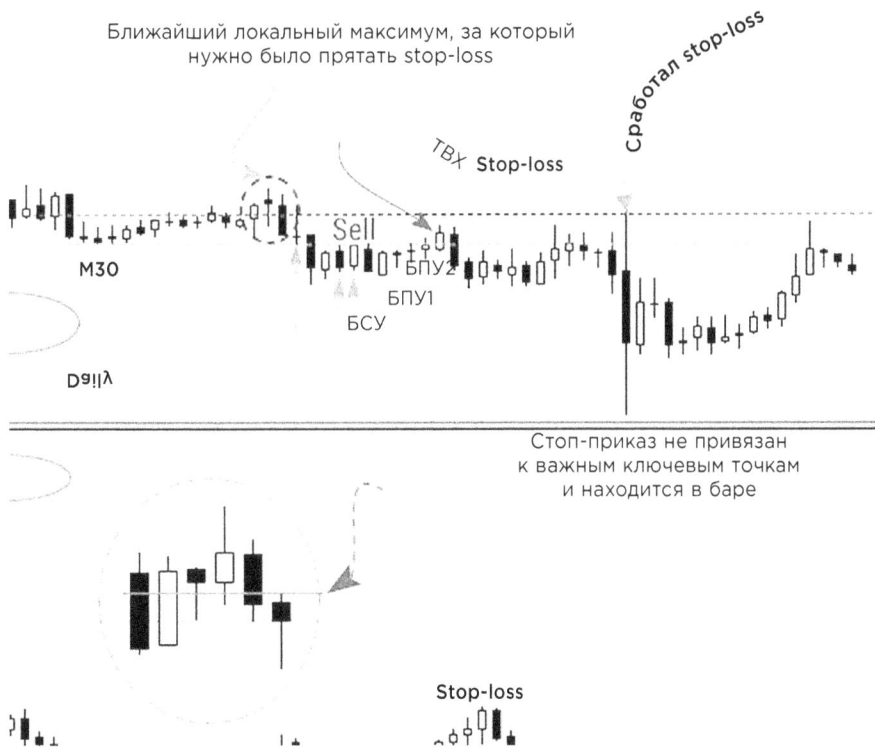

Рис. 4.3. Пример неверного выставления стоп-заявки

На дневном графике имеется сильный ключевой уровень. Торговля ведется в нисходящем тренде. После пробоя происходит возврат за уровень, что указывает на возможное завершение коррекции. Все это дает нам основания для поиска точки входа в шорт на локальном тайм-фрейме.

Локальный уровень расположен неподалеку от глобального. Локальный тренд также является нисходящим. Имеется ближайший экстремум, за который можно поставить стоп-приказ, но при этом размер риска не вмещается в расчетное значение.

В сложившейся ситуации трейдер должен был отказаться от открытия позиции, но вместо этого он выставляет стандартный расчетный стоп-лосс, оказывающийся ниже точки экстремума. В итоге технически ни к чему не привязанный стоп выносится длинным хвостом свечи. Трейдер получил убыток и потерял выигрышную позицию.

Перенос стоп-заявки в безубыток

Если ваши ожидания оправдались и рынок уверенно движется в нужном вам направлении — при этом цена должна пройти расстояние, эквивалентное как минимум двум стандартным стопам (0,4% от цены актива при открытии позиции), возникает соблазн перенести стоп-заявку на так называемый уровень *безубытка*. Это означает, что вы выставляете цену стоп-заявки примерно на том же уровне, на котором вы совершили сделку для открытия позиции. Тем самым вы гарантируете себе возврат вложенных денег даже в том случае, если рынок развернется против вас.

Более техничным сигналом, указывающим на появление возможности переноса стоп-заявки на уровень безубытка, является обновление предыдущего ценового экстремума.

Как и любой другой соблазн, перенос стопа имеет оборотную сторону. Желание обеспечить себе гарантированный возврат вложенных в позицию денег вполне объяснимо, но такой отход от торгового плана создает риск недостижения запланированной прибыли. Временный откат цены может лишить вас выгодной позиции. Да, вы не потеряете деньги, но и не заработаете. Вы просто будете топтаться на одном месте.

Статистические данные говорят в пользу применения системного подхода, то есть торговли без лишних движений. Если все идет по плану — вы уже выставили обоснованный и достаточно короткий стоп, а цена актива уверенно движется в нужном вам направлении, то в переносе стоп-заявки нет никакого смысла. Однако, если рынок ведет себя слишком нервно и ценовое движение выглядит неустойчивым, перенос стоп-заявки может быть оправдан. Иными словами, в каждом конкретном случае решение о переносе стопа должно быть индивидуально обоснованным.

Если вы все же решили обеспечить себя «несгораемой суммой», то следует помнить, что сам по себе перенос стоп-заявки не должен осуществляться бездумно и основываться лишь на стремлении полностью обезопасить свои вложения. Новая цена стопа не может определяться наобум. Любая стоп-заявка, в том числе и переносимая, должна быть спрятана за имеющиеся на графике заслоны и укрытия, иначе ваш стоп станет легкой добычей для перешедшего в контрнаступление противника.

Говоря о математическом ожидании, нельзя не учитывать тот факт, что на рынке мы имеем дело не с теоретическими, а со вполне реальными ценами активов, которые не могут изменяться на любую рассчитанную нами величину, тем более в течение всего лишь одного торгового дня. Когда речь идет о необходимости обеспечения соотношения прибыли к риску хотя бы на минимально допустимом уровне, мы должны иметь понимание того, сможет ли интересующий нас актив обеспечить такое ценовое движение. Кроме того, каждый рыночный инструмент обладает собственной волатильностью. При этом оценка волатильности не должна основываться только на одном текущем баре. Поэтому, чтобы двигаться дальше, мы должны подробно разобраться с таким понятием, как ATR.

Волатильность и запас хода (ATR)

Под ATR[1] понимается среднестатистическое движение инструмента за единицу времени. Поскольку обычно за единицу времени принимается один день, можно сказать, что математически значение ATR равно средней величине (высоте) дневного бара[2].

Различают два вида ATR: *технический* и *расчетный*. Такое деление объясняется тем, что все рыночные движения происходят от уровня к уровню, а значит, величина ATR имеет не только математические (расчетные), но и технические границы. В качестве таких границ выступают ключевые уровни: прежде всего уровни, образованные точками ценовых экстремумов. Они могут служить естественными преградами для движения цены и, соответственно, ограничивать потенциал этого движения, формируя таким образом технический ATR инструмента. Это означает, что

---

[1]   ATR (Average True Range) — средний истинный диапазон.

[2]   Здесь и далее вместо баров могут равнозначно использоваться японские свечи.

фактически технический ATR равен расстоянию между ближайшими к текущей цене уровнями.

Для практического применения важно помнить, что если ближайшие уровни находятся близко друг к другу, то открывать позицию в таких условиях довольно рискованно. Иными словами, если величина технического ATR меньше величины расчетного ATR, совершать вход не рекомендуется.

Как получить расчетное значение ATR? Для этого необходимо из значения максимальной цены (хай) дневного бара вычесть значение ценового минимума (лоу) этого же бара. Обратите внимание, что в расчет принимаются именно значения максимальной и минимальной цены, а не цены открытия и закрытия. То есть, если у бара или свечи имеются хвосты, необходимо брать для расчета именно окончания этих хвостов и вычислять разницу между высшей и низшей точками бара или свечи. Кроме того, нужно учитывать, что гэп — если он присутствует во взятых для расчета барах — «съедает» часть ATR, и его величина должна приниматься в расчет.

Но это еще не все. Из определения ATR следует, что он является усред-

Рис. 4.4. Измерение высоты бара

ненным показателем. Соответственно, для его расчета нам потребуется вычислить среднеарифметическую величину *нескольких* дневных баров. В зависимости от стиля своей торговли вы можете брать для расчета данные за последние три — пять дней, то есть три — пять дневных баров. Естественно, что текущий день в расчет не принимается, поскольку его бар до окончания торгов еще не сформирован.

Кроме того, в расчет не следует включать уже известные вам паранормальные бары. В данном случае к этой категории относятся:

- бары, размер которых равен или превышает 2ATR, то есть бары как минимум вдвое больше среднего по величине бара;
- бары, размер которых равен или меньше 1/3 значения ATR.

Таким образом, для расчета ATR вы выбираете подходящий для вашего стиля торговли интервал времени, включающий в себя три — пять предыдущих рабочих дней. Если в выбранном интервале оказываются паранормальные бары, вы просто заменяете их на соседние, не являющиеся паранормальными. Затем для каждого взятого в расчет бара вы вычисляете значение хай минус лоу. И, наконец, для определения средней величины ATR все вычисленные значения складываются, и полученный результат делится на количество взятых для расчета баров.

Почему мы не принимаем в расчет паранормальные бары? Дело в том, что, согласно статистическим данным, дневное рыночное движение в 80% случаев укладывается в один ATR. Еще в 15% случаев цена актива проходит за торговый день расстояние в два ATR, и лишь в оставшиеся 5 из 100 дней величина изменения цены составляет три и более ATR. Поскольку мы хотим торговать только в тех ситуациях, когда математическое ожидание на нашей стороне, мы не можем делать ставку на редкие случаи возникновения паранормальных баров.

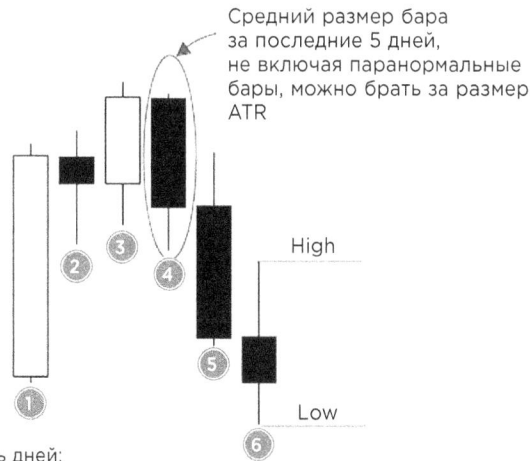

Пример расчета ATR за последние пять дней:

((High — Low бара ②) + (High — Low бара ③) + (High — Low бара ④) + (High — — Low бара ⑤) + (High — Low бара ⑥)) / 5 дней

Рис. 4.5. Расчет ATR

Хотя индикатор ATR присутствует в электронных торговых платформах в готовом виде, вы должны усвоить приведенные выше правила его расчета. Во-первых, потому что необходимо понимать смысл любого из применяемых вами индикаторов. Такому пониманию лучше всего способствует проведение самостоятельных расчетов. Во-вторых, заложенный в торговых платформах стандартный алгоритм расчета ATR не предполагает описанное выше исключение паранормальных баров.

Практическое использование ATR

Огромной армией технических аналитиков придуманы сотни, если не тысячи, разнообразных индикаторов. Некоторые из них действительно описывают физические законы рынка, но большая часть, к сожалению, просто-напросто высосана из пальца, и коэффициент полезного действия таких индикаторов стремится к нулю. Цель их разработки состоит не в том, чтобы дать трейдеру понимание происходящего на рынке, а в том, чтобы принести известность и деньги своему создателю. Поэтому не следует слепо доверяться какому-то индикатору только потому, что в его основе лежит громоздкая математическая формула, требующая сверхсложных компьютерных расчетов. Если под соусом сложности описания вам пытаются продать волшебный «черный ящик», якобы выдающий готовые торговые сигналы, скорее всего, вас разводят. Будьте внимательны! Даже сломанные часы два раза в день показывают точное время. Кроме того, успех в трейдинге гораздо чаще приносят не сверхсложные, а, наоборот, самые простые методы анализа и торговли. Но, конечно, при грамотном их применении. Помните, на любом рынке присутствуют лишь два вида участников — продавцы и покупатели, которые вступают в довольно простые рыночные отношения. Соответственно, не нужно применять интегральные вычисления там, где вполне достаточно простой таблицы умножения.

Как уже было сказано, прежде чем применять какой-либо индикатор, вы должны разобраться, как он работает. Понимать, как от нас этого требовали в школе, физический смысл применяемого показателя.

Что же нам показывает ATR? Прежде всего это показатель волатильности, то есть степени изменчивости цены актива в течение торговой сессии. Представьте, что вы залили бензин в бак своего автомобиля. Объем этого бака — величина постоянная, поэтому вы имеете примерное представление о том, какое расстояние вы сможете проехать на одной заправке. В зависимости от скорости движения, цикла город/трасса, качества бензина и манеры вождения пройденное расстояние может меняться в ту или другую сторону, но все эти отклонения не будут слишком далеко уводить нас от среднего значения.

Так же и в случае с ATR. Зная среднее значение этого показателя для конкретного актива и глядя на его текущую рыночную цену, вы всегда можете оценить оставшийся *запас хода* цены в направлении тренда. Вы легко поймете, сколько «бензина» осталось в баке у этого актива и, соответственно, какой примерно путь его цена сможет пройти в направлении своего движения.

Обращаю ваше внимание на важный для понимания момент. В течение торговой сессии цена инструмента может множество раз менять направление своего движения и проходить в разные стороны расстояние, укладывающееся в один ATR. Но это не значит, что вы должны суммировать все эти движения и приходить к выводу, что цена прошла два или более ATR. Если вы рассчитали, что ATR инструмента равен, допустим, 500 пунктам и в течение дня цена прошла эти 500 пунктов, но потом вернулась к уровню открытия, то значение показателя для этого конкретного дня будет равно не двум ATR, а нулю. При расчете ATR мы не суммируем весь путь, пройденный ценой за день, а учитываем лишь окончательную ценовую разницу между верхней и нижней точками торгового дня. Поэтому откат цены не увеличивает, а уменьшает значение ATR (рис. 4.6).

Знание величины дневного ATR позволяет нам сформулировать полезное торговое правило. При прохождении ценой внутри дня 75–80% от своего среднедневного значения ATR открывать позицию в сторону движения не рекомендуется. Вместо этого следует искать возможности для совершения контртрендовой сделки.

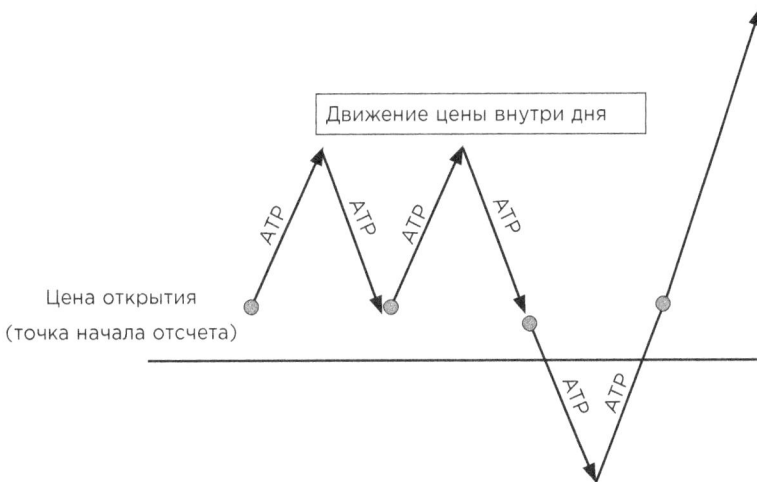

Рис. 4.6. *Движение цены внутри ATR*

Здесь срабатывает очень простая логика. У нас есть значение ATR, которое равно среднедневному изменению цены актива. Примем его за 100% прогнозного (планового) дневного изменения цены — начального запаса хода. Если вы получаете сигнал на открытие позиции по тренду в тот момент, когда цена уже прошла в этом направлении 75–80% своего среднедневного пути, то логично будет предположить, что оставшегося запаса хода (20–25%) не хватит для получения желаемого размера прибыли. Ведь в соответствии с главным правилом нашего риск-менеджмента мы должны обеспечить соотношение прибыли к риску как минимум три к одному, не так ли? Рассчитывать на то, что именно в этот день цена пройдет путь не в один ATR (как обычно), а, например, в два ATR, неразумно. Многолетняя статистика по самым разным активам показывает, что за целый год ценовыми барами высотой в два и более ATR заканчивается лишь 10–15% торговых дней. То есть при такой игре риск получить убыток в 6–10 раз превышает ваши шансы на получение **профита**.

Есть ли из этого правила исключения? Да. Торговать по тренду после прохождения ценой 80% ATR можно в тех случаях, когда данный инструмент достиг своего локального минимума или локального максимума. В этом случае для цены в обозримом пространстве нет никаких препятствий, мешающих дальнейшему движению. Как известно, для движения в разреженной среде требуется гораздо меньше энергии, и, образно говоря, оставшегося в баке бензина вполне может хватить на более продолжительное движение в сторону тренда. А закрытие бара на уровне локального максимума или минимума свидетельствует о том, что покупатель или продавец еще не добрал нужный ему объем позиции. Соответственно, у него все еще остается потребность в дополнительных покупках/продажах, что дает хорошие шансы на продолжение ценового движения.

Второе практическое применение ATR вытекает из правил выставления стоп-лосса, которые подробно рассмотрены выше в этой главе. Поскольку дисциплинированный трейдер всегда знает размер своего стоп-лосса, информация о величине ATR позволяет понять, достаточен ли запас хода рассматриваемого актива для того, чтобы соблюсти целевое соотношение прибыли к риску. Например, если необходимый размер стоп-лосса составляет 110 пунктов и мы вычислили, что ATR некоего актива равен 300 пунктам, это означает, что нам следует поискать другой инструмент, поскольку данный ATR не помещает в себе даже трех стопов. Даже если нам посчастливится поймать все 100% движения (что само по себе почти невероятно), вероятность обеспечить соотношение прибыли к риску на уровне три к одному в этом инструменте слишком мала. Не говоря уже о достижении более высокого коэффициента прибыли. Для того чтобы актив вызвал наш интерес, размер его ATR должен быть равен как минимум пяти стопам.

Как видите, индикатор ATR применяется в том числе и для выбора правильного инструмента для торговли. И все же более важной является его роль в определении уровня выставления стоп-лосса. Некоторые трейдеры вообще определяют размер своего стоп-лосса не от цены, а исходя из значения ATR для каждого торгуемого актива. Например, устанавливают в своем торговом алгоритме правило о том, что размер стоп-лосса должен быть равен фиксированной доле значения ATR для выбранного инструмента: от 0,10 до 0,20. Расчет в этом случае получается очень простым: если ATR инструмента равен, допустим, 100 пунктам, то размер стоп-лосса автоматически определяется в 20 пунктов (при выбранном коэффициенте 0,20 ATR). Это позволяет выставить стоп таким образом, чтобы соблюсти целевое соотношение прибыли к риску. Такой подход вполне имеет право на существование. И если для вас комфортно определять уровень стопа именно таким образом и это не противоречит алгоритму вашей торговли, вы смело можете взять данный метод на вооружение. Но прежде чем сделать свой выбор, убедитесь в том, что вы разобрались с правилами выставления стоп-лоссов.

Определение ключевых параметров сделки: люфта, цены стопа, точек входа и выхода

Надеюсь, вы уже усвоили неоднократно повторенный в этой книге принцип: планировать торговые сделки следует, отталкиваясь от стопа. Теперь, когда мы с вами выяснили, каким образом определяется размер стопа, самое время сделать еще один шаг и перейти от стоп-лосса к точке входа — цене открытия позиции.

Поскольку, как уже было сказано, расчет размера стопа необходимо сделать еще до совершения сделки, вы не можете знать точно, по какой реальной цене вам удастся открыть свою позицию. Маловероятно, что это получится сделать по цене уровня, на основе которого вы планируете свою сделку. Ведь уровень потому и является сильным, что по его цене уже выставлена заявка крупного игрока или даже нескольких игроков. И, если вы хотите получить сделку по цене уровня, вам придется встать в очередь и дождаться полного исполнения всех заявок, поданных раньше, чем ваша. Понятно, что при таком раскладе ждать вам придется слишком долго. Чтобы повысить шансы на открытие позиции, вам будет необходимо выставить свою заявку *перед* уровнем, то есть с некоторым ценовым отступом от него. Величина такого отступа называется **люфтом**. При открытии длинной позиции точка входа определяется путем прибавления значения люфта к цене уровня. При открытии короткой позиции значение люфта, наоборот, вычитается из цены уровня.

Как уже было сказано ранее, для точного расчета размера риска по открываемой позиции нужно брать в качестве отправной точки не цену ключевого уровня, а цену сделки, которая и является точкой входа. Соответственно, размер люфта необходимо принимать во внимание и учитывать его при непосредственном выставлении стоп-лосс-заявки.

Размер люфта рассчитать очень легко. В общем случае *величина люфта принимается равной 20% от расчетного размера стопа.* Или 0,04% от цены актива, если вам удобнее производить все расчеты, отталкиваясь только от рыночной цены.

Теперь, когда в нашем арсенале имеется полный набор формул для расчета ключевых параметров всех этапов сделки, давайте закрепим полученные знания на нескольких примерах комплексного расчета стопа, люфта, а также точек входа и выхода.

Начнем с примера расчета ключевых параметров сделки при планировании открытия короткой позиции.

Допустим, вы идентифицировали сильный уровень сопротивления на ценовой отметке 7380 пунктов и получили все необходимые подтверждения для открытия шорта. Осталось определить точку входа.

Делается это следующим образом.

1. Планируя данную сделку, вы уже должны были рассчитать стандартный размер стопа. В данном случае расчет должен быть таким: Размер стопа = Цена уровня × 0,2% = 7380 × 0,2% = = 14,76 пункта. Округляем полученный результат в большую сторону до 15 пунктов.

2. Далее рассчитываем размер люфта. Люфт = Размер стопа × 20% = = 15 × 20% = 3 пункта. Или, если хотите все считать от цены: Люфт = Цена уровня × 0,04% = 7380 × 0,04% = 2,952 = 3 пункта (с учетом округления).

3. Определяем точку входа. ТВХ = Цена уровня – Размер люфта = 7380 – 3 = 7377 пунктов. Чтобы наша заявка оказалась перед уровнем, при открытии *короткой* позиции люфт *вычитается* от цены уровня.

4. Зная цену, по которой должен состояться вход, мы теперь можем высчитать точную цену для выставления стоп-лосс-заявки. Для короткой позиции цена стопа = ТВХ + Размер стопа = 7377 + 15 = 7392 пункта.

Мы получили все, что хотели: размер стопа, точную цену для установки стоп-приказа и точку входа — цену, оказывающуюся *перед* уровнем, от которого мы строим свою торговлю. Эта цена и должна быть указана в лимитной заявке на продажу для открытия короткой позиции.

Вспомнив то, что мы говорили о необходимости соблюдения минимального соотношения прибыли к риску в пропорции 3:1, мы можем, не отходя от кассы, сразу высчитать еще и наш ближайший целевой ориентир для закрытия позиции, то есть получения вписывающегося в наши требования *тейк-профита (take-profit)*.

Поскольку мы открываем короткую позицию, для определения точки выхода мы должны *вычесть* из цены входа три размера стопа:

Точка тейк-профита (ТТП) = Цена сделки – 3 × Размер стопа = 7377 – 3 × 15 = 7332 пункта.

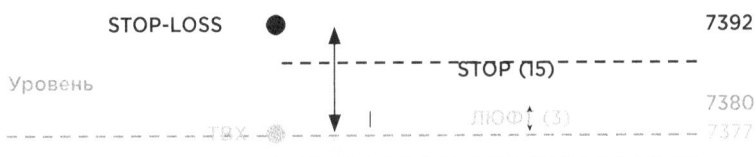

Рис. 4.7. Пример определения ключевых параметров сделки (при шорте)

Теперь рассмотрим пример аналогичного расчета параметров, но уже для лонговой сделки.

Мы идентифицировали сильный уровень поддержки на отметке 7284 пункта и планируем открыть от него длинную позицию. В этом случае делаем следующее.

1. Размер расчетного стопа = Цена уровня × 0,2% = 7284 × 0,2% = = 15 пунктов (с учетом округления).

2. Люфт = Размер стопа × 20% = 15 × 20% = 3 пункта.

3. ТВХ = Цена уровня + Люфт = 7284 + 3 = 7287 пунктов. Заметьте, поскольку мы открываем лонг, чтобы наша заявка оказалась *перед* ключевым уровнем, размер люфта не вычитается (как в случае шорта), а *прибавляется* к цене уровня.

4. Цена стоп-лосса = Цена сделки – Размер стопа = 7287 – 15 = = 7272 пункта. Заметьте, в отличие от шорта, при лонге размер стопа откладывается вниз (минусуется) от цены сделки.

5. Точка ближайшего тейк-профита (для длинной позиции) = ТВХ + 3 × Размер стопа = 7287 + 3 × 15 = 7332 пункта.

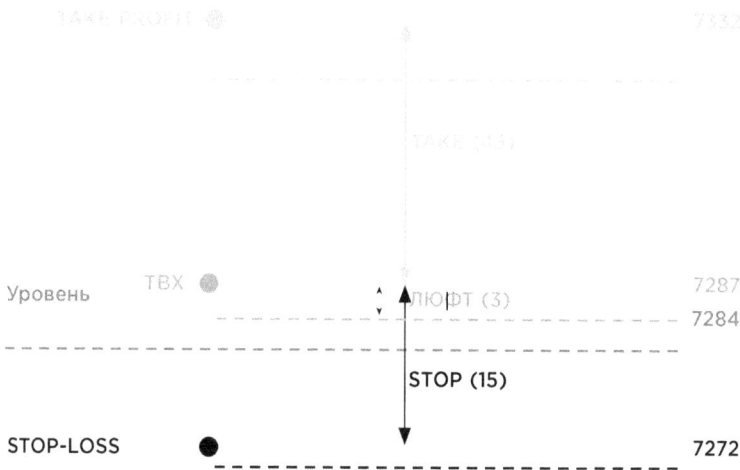

Рис. 4.8. Пример определения ключевых параметров сделки (при лонге)

Еще раз обращаю ваше внимание на то, что в целях точного учета рисков по открываемой позиции величина люфта включается в размер выставляемого стопа.

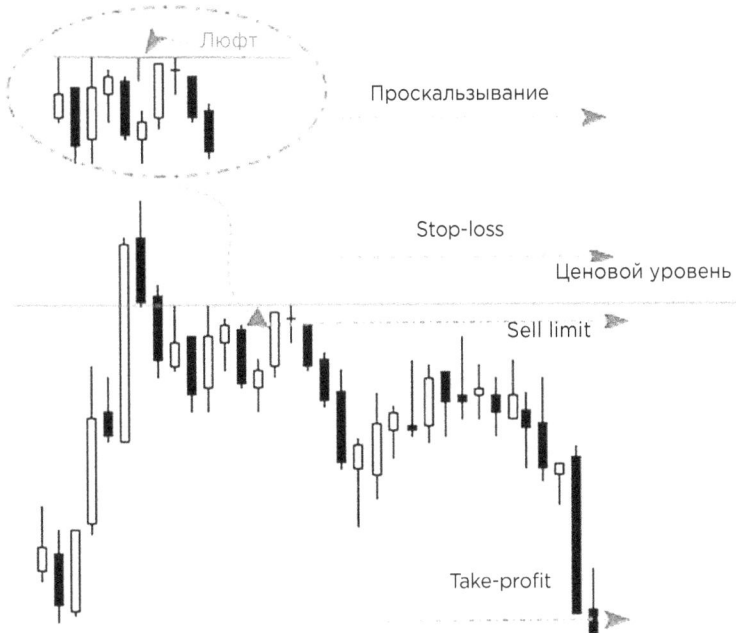

Рис. 4.9. Учет люфта в параметрах сделки (для шортовой позиции)

При торговле на любом рынке присутствует уже упомянутое мной выше проскальзывание — когда реальная цена исполнения заявки отличается от выставленной цены в ту или другую сторону (чаще всего в сторону, невыгодную для трейдера). Поскольку все риски должны считаться от реальной цены сделки при открытии позиции, величина проскальзывания должна учитываться в размере стопа, так же, как и величина люфта.

Рис. 4.10. Учет люфта в параметрах сделки (для лонговой позиции)

Существует особенность выставления стоп-заявок на американском рынке. Для выставления стоп-лосса или тейк-профита нужно оформить противоположный стоп-ордер. Пример того, как это делается, представлен на рис. 4.11.

В завершение темы стоп-лоссов и определения на их основе точек входа повторюсь, что для российского фондового рынка больше всего подходят расчетные стопы. Для других ликвидных рынков многие мои студенты при внутридневной торговле применяют фиксированные стопы со следующими примерными размерами:

- Американский рынок: размер стопа равен трем — семи центам, включая люфт.

- Рынок Forex: 15–25 пунктов плюс два-три пункта на люфт. Максимальное значение данного диапазона применяется к паре GBP/USD, поскольку она является более волатильной.

- Рынок золота: $2–3, люфт = 10–15 центов.

- Рынок нефти: 15–20 центов, люфт = два-три цента.

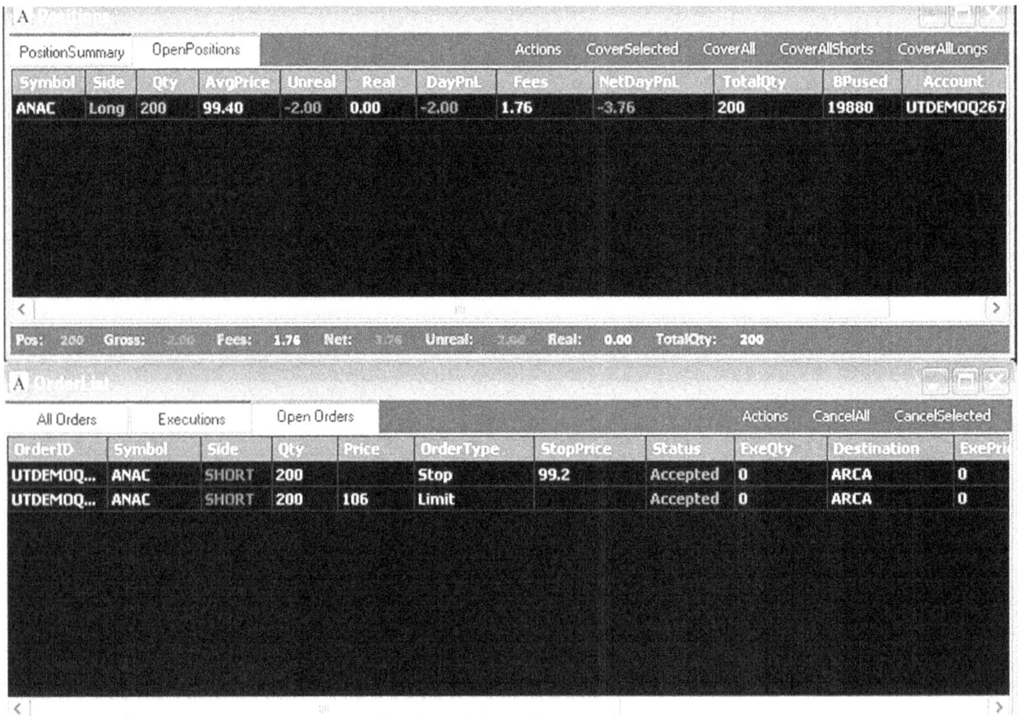

Рис. 4.11. Выставление стоп-заявки на американском рынке

Мани-менеджмент

Название *мани-менеджмент* происходит от английского термина money management и переводится как «управление деньгами». Мани-менеджмент является неотъемлемой частью науки управления рисками. Специфика данного раздела состоит в том, что мани-менеджмент определяет правила управления рисками по отношению не к конкретной сделке, а сразу ко всем совершаемым вами сделкам и к вашему **депозиту** в целом.

Соблюдение правил и принципов мани-менеджмента — очень важная часть торговли. В настоящее время существует множество компьютерных систем, позволяющих трейдеру следить за соблюдением этих правил в автоматическом режиме, и я призываю вас пользоваться такими системами, поскольку никто не может быть до конца уверен в том, что в самый ответственный момент ему удастся справиться со своими эмоциями. Говорю вам об этом со знанием дела, поскольку в начале своей карьеры трейдера в Нью-Йорке я попадал в ситуации, когда казалось, что маленькое разовое отступление от правил позволит мне достичь торгового успеха. В то время еще не было продвинутых автоматизированных систем, контролирующих риски, но зато у нас для этих целей использовался более серьезный инструмент: реальный человек — бывший десантник. Он мало что понимал в трейдинге, но прекрасно справлялся со своей работой, стоя на страже допустимых уровней риска и на корню пресекая все наши попытки к отступлению от разрешенных лимитов.

Но даже в том случае, если для управления рисками вы решите воспользоваться компьютерной системой, вы все равно должны знать правила и принципы мани-менеджмента, поскольку речь идет о ваших собственных деньгах и устанавливать основные параметры риска вы должны сами.

Что относится к этим параметрам?

Во-первых, размер риска от общего объема депозита в расчете на один торговый день. Проще говоря, этот параметр определяет, какой процент от депозита вы готовы терять за одну торговую сессию. Важно, чтобы этот параметр оставался неизменным, даже в том случае, если вы очень хотите расширить рисковые лимиты, например, с целью отыграть полученные ранее потери.

Я рекомендую устанавливать этот показатель риска на уровне от 1 до 3%. При этом новички должны ориентироваться на нижнюю границу данного диапазона. Лимит риска, выделяемого на день, должен быть разделен между всеми сделками, которые вы собираетесь совершить за одну торговую сессию. Такое распределение рисков на рынке называют красивым словом **диверсификация**. Но на самом деле за этим термином скрывается народная мудрость, хорошо известная даже людям, очень далеким от рынка: не клади все яйца в одну корзину. В нашем случае правило звучит так: не стоит вкладывать весь дневной лимит риска в одну позицию. Разделите его на три — пять позиций. Даже если вы правильно идентифицируете уровни, имеете понимание рыночных движений, умеете правильно входить в рынок и выставлять стопы, все равно есть далеко не мизерные шансы на то, что капризный рынок может в конкретный момент пойти против вас. Но вероятность того, что это произойдет сразу по трем — пяти позициям, будет значительно ниже. Иначе вы явно что-то делаете или понимаете не так, как надо. Поэтому, если вы получили за одну торговую сессию три убыточные сделки подряд, рекомендуется остановиться и посвятить оставшуюся часть дня не заключению новых сделок, а разбору полетов и подготовке к торговле на следующий день.

Ваши сделки необязательно должны следовать друг за другом и включать один и тот же актив. Вы, например, можете заключить сразу три сделки с разными торговыми инструментами. В этом случае возникает проблема равномерного распределения рисков по сделкам, связанная с различием цен разных активов. Для решения этой проблемы выравнивание рисков осуществляется путем варьирования объемов позиций по каждому инструменту.

Например, вы торгуете акциями Газпрома и Сбербанка. Цена акции Газпрома составляет 140 руб., акции Сбербанка — 220 руб. Соотношение цен составляет примерно 1,5:1 в пользу Сбербанка. В этих условиях выравнивание рисков по позициям названных акций может быть достигнуто, если соотношение объемов открываемых позиций также будет составлять 1,5:1. 200 акций Сбербанка и 300 акций Газпрома (20 и 30 лотов соответственно) создадут правильный баланс рисков.

При торговле несколькими инструментами риск вначале рассчитывается на более дорогой актив, а затем производится пропорциональное увеличение объема позиции для более дешевого инструмента.

Если вы смешиваете торговлю российскими инструментами с торговлей товарными активами, такими как золото, нефть, евро/доллар, необходимо учитывать, что такой трейдинг лучше вести только внутри дня, поскольку с ценами на товарные активы, торгующиеся 24 часа в сутки, может произойти все что угодно за ту ночь, пока российский рынок закрыт.

Выражение параметров риска в процентах позволяет применять эти параметры без изменений к любому размеру депозита. Благодаря этому при добавлении или снятии денег со своего депозита вам не придется менять правила мани-менеджмента.

Давайте рассмотрим простой пример. Допустим, объем вашего депозита составляет 1 000 000 руб. Вы определили для себя, что размер риска в расчете на один день не должен превышать 1% депозита, что эквивалентно 10 000 руб. Однако, чтобы не вкладывать весь допустимый риск в одну сделку, распределим его по трем сделкам. Тогда размер риска на каждую из них получится примерно равным 0,3% от депозита, или 3000 руб. Допустим, что вы хотите заключить сделку с акциями Газпрома, которые на момент открытия позиции торгуются по цене 150 руб. за акцию.

На основе этих исходных данных и определенного нами ранее стандартного размера стопа в 0,2% от цены актива вы уже можете определить объем вашей торговой позиции, удовлетворяющей параметрам риска.

При цене акции 150 руб. расчетный размер стопа будет составлять $150 \times 0,2\% = 0,3$ руб. Это размер риска на одну акцию. Поделив общий размер риска на сделку на размер стопа (риска) по одной акции, мы получим: 3000 руб./0,3 руб. = 10 000 акций. Поскольку акции торгуются лотами, каждый из которых включает в себя 10 акций (для акций Газпрома), получается, что мы можем открыть позицию максимальным объемом 1000 лотов Газпрома. Естественно, что, поскольку стоимость такой позиции превышает размер депозита, для открытия по максимуму вам придется воспользоваться *кредитным плечом*. Теперь, если рынок после открытия позиции пойдет против вас и ваш защитный стоп-лосс сработает, вы потеряете 3000 руб., что полностью укладывается в принятые параметры риска. Даже если ваш торговый день окажется настолько неудачным, что у вас три раза подряд сработают стопы, вы потеряете $3 \times 3000 = 9000$ руб., что также вписывается в установленный размер дневного риска (10 000 руб.).

Напомню, что при таком неудачном раскладе я рекомендую прекратить в этот день дальнейшую торговлю и заняться выяснением причин неудачных сделок.

Как видите, мы до сих пор не прибегли к формулам из высшей математики, а значит, ничего сложного в расчетах, связанных с управлением рисками, нет.

Теперь давайте вспомним о том, что размер технического стопа может быть как больше, так и меньше расчетного. Что мы делаем в этом случае для того, чтобы соблюсти ключевые параметры риска?

Ранее мы с вами уже говорили о том, что нужно правильно оценивать силу ценовых уровней и искать возможности выставления более короткого стопа, оборачивая математическое ожидание в свою пользу. Вы уже знаете, что более короткий стоп позволяет обойтись меньшим запасом хода для обеспечения необходимого соотношения прибыли к риску. Теперь давайте посмотрим на эту же ситуацию с точки зрения мани-менеджмента. И чтобы вам не пришлось верить мне на слово, снова обратимся к цифрам.

Допустим, что на графике все тех же акций Газпрома вы идентифицировали настолько сильный уровень, что он позволяет вам обойтись стопом, вдвое меньшим стандартного. Применим еще раз приведенную выше схему расчета и посчитаем потенциальную прибыль той же сделки. Вы купили 1000 лотов Газпрома по цене 150 руб. и установили стоп в два раза меньше стандартного (0,15 руб. вместо 0,30 руб.). Рынок пошел в вашу сторону, и вы заработали прибыль в размере, равном трем стопам: $3 \times 0,15 = 0,45$ руб. на акцию. На весь объем позиции прибыль составит: 0,45 руб. $\times$ 10 000 акций = 4500 руб.

Казалось бы, неплохо и полностью соответствует целевому соотношению прибыли к риску. Но давайте посмотрим, что нам может дать в этой ситуации знание принципов мани-менеджмента.

Размер денежного риска на сделку остался неизменным — 3000 руб., но с учетом уполовинивания размера стопа объем позиции, который мы можем себе позволить, не нарушая при этом параметров риска, составит уже: 3000 руб./0,15 руб. = 20 000 акций = 2000 лотов. Тогда при том же движении рынка в нашу сторону мы получим прибыль, равную: 0,45 руб. $\times$ 20 000 акций = 9000 руб. Это в два раза больше, и заметьте, при прежнем размере риска! Ведь в случае неудачи мы теряем все те же 3000 руб., но размер потенциальной прибыли увеличивается в два раза. Вот для чего нам нужно знание принципов мани-менеджмента.

Естественно, что в тех случаях, когда технический стоп оказывается больше расчетного, необходимо будет с помощью аналогичных расчетов не увеличить, а уменьшить размер торговой позиции.

Таким образом, правильно зафиксировав ключевые параметры допустимого риска, вы сможете оптимизировать свою торговлю таким образом, чтобы минимизировать возможные убытки и вместе с тем максимизировать потенциальную прибыль.

В заключение несколько слов о рекомендуемом подходе к увеличению объемов торговли. Такая потребность обязательно возникнет, когда вы начнете зарабатывать прибыль. Но на каком бы рынке вы ни торговали, мой вам совет: не увеличивайте риски после первого же удачного месяца. Статистические показатели вашей доходности могут быть так же изменчивы, как и сам рынок. Не удваивайте ставки. Увеличивайте объем своей торговли постепенно, оставляя запас для возможного отката.

Если вы торгуете фьючерсами, начните с одного контракта[1], чтобы убедиться в том, что ваш торговый алгоритм успешно работает. Закрывая неделю с прибылью, добавляйте к объему по одному контракту. После того как объем вашей торговли достигнет пяти контрактов, начинайте прибавлять (в случае успеха) уже по два-три контракта, но, конечно, с учетом размера вашего депозита и без нарушения ключевых параметров риска.

Если торговая неделя заканчивается для вас убытком, наоборот, уменьшайте количество торгуемых контрактов по тому же лестничному принципу.

Помните: лучше расти постепенно, но уверенно, чем быстро, но с риском все потерять в один день.

---

[1] Но прежде убедитесь в том, что вы понимаете все особенности рынка фьючерсов, включая режим торгов и процедуру экспирации. Всю необходимую для этого информацию можно найти на сайте Московской биржи.

Глава 5

ТОРГОВЫЕ СТРАТЕГИИ И СДЕЛКИ

Если до сих пор вы были внимательным читателем, у вас уже должно было сложиться представление о торговых стратегиях, построенных на основе ценовых движений вблизи ключевых уровней. Любая торговая стратегия опирается на выявленные закономерности, позволяющие использовать в своих интересах математическое ожидание. Вероятность наступления того или иного события никогда не является стопроцентной, но существуют рыночные ситуации, в которых определенное ценовое движение выглядит явно более вероятным, чем другие возможные варианты. Иными словами, на рынке довольно часто возникают ситуации, поддающиеся предсказанию, и все предыдущие главы этой книги были посвящены тому, как такие ситуации идентифицировать.

Надеюсь, что с идентификацией вы разобрались. Эта глава будет посвящена тому, каким именно образом такие ситуации можно использовать в реальной торговле.

Выбор своей торговой стратегии

Как мы уже отмечали, вблизи ключевых уровней могут наблюдаться три различные модели ценового поведения:

1. Отбой от уровня.
2. Пробой уровня.
3. Ложный пробой, к которому относятся также варианты сложного ложного пробоя.

Соответственно, все торговые стратегии строятся именно на том, чтобы использовать эти движения в своих интересах для получения прибыли. При этом практика показывает, что наилучших результатов добиваются те трейдеры, которые придерживаются какой-то одной стратегии. У одного лучше получается торговать пробои, другой специализируется на отбоях, третий получает гораздо больший процент успешных сделок на ложных пробоях. Некоторые вообще чувствуют физический дискомфорт, торгуя, например, против тренда. Это связано как с психологией, особенностями человеческого восприятия графических паттернов, так и с тем, что сосредоточение внимания на какой-то одной торговой стратегии позволяет накопить больший объем практического опыта, применяемого именно к этой модели.

Накопленный опыт часто позволяет опытному трейдеру практически с первого взгляда на биржевой график определить возможные точки входа даже без построения уровней и математических вычислений. Идентификация происходит уже на подсознательном уровне, когда мозг сам производит все необходимые измерения и вычисления, причем делает это настолько быстро, что вы просто не успеваете осознать эти умственные процессы. Такое приобретенное с опытом умение начинающие трейдеры часто путают с интуицией, когда видят, как, например, Герчик с ходу указывает на биржевом графике ключевые ценовые уровни. На самом деле это закономерный результат многолетнего и постоянного анализа различных графических моделей. Каждый отдельный случай анализа любого графика идет в копилку опыта, который позволяет довольно точно спрогнозировать будущий результат — так же, как это происходит с гроссмейстерами или профессионалами игры в преферанс или бридж: им достаточно взглянуть на расположение фигур на шахматной доске или карточный расклад, чтобы без доигрывания понять, чем закончится партия.

Поэтому наличие практического опыта является очень важной составляющей успеха. К сожалению, опыт нельзя купить или привить в готовом виде, читая книжки или глотая волшебные таблетки. Опыт приобретается только самостоятельно, путем огромного количества проб и ошибок. Я могу лишь указать правильное направление развития, избавить вас от ненужных ошибок, тем самым оставляя вам больше времени на получение большего количества успешных проб.

Поэтому я настоятельно рекомендую не бросаться в торговлю сразу после прочтения этой книги, даже если вам все в ней абсолютно понятно. В основе любой торговой стратегии лежит использование ценовых уровней. Без понимания этой темы вы не сможете торговать успешно, какую бы торговую стратегию ни выбрали. Даже если у вас очень хорошо получается водить автомобиль, вы не сможете ездить по городу, не разбираясь в разметке и дорожных знаках. На рынке уровни как раз и являются такими указателями.

Если вы считаете, что хорошо поняли правила идентификации ключевых уровней, это еще не значит, что у вас сразу получится точно определять их на реальных биржевых графиках. Посвятите один месяц тому, чтобы просто рисовать уровни и проверять, насколько реальный рынок подтверждает ваши догадки. После этого начнется период пробной торговли. В этот пробный период вы можете торговать различные стратегии, потому что только таким опытным путем, проведя статистический анализ результатов большого числа сделок (не менее 100), сможете понять, что у вас получается лучше.

Чтобы ваш подход к тестированию себя в качестве трейдера дал более точный результат, разбейте пробный период на части, например по две недели, и посвятите каждую часть торговле какой-нибудь одной стратегии. Две недели вы торгуете только отбой, две недели отводите на пробой и столько же — на обкатку модели с ложными пробоями. После этого вы сможете выбрать для себя один наиболее подходящий лично вам торговый стиль. Сосредоточившись именно на нем, вы сможете гораздо быстрее набрать необходимый объем трейдерского опыта и стать в этом деле если не гроссмейстером, то по крайней мере кандидатом в мастера спорта.

И, наконец, самый главный совет: старайтесь сводить свой трейдинг к простым правилам. Ошибочно считать, что заумная система торговли будет более прибыльной. Скорее наоборот. На рынке работают простые законы и правила. Соответственно, для достижения успеха выбранная или разработанная вами торговая стратегия должна быть простой и понятной.

Универсальные правила, относящиеся к использованию любой торговой стратегии

Когда цена несколько раз бьется в одну точку, чаще всего это нельзя объяснить простой случайностью. Причиной является лимитная заявка крупного игрока, который по какой-то причине не хочет, чтобы цена преодолела выставленное им ценовое препятствие. Но, чтобы убедиться в этом окончательно, вы обязательно должны получить подтверждения своих догадок. Для принятия решения, на которое вы будете готовы поставить свои деньги, у вас должны быть фактические доказательства в виде сложившейся цепочки: *сигнал — подтверждение — закрепление* и лишь затем *вход* в позицию.

Самые сильные уровни берутся с дневного тайм-фрейма биржевого графика. Кроме того, дневка позволяет определить направление тренда. Далее для определения филигранной точки входа применяются локальные (например, 30-минутные) тайм-фреймы.

При подготовке к сделке вы в первую очередь должны получить ответы на следующие вопросы:

1. Где в данном случае можно выставить стоп-лосс? При этом необходимо искать такие возможности, которые позволят вам выставить надежный стоп-лосс максимально близко к точке входа.

2. В каком направлении совершать сделку? При этом необходимо учитывать, что поведение цены отличается в случаях движения по тренду и против него. Кроме того, движение рынка вниз обычно бывает более резким, чем вверх.

3. Каков имеющийся запас хода цены в торгуемом направлении? Он должен позволять получить прибыль, как минимум в три раза превышающую размер риска.

Иногда трейдеры сталкиваются с ситуацией, в которой при открытой позиции цена движется в нужную сторону, но еще до достижения запланированного уровня тейк-профита на рынке возникает сигнал, указывающий на возможный разворот движения. Что делать в этом случае? Возникает извечная дилемма: что лучше, синица в руках (**бумажная прибыль**, накопленная к этому моменту, но не достигшая желаемого соотношения прибыли к риску) или журавль в небе (более высокая прибыль, превышающая размер риска как минимум в три раза)? В этом случае вы можете поступить на свое усмотрение, так, как вам подсказывает интуиция или уже имеющийся опыт прошлых сделок. Например, вы можете оставить все как есть и не вносить никаких изменений в свой сценарий, то есть выбрать журавля. На другом полюсе находится решение немедленно закрыть позицию и зафиксировать прибыль, пусть и в недополученном размере, — синица. И наконец, вы можете принять промежуточное, «соломоново», решение, которым лично я предпочитаю не пользоваться: перенести стоп-лосс-заявку ближе к текущей рыночной цене. В результате вы застрахуете накопленную прибыль от возможного разворота рынка против вашей позиции.

Торговля в диапазоне (канале)

Поскольку, как мы уже говорили ранее, рынок большую часть времени находится в рейндже, трейдеры-новички, которым обычно не терпится ринуться в бой, часто спрашивают, можно ли торговать в диапазоне (канале), то есть в такие моменты, когда цена актива находится между сильными уровнями? Общий ответ: да, можно, но при определенных условиях.

Во-первых, вы должны иметь четкое представление о том, где находятся границы канала. А для этого необходимо правильно определить ключевые уровни: локальные (при торговле внутри дня) или глобальные (при среднесрочной торговле). Если вы были внимательны при изучении материалов книги, значит, это вы уже умеете.

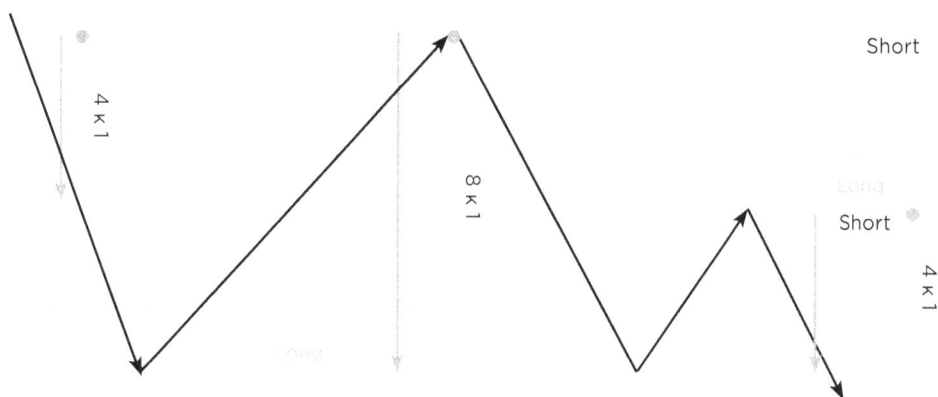

Рис. 5.1. Торговля в канале

Во-вторых, вы должны измерить ширину канала. Единицей измерения всегда является размер стопа. Торговля разрешена, если ширина канала составляет не менее шести — восьми стопов. Иначе вам просто не хватит пространства для маневра — вне зависимости от того, в какую сторону (вниз или вверх) вы собрались торговать.

Если канал достаточно широк, следующее, что нужно сделать, — определить направление сделки. Здесь очень важно, в каком месте канала по отношению к ограничивающим его уровням находится цена. Даже если все указывает на то, что дальнейшее движение цены будет направлено вверх, но цена актива близка к верхней границе канала, совершать сделку не рекомендуется из-за отсутствия запаса хода. Аналогичным образом шортить вблизи нижней границы канала слишком рискованно. Статистически открывать позицию разумнее в ту сторону, которая обеспечивает достаточный запас хода до границы канала. Проще говоря, от нижней границы канала предпочтительнее торговать в лонг, а от верхней границы — в шорт.

Если цена находится в середине канала (необязательно точно посередине, но в любом случае не вблизи его границ), необходимо замерить расстояние от текущего значения цены до верхней и нижней границ канала. В случае, когда измеренное расстояние в направлении сделки составляет как минимум четыре стопа, совершать такую сделку допустимо.

Почему нам нужно минимум четыре стопа? Если запас хода составляет менее четырех стопов, для соблюдения нашего стандартного соотношения прибыли к риску — как минимум три к одному — нужно будет «поймать» практически 100% движения, а это маловероятно. Соответственно, запас хода должен позволять выполнить данное соотношение, поучаствовав в 80% движения цены.

Кроме этого, вам необходимо вспомнить все, что мы обсуждали в разделе, посвященном среднедневному движению — ATR. Данная величина, как и границы канала, является еще одним естественным ограничителем хода цены. Даже если подсчеты показывают наличие в канале необходимого запаса хода, вы не сможете его использовать в том случае, когда актив к моменту сделки уже прошел 75–80% своего ATR.

Естественно, что одного только наличия запаса хода для совершения сделки недостаточно. Вы не должны рассуждать, например, так: до верхней границы запас хода шесть стопов, а до нижней — два, значит, торгуем вверх. Помимо запаса хода у вас должен быть еще и сигнал, указывающий на более вероятное направление движения цены. Сам по себе запас хода таким сигналом не является. Ширина пространства до границы канала лишь позволяет или не позволяет совершить сделку при поступлении торгового сигнала.

Генерировать такие торговые сигналы могут так называемые внутренние уровни, расположенные между границами канала. Внутренние уровни могут быть достаточно сильными, и при наличии запаса хода от них можно спокойно торговать внутри канала, при условии, что они действительно сильные и несут в себе смысловую нагрузку. Все уровни должны быть информативны и понятны для вас. У вас должно быть представление о том, как они сформированы и какую цель преследует крупный игрок, который их удерживает.

Основа для глобального уровня — граница канала — абсолютный экстремум

Основа для сильного внутреннего уровня — наличие лимитного игрока

Long ✓

Short ✓

Long ✗

Short ✓

Long ✓

Short ✗

Long ✓

Short ✓

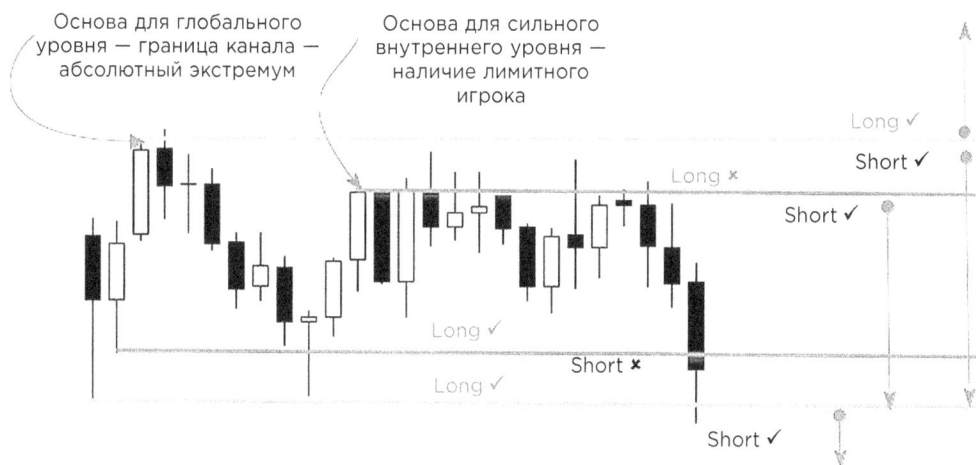

Рис. 5.2. Шортовые и лонговые уровни при торговле в канале

Для себя я всегда подразделяю эти уровни на шортовые и лонговые. На рис. 5.2 показан глобальный канал с имеющимися внутри него локальными уровнями, также образующими внутренний канал. Вы видите, что между верхними границами глобального и внутреннего каналов нет достаточного запаса хода и пробой верхней границы внутреннего канала в сторону верхней же границы глобального уровня не несет никакой смысловой нагрузки; соответственно, покупать в этом случае не имеет смысла. В этой точке можно только продавать. Продавать можно и от верхней границы глобального канала. Таким образом, эти уровни являются *шортовыми*. Лонг здесь возможен только после пробоя верхней границы глобального канала.

Между нижними границами каналов также нет достаточного запаса хода. Соответственно, пробой нижней границы внутреннего канала нам ничего не дает. От этого уровня и от нижней границы глобального канала можно открывать только длинные позиции при наличии локального сигнала в случае, если вы торгуете отбой от уровня. Эти уровни являются *лонговыми*.

При пробое нижней границы глобального канала можно только продавать.

Давайте резюмируем все то, без чего мы не сможем обойтись при торговле в канале. До совершения сделки необходимо:

1. Точно идентифицировать границы канала.

2. Измерить ширину канала.

3. Определить допустимое направление сделки с учетом расстояния до границ канала и величины ATR для торгуемого актива.

4. Получить торговый сигнал в допустимом направлении и определить точку входа с учетом допустимого размера стопа.

Торговля отбоя от ценового уровня

Данной торговой стратегии будет посвящено заметно больше слов, чем другим стратегиям, поскольку она требует соблюдения большего количества правил, а значит, большей внимательности и более строгой дисциплины. Именно поэтому с этой стратегии стоит начинать обучение.

Торговля отбоя основана на использовании силы ключевого уровня, позволяющей успешно противостоять попыткам его пробить. Проще говоря, трейдер, торгующий отбой, делает ставку на то, что ценовой уровень не будет пробит.

Однако, если бы ценовые уровни никогда не пробивались, мы бы с вами наблюдали вечное движение рынка между одними и теми же уровнями. На самом деле этого не происходит; поэтому трейдеру, торгующему отбой, равно как и трейдерам, торгующим другие стратегии, необходимы признаки, которые в каждом конкретном случае указывают на более высокую вероятность того или иного поведения цены.

Мы с вами разбирали такие признаки в главе, посвященной ценовым движениям вблизи уровней. Например, на более высокую вероятность отбоя может указывать подход цены к уровню большими барами.

Подход к уровню большими барами увеличивает шансы отбоя

Рис. 5.3. Один из признаков вероятного отбоя от ценового уровня

Теперь давайте перейдем в практическую плоскость и посмотрим, как мы должны действовать, чтобы увеличить свои шансы на получение прибыли.

При использовании торговой стратегии отбоя от уровня вам потребуется освежить в памяти следующие ранее изученные понятия:

1. БСУ — бар, создающий уровень.

2. БПУ1 — первый бар, подтверждающий наличие уровня.

3. БПУ2 — второй бар, подтверждающий наличие уровня.

4. Стоп (stop) — ценовой уровень, на котором выставляется защитная заявка, автоматически закрывающая вашу позицию в случае неблагоприятного развития рыночных событий.

5. ТВХ — точка входа — ценовой уровень, на котором выставляется лимитная заявка для открытия позиции; если позволяет рынок, именно по этой цене происходит заключение сделки.

6. Люфт — допустимое отклонение реальной цены от рассчитанного значения.

7. Тейк-профит (take-profit) — ценовой уровень, на котором происходит прибыльное закрытие открытой вами торговой позиции.

Итак, вы трейдер, торгующий стратегию отбоя от уровня. Вы смотрите на биржевой график на дневном тайм-фрейме и видите, что цена подходит к сильному уровню. Если подход цены осуществляется сверху вниз, значит, отбой возможен только вверх. Соответственно, вы готовитесь открывать длинную позицию (лонг). Если же цена подбирается к ключевому уровню снизу, значит, следуя выбранной стратегии, вам нужно готовиться к открытию шорта.

Заключение сделки при торговле отбоя от уровня возможно при выполнении следующих условий:

1. Первый бар, подтверждающий уровень (БПУ1), должен бить в ценовое значение, сформированное баром, создающим уровень (БСУ), копейка в копейку. В этом условии наличие небольшого люфта допустимо лишь при торговле на рынке валют.

2. БСУ и БПУ1 могут находиться как с одной стороны, так и по разные стороны от линии ценового уровня (оба снизу; оба сверху; БСУ снизу, БПУ1 сверху; БСУ сверху, БПУ1 снизу). Однако БПУ1 и БПУ2 должны находиться по одну сторону от уровня.

3. Между БСУ и БПУ1 может находиться любое количество других баров. Фактически БСУ вообще не существует до появления БПУ1. Любой бар может стать баром, создающим уровень, после того как

на графике появляется другой бар, бьющий ровно в ту же ценовую точку. Только после этого рядовой бар возводится в ранг БСУ.

4. В отличие от БПУ1, второй бар, подтверждающий уровень (БПУ2), должен располагаться сразу за БПУ1, то есть между ними не должно быть других баров.

5. Допустимо, чтобы БПУ2 не добивал до ценового значения образованного уровня на величину люфта, но он ни в коем случае не должен его пробивать.

При соблюдении всех перечисленных условий непосредственная процедура сделки осуществляется следующим образом: за 30 секунд до закрытия БПУ2 по заранее рассчитанной на вашем рабочем тайм-фрейме цене входа (обязательно с учетом люфта) выставляется лимитная заявка. Правила расчета точки входа рассматривались в главе, посвященной риск-менеджменту. 30 секунд — очень небольшой интервал времени, но именно этот факт позволяет нам застраховаться от того, что в оставшиеся до закрытия бара секунды модель, на которой мы строим свою сделку, будет сломана. А для того, чтобы выставить лимитную заявку, 30 секунд будет вполне достаточно.

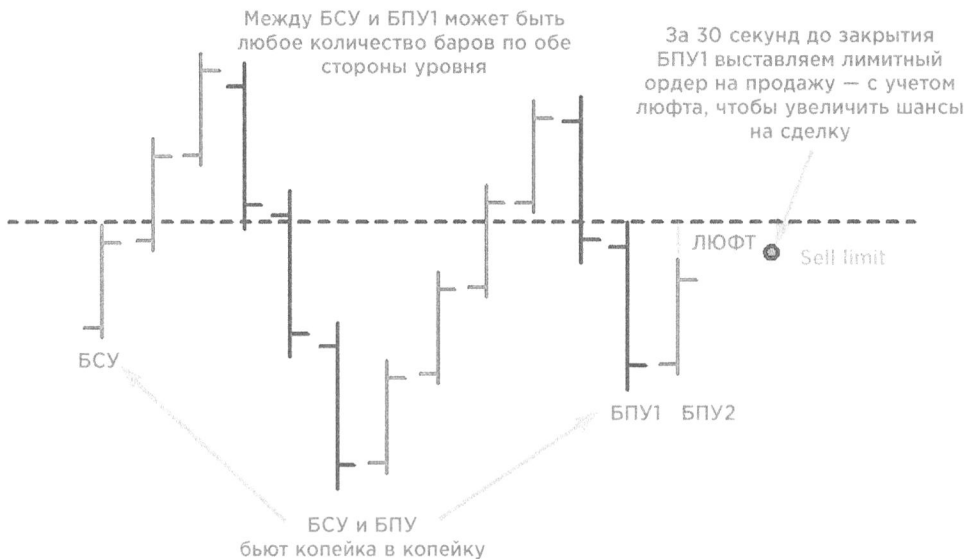

Рис. 5.4. Сценарий торговли по стратегии отбоя от уровня

Сразу после выставления лимитной заявки вы должны выставить защитную стоп-заявку. Ценовой уровень, на котором должна быть размещена такая заявка, также уже должен быть известен. Если для вас это неочевидно, вернитесь и перечитайте главу, посвященную рискам.

При исполнении выставленной лимитной заявки вы выставляете заявку тейк-профит для автоматической фиксации прибыли в случае благоприятного развития рыночных событий. Давайте рассмотрим несколько различных примеров торговли по стратегии отбоя от уровня.

Важно помнить, что все допуски в виде люфтов и спредов на проскальзывание, которые вы себе позволяете по отношению к идентифицированной цене уровня, должны быть учтены при расчете риска, то есть заложены при определении уровня выставления стоп-лосс-заявки.

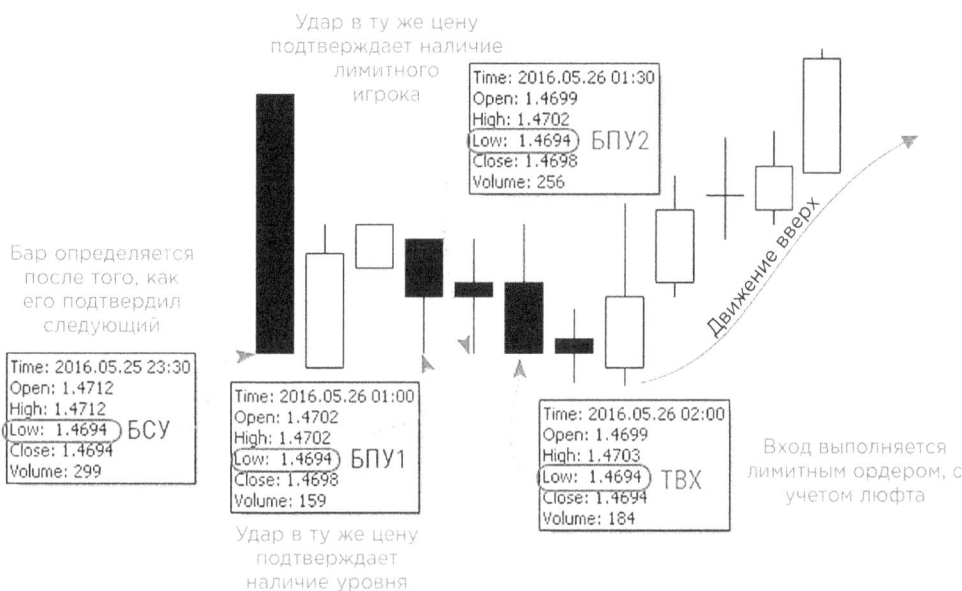

Важно: Бары БСУ и БПУ1 должны бить в одну и ту же точку (цену). БСУ2 может недобивать на размер люфта, НО НЕ МОЖЕТ перебивать ни на копейку, потому что это говорит об отсутствии лимитного игрока, которого мы пытаемся искать!

Рис. 5.5. Пример реализации модели отбоя от уровня с барами копейка в копейку

Люфт: Stoploss (20 пунктов) х 20% = 4 пункта
Максимально допустимая погрешность
в модели точки входа

Бар определяется
после того, как
его подтвердил
следующий

Удар в ту же цену
подтверждает
наличие уровня

Time: 2016.02.03 03:30
Open: 1.4092
High: 1.4097
Low: 1.4086
Close: 1.4094
Volume: 301   БСУ

Time: 2016.02.03 04:00
Open: 1.4093
High: 1.4097
Low: 1.4087
Close: 1.4092
Volume: 266   БПУ1

Time: 2016.02.03 05:00
Open: 1.4087
High: 1.4099
Low: 1.4087
Close: 1.4097
Volume: 209   ТВХ

Вход выполняется
лимитным ордером, с
учетом люфта

Time: 2016.02.03 04:30
Open: 1.4093
High: 1.4095
Low: 1.4082
Close: 1.4088
Volume: 294   БПУ2

Бар не добивает до БПУ1 на размер люфта, что подтверждает
наличие лимитного игрока и показывает желание игроков быстрее
выйти из позиций либо желание игрока продать быстрее по худшей
для него цене

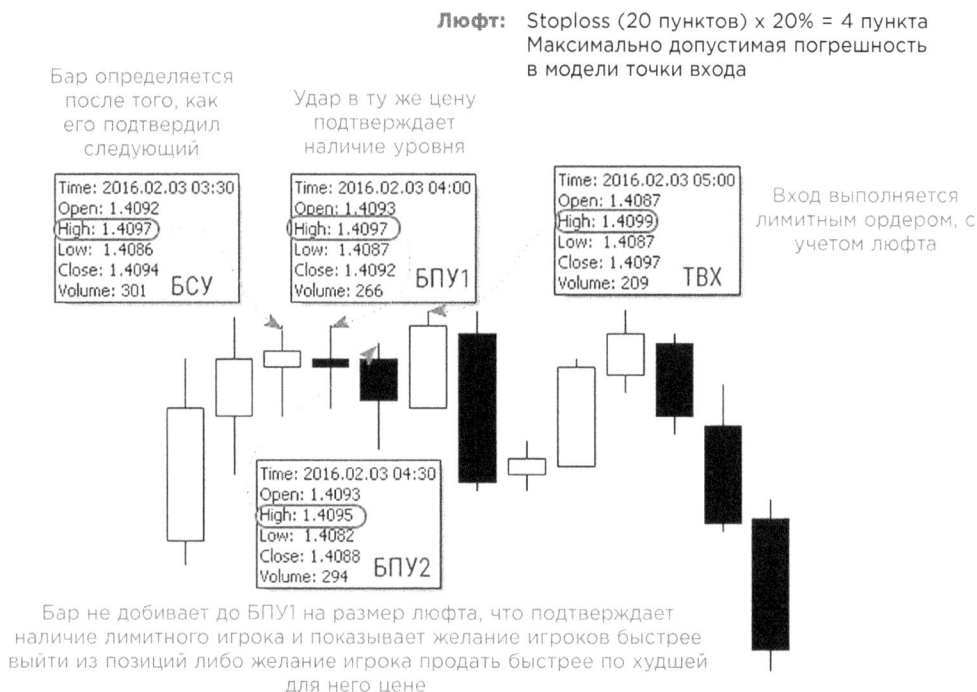

Рис. 5.6. Пример реализации модели отбоя от уровня с недобивающим баром

Учтите, что при использовании менее сильного и потому менее дол-
говечного воздушного уровня все подтверждающие бары должны идти
подряд, один за другим. В этом случае между БСУ и БПУ1 не должно
быть других баров: должно быть так, как это представлено на рис. 5.6.

В приведенном в начале данного раздела перечне условий для формирования модели отбоя от уровня было сказано, что бар, создающий уровень (БСУ), и бар, подтверждающий уровень (БПУ1), *могут находиться
по разные стороны от линии самого уровня*. На самом деле такая ситуация — ранее мы описывали ее как зеркальный уровень — не просто допустима, а представляет собой наиболее сильную локальную модель для
входа. Зеркальный уровень является наиболее информативным и одно-
значным для трактовки, и этому есть простое объяснение. Когда атако-
вавшая сторона заставляет отступить оборонявшихся и сама закрепляется на захваченных позициях, можно смело предположить, что, потратив
столько сил и средств на захват, победители не захотят сдавать захвачен-
ные укрепления без боя.

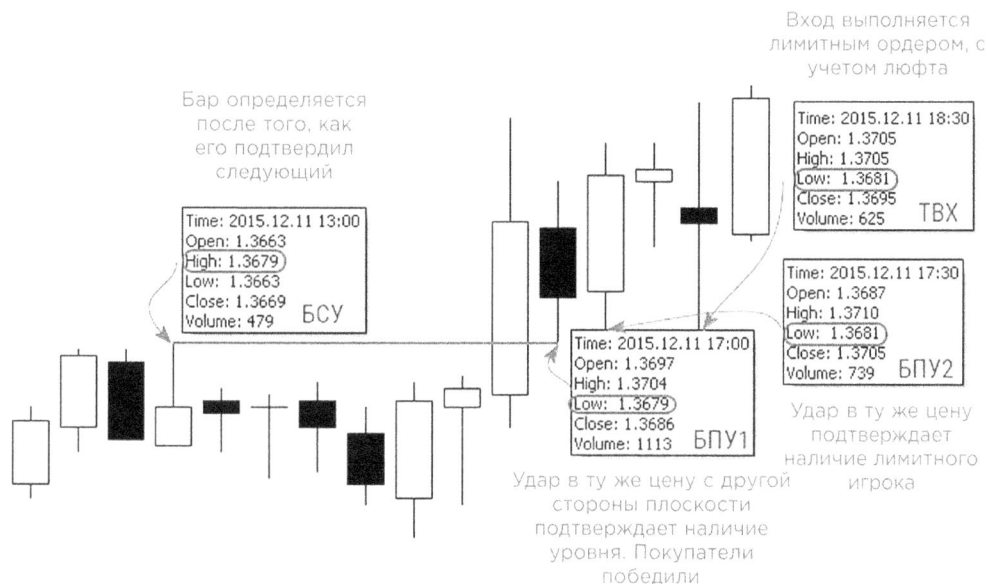

Бар определяется после того, как его подтвердил следующий

Time: 2015.12.11 13:00
Open: 1.3663
High: 1.3679
Low: 1.3663
Close: 1.3669
Volume: 479   БСУ

Вход выполняется лимитным ордером, с учетом люфта

Time: 2015.12.11 18:30
Open: 1.3705
High: 1.3705
Low: 1.3681
Close: 1.3695
Volume: 625   ТВХ

Time: 2015.12.11 17:30
Open: 1.3687
High: 1.3710
Low: 1.3681
Close: 1.3705
Volume: 739   БПУ2

Удар в ту же цену подтверждает наличие лимитного игрока

Time: 2015.12.11 17:00
Open: 1.3697
High: 1.3704
Low: 1.3679
Close: 1.3686
Volume: 1113   БПУ1

Удар в ту же цену с другой стороны плоскости подтверждает наличие уровня. Покупатели победили

Важно: Бары БСУ и БПУ1 должны бить в одну и ту же точку (цену) и находиться по разные стороны уровня. Между БСУ и БПУ1 может быть любое количество баров. БПУ2 находится по одну сторону с БПУ1!

Рис. 5.7. Пример реализации модели отбоя от зеркального уровня

Даже если вы при выставлении своей лимитной заявки все сделали правильно, последнее слово всегда остается за рынком. Поэтому возможна ситуация, когда выставленная вами лимитная заявка не срабатывает из-за того, что рыночная цена не достигает установленного в вашей торговой заявке значения.

В этом случае возникает вопрос: когда следует признавать модель сломанной и отменять выставленную (но еще не сработавшую) заявку?

К событиям, ломающим модель отбоя от уровня, относятся:

6. Любые пробои, как ложные, так и подтвержденные, поскольку в этом случае образуется уже другая модель ценового поведения, требующая применения других торговых стратегий.

7. Появление бара, который не добивает до ключевого уровня на величину, превышающую размер допустимого люфта.

В последнем случае вы должны отменить свою лимитную заявку после того, как цена (обязательно на закрытии бара) «убегает» от вашей заявки на два или более размера стопа. То есть если *закрытие* бара происходит на расстоянии двух или более стопов от цены так и не исполнившейся лимитной заявки, это уже не ваша сделка.

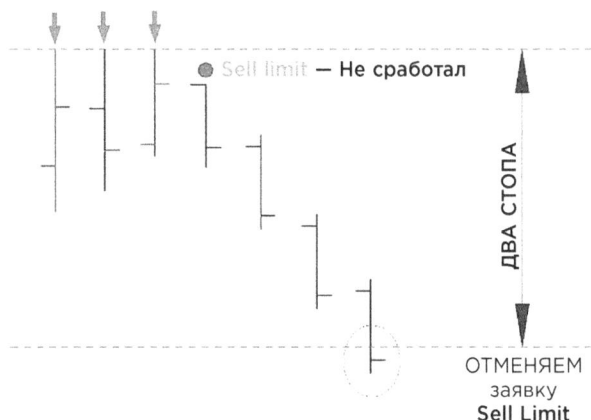

Рис. 5.8. Условие отмены лимитной заявки при торговле отбоя от уровня

Ниже на рис. 5.9 и 5.10 приведены примеры слома модели отбоя от уровня. При возникновении подобных ситуаций необходимо снова дождаться выполнения всех условий, описанных в начале данного раздела, то есть появления на графике БСУ и подтверждающих его БПУ. В таких случаях не нужно пытаться передвинуть линию уровня или судорожно переключаться между тайм-фреймами, чтобы за уши притянуть паттерн под свою торговую стратегию. Я уже говорил, что на каждом тайм-фрейме работают свои игроки и они «рисуют» совершенно разные графические формации, которые могут сбить вас с толку. Вы должны торговать системно и осознанно, не отклоняясь от торгового алгоритма. Если вы видите, что перечисленные выше условия для реализации модели отбоя не соблюдаются, значит, вход в сделку закрыт. Конечно, никто не может запретить вам заключить любую сделку при любом рыночном раскладе, но это будет точно не то, чему учит Герчик.

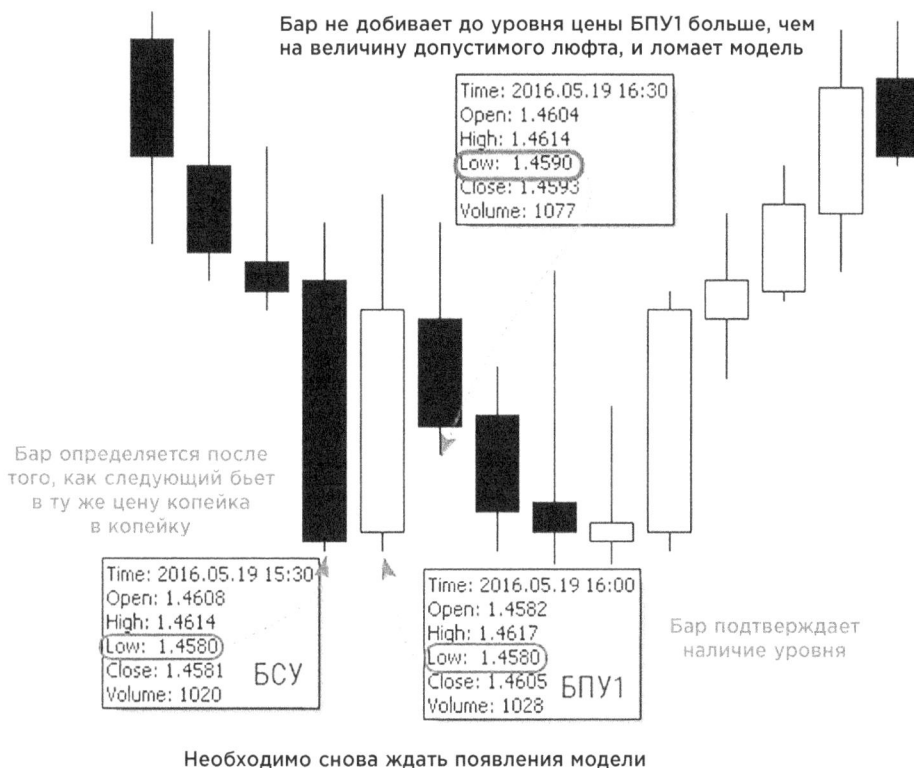

Рис. 5.9. Пример слома модели отбоя от уровня с недобивающим баром

Сломы моделей случаются довольно часто, и переживать по поводу того, что почти пойманная рыба в последний момент соскочила с крючка, не стоит. Для того чтобы добиться успеха в трейдинге, вы должны обладать железной дисциплиной и способностью выслеживать свою «добычу» сколь угодно долгое время. В конечном счете рынок всегда наказывает за поспешность и вознаграждает за терпение.

При сломе модели отбоя от уровня необходимо учитывать, что формирование новой модели необязательно должно проходить все подготовительные этапы. Даже если модель оказалась сломанной, не дойдя до сделки, у вас в любом случае уже есть БСУ и, возможно, БПУ. Соответственно, в этом случае остается только дождаться появления БПУ2, чтобы повторить попытку захода.

Ситуация, при которой стоит воздержаться от торговли отбоя, связана с формированием на графике модели поджатия. При такой модели ценового поведения каждый следующий бар закрывается все ближе к ценовому уровню. Здесь мы обращаем внимание именно на закрытие, а не на хвосты баров. Данная модель часто указывает на высокую вероятность пробоя, поэтому мы будем более подробно рассматривать ее в следующем разделе, посвященном пробойной стратегии. Если вы торгуете отбой, то при возникновении поджатия стоит подождать появления так называемого выравнивающего бара. Это бар, закрытие которого происходит дальше от ценового уровня, чем у предыдущего бара (на рис. 5.12 он обозначен буквой Б). То есть поджатие прекращается. Выравнивающий бар зажигает «зеленый свет» для торговли отбоя от уровня.

Торговля пробоя ценового уровня

Трейдер, торгующий пробой ценового уровня, делает ставку на то, что уровень, к которому подбирается рыночная цена, не устоит — будет пробит. В этом смысле торговля пробоя противоположна торговой стратегии отбоя. Понятно, что одного только факта пробития ценового уровня недостаточно для достижения соотношения прибыли к риску в размере три к одному и выше. Поэтому стратегия торговли пробоя основывается на использовании импульсного движения, которое, как мы отмечали ранее, часто возникает в случае преодоления ценой ключевого уровня. Такое резкое движение, особенно если оно поймано трейдером в самом начале, позволяет в короткий срок получить хорошую прибыль.

Почему это работает? Потому что сильный уровень виден большинству игроков. И они ставят за него свои стопы. Поэтому, когда уровень пробивается, происходит почти одновременное срабатывание большого количества стопов, и в результате движение цены получается резким — импульсным. В таких случаях цена напоминает пар, который вырывается из резерву-

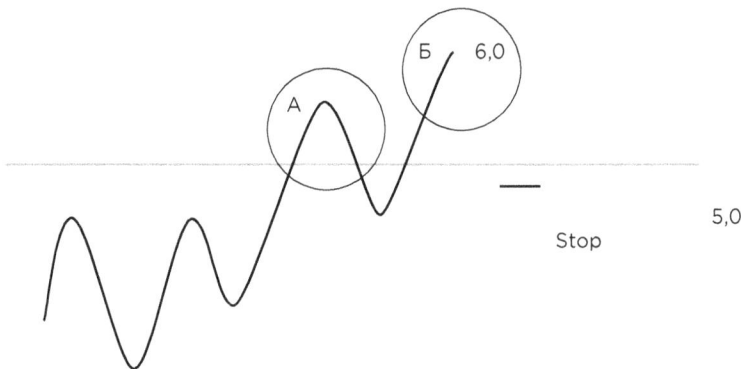

Рис. 5.14. Торговля по стратегии пробоя уровня. Подготовка

ара после долгого сжатия, как только в нем образуется трещина. В наших условиях такой «трещиной» является пробой. Чем дольше продолжается консолидация вблизи ценового уровня, тем больше игроков оказываются «засаженными» в открытые позиции и тем больше стоп-лосс-заявок скапливается по другую сторону от этого уровня.

Поясню логику этого явления на примере. Посмотрите на рисунок и представьте, что мы торгуем пробой уровня.

Текущая рыночная цена актива равна 6,0 руб., ближайший сильный уровень поддержки расположен на отметке 5,0 руб. Таким образом, пробоем можно считать уход цены ниже 5,0, и до тех пор, пока этого не случится, мы просто выжидаем. Но, пока мы сидим в своей засаде, рыночная жизнь не замирает: кто-то постоянно покупает и продает. При этом те, кто купил вблизи уровня поддержки, чувствуют себе превосходно и в зоне А, и тем более в зоне Б, поскольку при такой цене актива их позиции находятся в плюсе.

Нервничать они начинают только при подходе цены к отметке 5,0. Для них это точка абсолютного нуля — точка, в которой незафиксированная прибыль улетучивается и начинается отсчет убытка. Они не знают, как цена поведет себя дальше. Они оказались «засаженными» в теряющие стоимость позиции, и для них уровень 5,0 — видимый край, за которым начинается туман. Поскольку в этом тумане может прятаться пропасть, при пробое уровня позиции начинают закрываться либо самими трейдерами, либо автоматически при срабатывании выставленных стоп-лоссов. Таких спасающихся от убытка трейдеров будет тем больше, чем дольше цена колебалась над ключевым уровнем.

В этот же момент срабатывают и заявки трейдеров, торгующих пробой уровня (включая и нашу заявку). В итоге продают все, и как результат на биржевом графике к нашей с вами радости появляется *импульс*.

Для того чтобы торговать пробой, необходимо, само собой, правильно идентифицировать ценовой уровень, а также получить сигнал, указывающий на то, что в складывающейся рыночной ситуации ближайший ценовой уровень с большей вероятностью будет пробит.

Таким сигналом может служить подход к уровню маленькими барами. Постепенное поджатие, тесты и ретесты не только подтверждают наличие уровня, но и указывают на желание покупателей или продавцов его пробить. Продолжительная осада ценового уровня позволяет атакующей стороне накопить силы для решительного рывка.

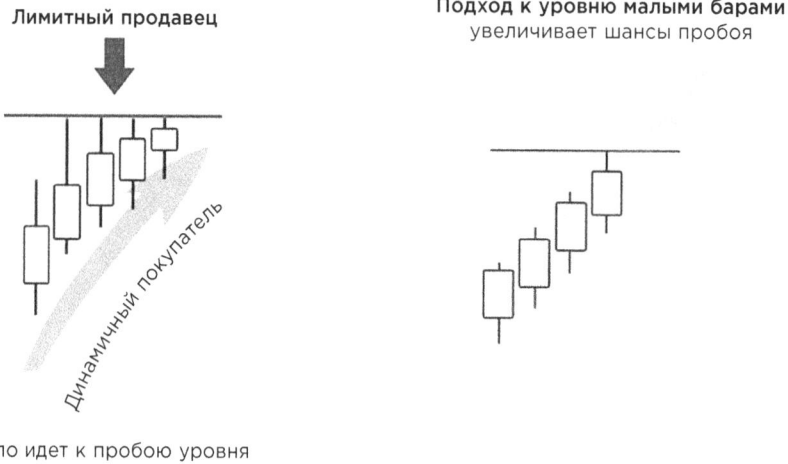

Рис. 5.15. Сигналы, указывающие на вероятный пробой ценового уровня

Чем сильнее ключевой уровень, тем больше ресурсов требуется для его пробоя, но, если такой уровень все-таки пробивается, дальнейшее импульсное движение также получается более сильным, а значит, и более прибыльным для трейдеров, торгующих пробой. Соответственно, более мощный импульс возникает и в том случае, когда пробою уровня предшествовала долгая консолидация. На графике такая подготовка выглядит как приближение баров к ценовому уровню под определенным углом. (Поэтому в некоторых источниках такой паттерн называется «треугольник».) Чем более острым получается этот угол, тем больше вероятность пробоя.

После того как вы идентифицировали уровень, вы сразу можете приступить к подготовке сделки. Стратегия пробоя хороша тем, что позволяет все сделать заранее, не заставляя трейдера держать палец на кнопке и отмерять 30 секунд до закрытия ключевого бара. Вы просто выставляете условную заявку (buy stop для лонга или sell stop для шорта) за ценовым уровнем. Такая заявка сработает только в том случае, если уровень будет пробит. Еще одно преимущество пробойной стратегии состоит в том, что вы всегда знаете, где поставить стоп-лосс, и его размер может быть минимальным. Как только случается пробой и вы получаете сделку (открываете позицию), необходимо выставить защитный стоп-лосс с другой стороны пробитого уровня, чтобы обезопасить себя на случай, если пробой окажется ложным.

Buy
stop

Stop-
loss

Рис.

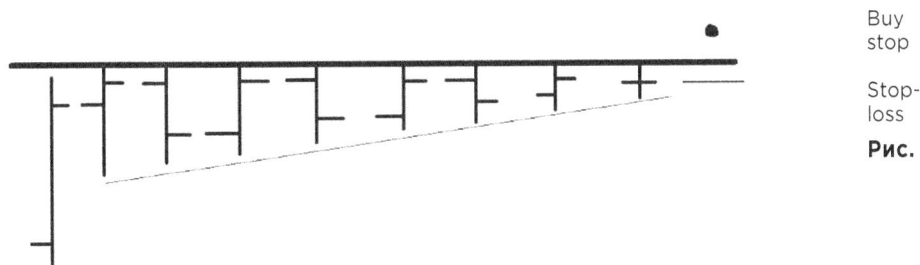

5.16. Выставление торговых заявок при торговле пробоя ценового уровня

Для торговли по стратегии отбоя от ценового уровня лучше всего подходят сильные активы с высокой степенью независимости от общерыночных тенденций. На растущем рынке следует обратить особое внимание на инструменты, закрывшиеся на максимуме.

В том случае, когда цена подходит к уровню большими барами, от сделки на пробой лучше отказаться, поскольку такая модель поведения цены часто приводит к ложным пробоям, о торговле которых мы поговорим далее.

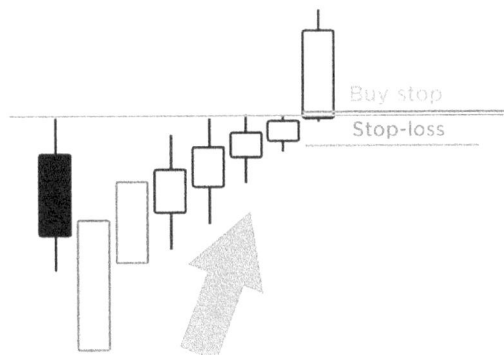

Buy stop

Stop-loss

Главное условие:
поджатие, подход к уровню малыми барами

Рис. 5.17. Торговля по стратегии пробоя ценового уровня

Стратегии торговли ложного пробоя

Как уже говорилось выше, ложный пробой является постфактумным явлением, поскольку заранее неизвестно, является ли случившийся пробой ключевого уровня настоящим или ложным. Об этом можно судить только по ценовым движениям, которые последуют далее. Напомню также, что ложный пробой — это след на биржевом графике, указывающий на то, что крупный игрок собирает большую позицию. Для этого он вызывает такое ценовое движение, которое позволит ему собрать стоп-лоссы трейдеров, играющих в противоположную сторону. Несмотря на то, что стоп-лосс-заявки не видны в биржевом стакане, крупный игрок всегда знает, где они расположены, потому что при наличии на графике сильного ценового уровня все стопы ставятся примерно в одно и то же место: за уровень.

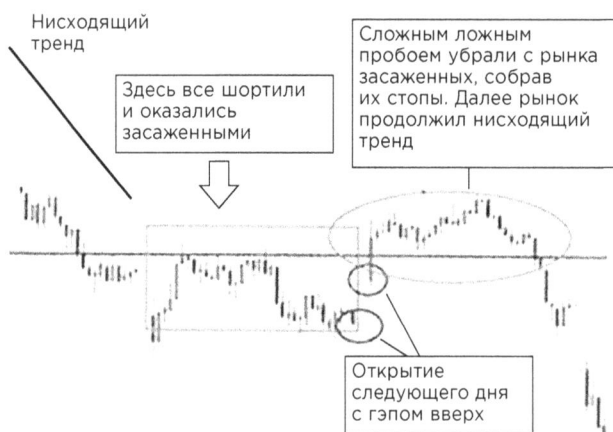

Рис. 5.18. Пример действий крупного игрока, собирающего стопы при помощи ложного пробоя

Нужно понимать, что крупный игрок ради того, чтобы создать на графике картинку, которая поможет ему набрать позицию, готов пойти на временные убытки. Ложный пробой возникает в том случае, если крупный игрок в какой-то момент убирает свою лимитную заявку, удерживающую уровень. Тем самым он позволяет цене пробить уровень и собирает срабатывающие при этом стопы. Однако он, скорее всего, не захочет отпустить цену слишком высоко, поскольку в этом случае ему придется иметь дело с большим числом игроков, воспринявших сильное движение как импульсный сигнал состоявшегося пробоя. Даже крупному игроку трудно противостоять большой толпе, ведомой сильным сигналом и стадным инстинктом. Исходя из этого, у ложного пробоя есть следующие признаки:

1. Если после пробоя не возникает импульс, скорее всего, такой пробой является ложным и далее последует разворот цены.

2. Если после пробоя не наблюдается импульс в противоположном направлении, то вполне возможно продолжение движения в сторону пробоя уровня.

Скорость и глубина ложного пробоя зависят от количества засаженных, то есть игроков, открывших позиции во время консолидации вблизи уровня. Собрав за счет срабатывания стопов необходимый объем позиции, крупный игрок разворачивает цену и толкает ее в нужном ему направлении. Самые сильные движения очень часто начинаются и заканчиваются ложными пробоями.

Наиболее подходящим для торговли является *ложный пробой, направленный против тренда*. В случае его появления существует более высокая вероятность возобновления трендового движения. При этом всегда нужно принимать во внимание особенности реагирования конкретного торгового актива на пробои уровней.

Рис. 5.19. Ложный пробой против тренда

При торговле ложного пробоя необходимо обращать внимание на цену закрытия баров. При пробое уровня можно ожидать реализации различных сценариев, определяющих направление дальнейшего движения. Рассмотрим три таких сценария.

В ситуации №1 открытие бара происходит ниже уровня, затем цена идет вверх и *закрывается* выше уровня. Можно ожидать продолжения движения вверх.

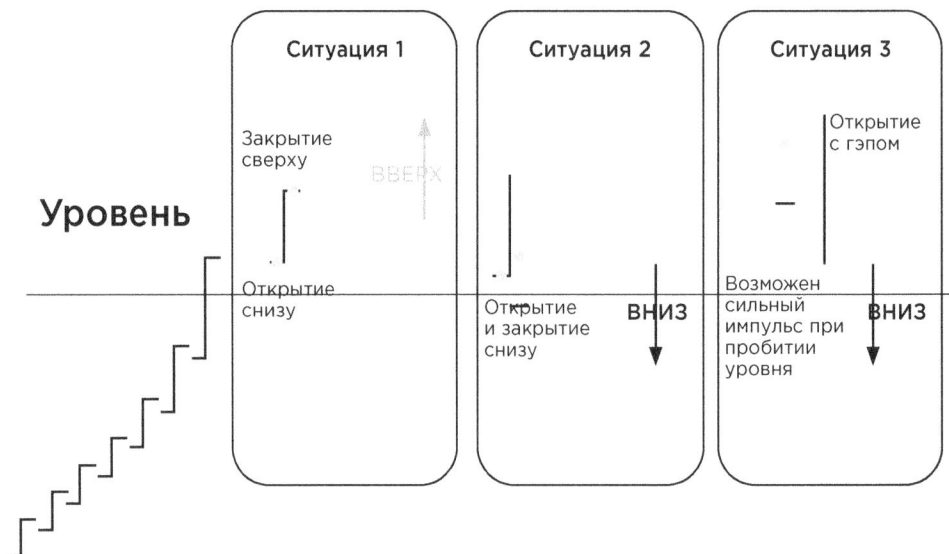

Рис. 5.20. Сценарии движения цены после пробоя уровня

В ситуации №2 открытие также происходит ниже уровня, но, в отличие от ситуации №1, цена после пробоя не закрепляется над уровнем. Можно ожидать разворота и движения вниз.

В ситуации №3 возникает гэп с открытием выше уровня. Такое событие может иметь два варианта развития:

3. Цена закрепляется выше уровня и продолжает свой рост (менее вероятный вариант).

4. Цена пробивает уровень вниз, после чего возникает импульс, приводящий к резкому ценовому падению.

Итак, главными условиями для торговли ложного пробоя являются отсутствие импульса в направлении пробоя и возврат цены ниже/выше пробитого уровня.

Рис. 5.21. Ложный пробой

В представленном на рис. 5.21 случае за пробоем не последовал импульс и цена вернулась ниже пробитого уровня. Это классический ложный пробой, который дает сильный сигнал для шорта.

Напомню, что ложные пробои бывают трех видов: простой ложный пробой, ложный пробой двумя барами (сильный) и сложный ложный пробой, состоящий из трех и более баров. Для каждого из них существует собственный механизм отработки.

Простые ложные пробои возникают при быстром сборе позиции крупным игроком. Ложные пробои, состоящие из нескольких баров, в том числе с закреплением за пробитым уровнем, свидетельствуют о сборе очень большой позиции. Кроме этого, о желании крупного игрока собрать большее количество стопов можно судить по глубине ложного пробоя.

Рис. 5.22. *Примеры ложных пробоев*

Конечно, не в каждом случае ложный пробой является искусственно вызванным движением с целью сбора стопов. Он может быть и простым следствием нежелания игроков покупать или продавать актив на достигнутом уровне.

В некоторых ситуациях крупный игрок может использовать ложный пробой не для разворота, а для того, чтобы усилить продолжение движения. Делает он это, например, следующим образом.

По ходу снижения цены крупный игрок бросает в рынок объемную заявку на покупку и таким образом вышибает стопы своих нежелательных попутчиков. Одновременно это является сигналом для открытия позиций лонгистов. После этого крупный игрок снова начинает продавать, вывозя на стопы теперь уже лонгистов и заставляя вернуться выбитых ранее шортовых игроков. В совокупности все это генерирует сильное движение в нужную крупному игроку сторону.

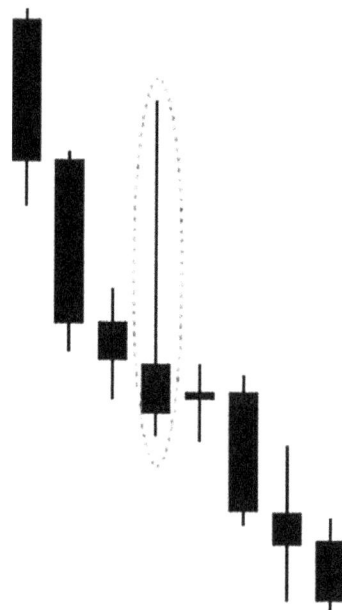

Рис. 5.23. Пример использования ложного пробоя для усиления движения

А теперь давайте рассмотрим алгоритмы торговли различных видов ложных пробоев, и начнем мы с простого ложного пробоя одним баром.

Ложный пробой одним баром

Рис. 5.24. Схема торговли ложного пробоя одним баром

Первое, что нужно сделать для торговли ложного пробоя одним баром, — это идентифицировать сильный уровень на дневном графике и дождаться появления бара, который сможет этот уровень преодолеть.

Еще до закрытия пробойного бара в той плоскости, из которой происходил пробой — ниже уровня, если пробой шел вверх, или выше уровня, если пробой был направлен вниз, — выставляется условная стоп-заявка для открытия позиции в сторону, обратную направлению пробоя. Такая заявка выставляется в непосредственной близости от уровня (с отступом на один-два пункта[1]) и сработает только в том случае, если цена после пробоя вернется назад. Здесь и далее в тех случаях, когда речь идет о выставлении условных стоп-заявок, вы должны учитывать возможность проскальзывания цены. Величина такого проскальзывания зависит от инструмента, которым вы торгуете, и определяется индивидуально опытным путем.

Сразу после срабатывания заявки выставляется защитный стоп-лосс. Уровень стоп-лосса определяется по стандартным правилам. Однако, учитывая, что при следовании данной стратегии открытие позиции происходит вблизи уровня, предпочтительнее выставлять не расчетный, а технический стоп-лосс, который почти наверняка окажется короче. А короткий стоп-лосс — это как раз то, что нам нужно.

Торгуя ложный пробой, мы делаем ставку на импульс, который должен последовать за счет засаженных игроков, когда после пробоя уровня сработают их стопы. Если этого не происходит, значит, либо стратегия не сработала, либо вы неправильно определили уровень. В таком случае близкий стоп помогает быстро закрыться и начать работу над ошибками и поиск новых возможностей для входа. Другим ориентиром для определения места выставления защитного стоп-лосса является хвост пробойного бара. Но, поскольку этот хвост может оказаться довольно длинным, выставление стоп-лосс-заявки за него возможно лишь в том случае, если это вписывается в допустимые лимиты вашего риска.

В этой связи становится важной глубина пробоя. С одной стороны, высокий пробой (длинный хвост пробойного бара) заставляет сработать большее количество стопов, но с другой стороны, он заставляет трейдера отодвигать дальше от пробитого уровня защитный стоп-лосс, а это приводит к увеличению размера риска. Поэтому с целью минимизации риска предпочтительно, чтобы глубина пробоя умещалась в 1/3 ATR торгуемого актива.

---

[1] Здесь и далее при рассмотрении торговых стратегий под пунктом понимается минимальный шаг цены для того актива, которым вы торгуете.

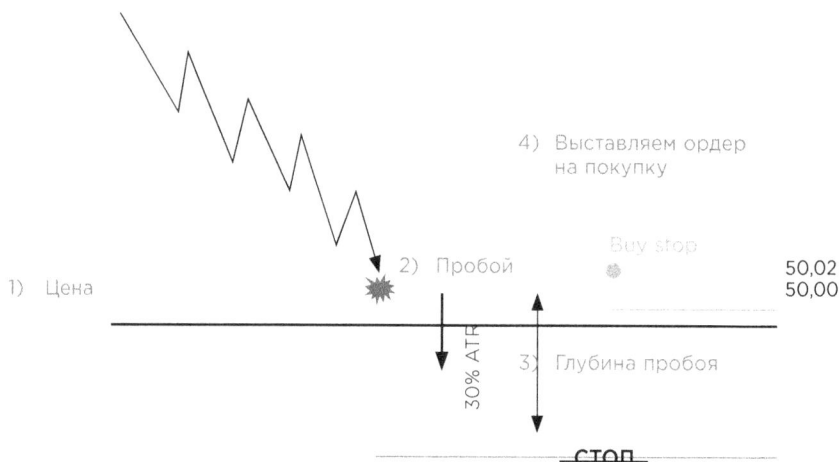

Рис. 5.25. Торговля ложного пробоя одним баром с учетом ATR

После открытия позиции и выставления защитного стопа подается еще одна заявка с целью автоматического получения тейк-профита из расчета как минимум трехкратного превышения размера риска.

Если закрытие бара происходит в плоскости пробоя или цена отходит более чем на один ATR от вашей условной заявки, так и не дав открыть позицию, — сделку следует отменить. В данном случае весь торговый алгоритм умещается всего в одном баре, поэтому торговля получается скоротечной. Вы должны, не меняя тайм-фрейма, получить сделку до закрытия бара или не получить ее вовсе.

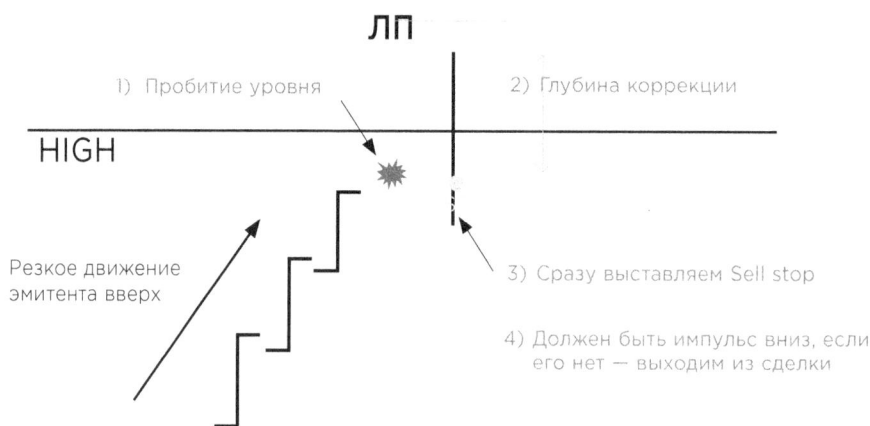

Рис. 5.26. Использование экстремума для торговли ложного пробоя одним баром

Один и тот же уровень может пробиваться ложными пробоями несколько раз. В этом случае предпочтительнее использовать ситуации, когда цена близка к своему экстремуму, что дает лучшие шансы на разворот.

Причем чем больше было ложных пробоев, тем сильнее будет движение после того, как разворот наконец состоится.

Ложный пробой двумя барами

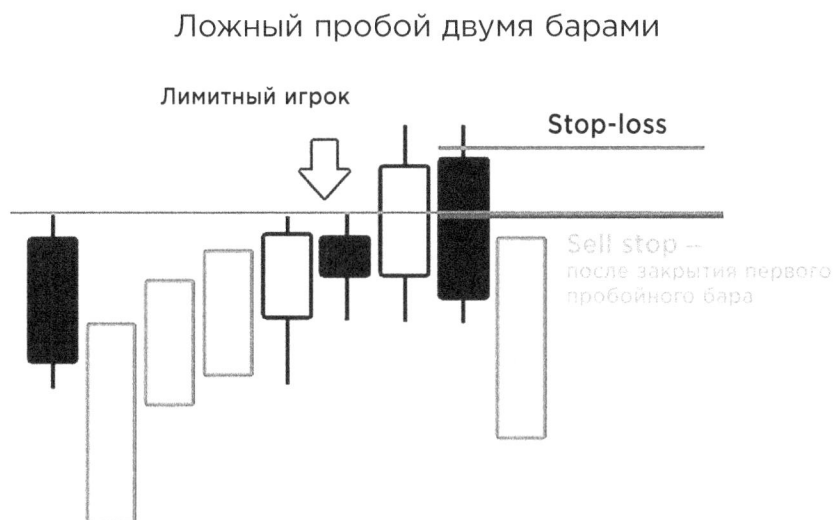

Рис. 5.27. Торговля ложного пробоя двумя барами

Ложный пробой двумя барами представляет собой более редкую, но одновременно и более сильную формацию. После пробоя бар закрывается выше/ниже пробитого уровня, и только со следующим за ним баром осуществляется возврат цены в прежнюю плоскость.

Для того чтобы понять, почему эта модель является более сильной, сравним ее с ложным пробоем одним баром.

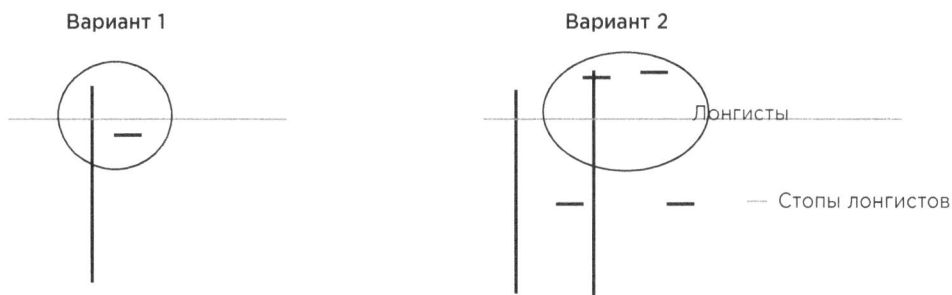

Рис. 5.28. Сравнение моделей ложных пробоев одним и двумя барами

На рис. 5.28 рассматривается вариант с пробоем уровня сопротивления. В первом случае одиночный бар ложного пробоя позволяет собрать только стопы шортистов. Во втором случае к ним присоединяются еще и стопы лонгистов, которые решили торговать пробой уровня, не ожидая, что он окажется ложным. Соответственно, второй вариант генерирует гораздо более сильный импульс, чем первый. Кроме того, более продолжительный ложный пробой позволяет крупному игроку собрать более объемную позицию.

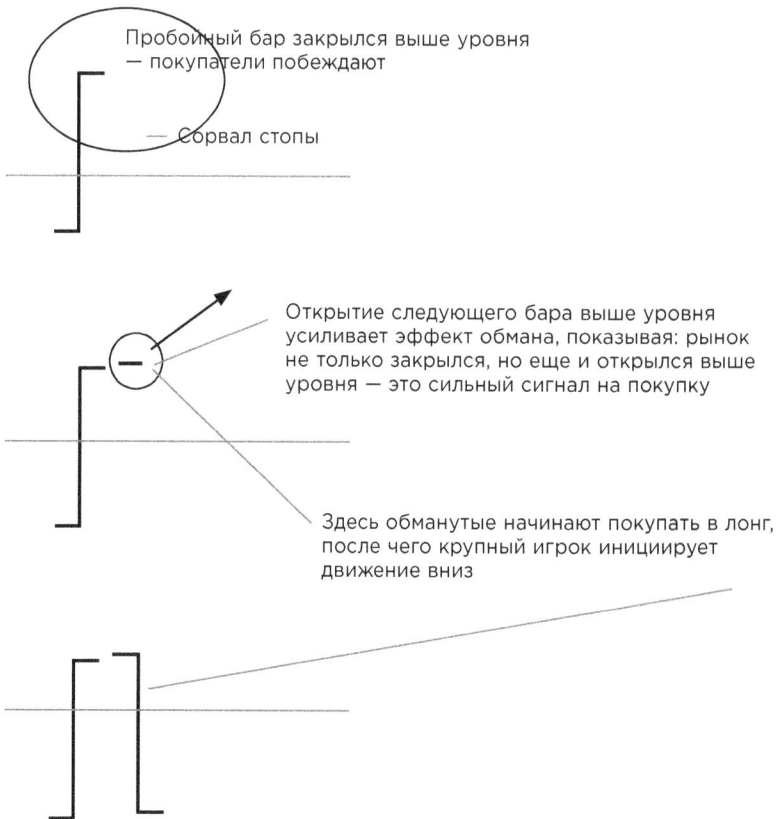

Пробойный бар закрылся выше уровня — покупатели побеждают

— Сорвал стопы

Открытие следующего бара выше уровня усиливает эффект обмана, показывая: рынок не только закрылся, но еще и открылся выше уровня — это сильный сигнал на покупку

Здесь обманутые начинают покупать в лонг, после чего крупный игрок инициирует движение вниз

Рис. 5.29. Логика действий крупного игрока, формирующего ложный пробой двумя барами

Рассмотрим торговлю ложного пробоя двумя барами поэтапно.

1. Так же, как и в предыдущем случае, первое, что мы должны сделать, — идентифицировать сильный ценовой уровень на биржевом графике и дождаться появления пробойного бара.

2. Чтобы удовлетворять условиям применения данной стратегии, пробойный бар — в отличие от модели торговли единичного ложного бара — должен закрыться в зоне пробоя.

3. Открытие второго бара должно произойти также в зоне пробоя. Если открытие второго бара происходит выше максимума пробойного бара, это усиливает модель.

4. Сразу после открытия второго бара выставляется условная заявка для открытия позиции. Правила выставления заявки ничем не отличаются от тех, что мы рассматривали для торговли ложного пробоя одним баром. Условием выполнения заявки является возвращение цены ниже/выше пробитого уровня. Заявка выставляется с отступом от уровня на один-два пункта в той ценовой плоскости, из которой последовал первичный пробой.

5. Сразу после срабатывания условной заявки выставляется защитный стоп-лосс. Как и в предыдущем случае, может применяться как расчетный, так и технический стоп-лосс. Технический стоп-лосс и здесь является более предпочтительным и выставляется за хвост самого высокого из двух пробойных баров. Помните, что это допустимо лишь в том случае, если размер получившегося технического стоп-лосса превышает величину расчетного не более чем на 30%. Исходя из этого, наиболее выгодной для торговли является модель с короткими хвостами пробойных баров, поскольку наша задача состоит в том, чтобы зайти в позицию с меньшим стопом и получить при последующем движении лучшее соотношение прибыли к риску.

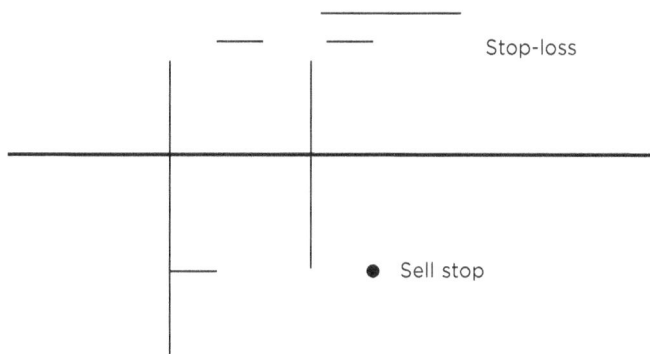

Рис. 5.30. Выставление технического стоп-лосса при торговле стратегии ложного пробоя двумя барами

6. Далее по стандартным правилам с соблюдением соотношения прибыли к риску как минимум три к одному выставляется заявка тейк-профит.

Отмена условной заявки для открытия позиции происходит при сломе модели. В данном случае сигналом такого слома служит закрытие второго бара в пробойной зоне: по факту закрытия второго бара цена не возвращается ниже/выше пробитого уровня.

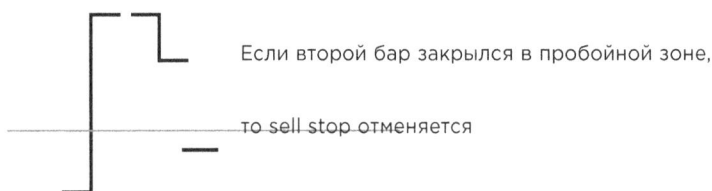

Если второй бар закрылся в пробойной зоне,

то sell stop отменяется

Рис. 5.31. Слом модели ложного пробоя двумя барами

На самом деле в описанном выше случае не происходит слома ложного пробоя в широком его понимании. *Ломается лишь модель ложного пробоя двумя барами.* Но при этом на графике появляется модель, которая описывается как сложный ложный пробой. *При наличии достаточного опыта* вы можете сочетать торговлю этих двух моделей ложного пробоя, и в таком случае отменять sell stop при закрытии второго бара в зоне пробоя не потребуется.

Сложный ложный пробой (тремя и более барами)

Лимитный игрок

Stop-loss

Sell stop — после закрепления выше уровня

Три и более свечи выше уровня

Рис. 5.32. Схема торговли ложного пробоя тремя и более барами

Торговля сложного ложного пробоя ничем не отличается от торговли ложного пробоя двумя барами. Просто в этом случае разворот цены занимает больше времени. Собственно говоря, после того, как второй бар закрывается выше/ниже пробитого уровня, вы не знаете, сколько еще баров будет сформировано в этой ценовой плоскости.

Давайте так же, как и в предыдущем случае, рассмотрим торговлю ложного пробоя многочисленными барами поэтапно.

1. Вы должны идентифицировать сильный ценовой уровень на дневном графике и дождаться появления пробойного бара.

2. Пробойный бар должен закрыться выше/ниже пробитого уровня (в зоне пробоя).

3. Все следующие бары — минимум три — должны и открыться, и закрыться в той же плоскости и ни в коем случае не совершать обратный пробой уровня. Допустимо касание уровня хвостами баров, но не пробой.

Чем больше баров консолидируется в зоне пробоя, тем большую силу набирает данная модель. Это объясняется тем, что с каждым баром все больше игроков обретают веру в реальность пробития уровня и открывают позиции в сторону продолжения пробойного движения. Соответственно, в случае обратного пробоя уровня все эти игроки окажутся засаженными.

4. После появления трех баров, закрывшихся в зоне пробоя, выставляется условная заявка (sell stop — если ложный пробой шел вверх, или buy stop — если ложный пробой был направлен вниз) для входа в позицию. Цена заявки определяется стандартно для стратегий торговли ложного пробоя: с отступом в один-два пункта над или под пробитым уровнем, в той ценовой плоскости, из которой последовал первичный пробой.

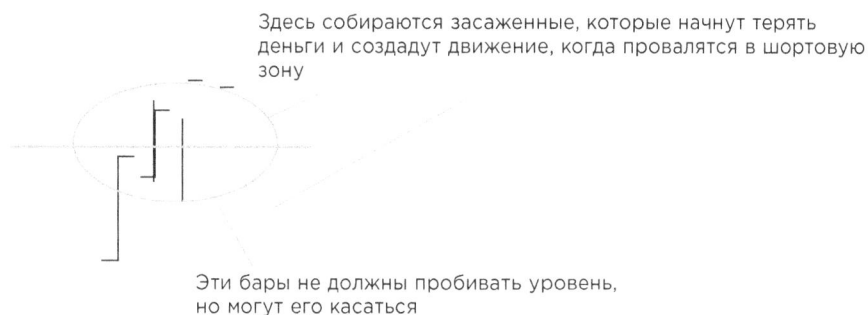

Здесь собираются засаженные, которые начнут терять деньги и создадут движение, когда провалятся в шортовую зону

Эти бары не должны пробивать уровень, но могут его касаться

Рис. 5.33. Сложный ложный пробой увеличивает количество засаженных

Фактически ваша заявка на открытие позиции должна находиться примерно там же, где расположены защитные стоп-лоссы игроков, поверивших в реальность пробоя.

Например, в случае пробоя уровня сопротивления картинка будет выглядеть следующим образом.

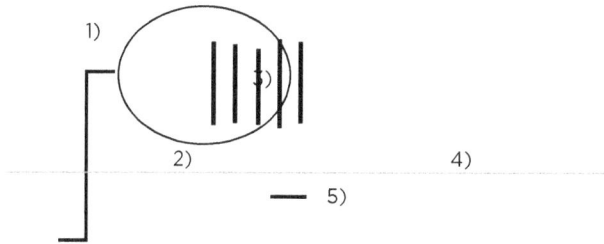

Рис. 5.34. Схема торговли сложного ложного пробоя

Первый бар совершает пробой уровня (4) и закрывается в достигнутой ценовой плоскости (1). Он становится сигналом для тех игроков, которые решают торговать пробой уровня. Ни один из последующих баров не совершает обратный пробой уровня (2). Происходит проторговка (3), во время которой крупный игрок усыпляет бдительность лонгистов, позволяя им спокойно открывать новые позиции. Защитные стоп-лоссы игроков, зашедших в лонг во время ложного пробоя и проторговки над уровнем (то есть тогда, когда они еще не знали о том, что пробой окажется ложным), расположены под пробитым уровнем (5). Там же мы должны разместить свою заявку на продажу, условием выполнения которой будет возврат цены под пробитый уровень. Таким образом, мы будем открывать свою позицию в тот момент, когда крупный игрок вывезет на стопы засаженных лонгистов. Своими продажами при срабатывании защитных стопов они помогут разогнать цену в нужном нам направлении.

Если вы допускаете сочетание различных стратегий торговли, вы можете выставлять заявку на открытие позиции сразу после закрытия пробойного бара в плоскости пробоя. Это позволит вам торговать одновременно и стратегию сложного ложного пробоя, и модель с двумя ложными пробоями.

5. Сразу после получения сделки необходимо выставить защитный стоп-лосс. Как и в ранее описанных стратегиях, технический стоп является более предпочтительным; нужно отметить, что при торговле криптовалютами желательно использовать *только* технический стоп.

6. По стандартным правилам выставляем заявку тейк-профит для автоматического закрытия нашей позиции с прибылью, как минимум

втрое превышающей размер риска (то есть размер примененного в данной сделке стоп-лосса).

Отмена выставленной согласно п. 4, но неисполнившейся условной заявки производится в том случае, если цена продолжает движение в сторону пробоя и начинает формировать новую модель вблизи следующего ключевого уровня.

Из описания различных стратегий торговли ложного пробоя следует, что вы можете сочетать торговлю с двумя и большим количеством баров. Однако торговать одновременно простой ложный пробой (одним баром) и ложный пробой несколькими барами у вас не получится, поскольку уже второй бар, закрывшийся выше пробитого уровня, приведет к отмене стратегии простого ложного пробоя. Несмотря на возможность сочетания стратегий рекомендуется все же на этапе набора опыта торговать их отдельно для выработки понимания природы и особенностей каждой из этих моделей.

Для наглядности завершим данный раздел несколькими реальными примерами подходящих для торговли ложных пробоев.

В ситуации 1 (рис. 5.35) наблюдается долгое накопление, за которым последовал импульс вниз. На уровне 0.72239 произошел излом тренда и ценовой разворот.

Рис. 5.35. Торговля ложного пробоя. Ситуация 1

Последний бар закрылся, не дойдя до уровня. За этим, скорее всего, последует ложный пробой, и цена вернется под уровень, где и будет торговаться некоторое время. ATR = 420 пунктов. После того, как произойдет ложный пробой, можно будет выставить sell stop с люфтом в 20 пунктов от цены и коротким стопом в 20 пунктов.

Рис. 5.36. Торговля ложного пробоя. Ситуация 2

В ситуации 2 (рис. 5.36) на протяжении последних четырех дней цена безостановочно падала и, пробив уровень 1.92157, закрылась ниже него. Скорее всего, будет ложный пробой, после которого падение продолжится. ATR = 567 пунктов. После ложного пробоя можно будет выставить sell stop ниже уровня на два пункта с коротким стопом.

ЛП — ложный пробой; СЛП — сложный ложный пробой

Рис. 5.37. Торговля ложного пробоя. Ситуация 3

В ситуации 3 (рис. 5.37) присутствует сильный уровень, образованный изломом тренда. Имели место как сложный, так и простой ложные пробои. Последний день закрылся под уровень, и, скорее всего, инструмент будут шортить. ATR = 292 пункта. Если произойдет ложный пробой, можно будет выставить sell stop на два-три пункта ниже уровня.

Несколько замечаний по поводу тейк-профита

Некоторые трейдеры предпочитают удерживать свои позиции как можно дольше, не ограничиваясь минимальным соотношением прибыли к риску в размере три к одному. Как правило, такое удержание позиции возможно в том случае, если вы попадаете в тренд и у вас имеется достаточный запас хода. При соблюдении этих условий вы можете накапливать прибыль до тех пор, пока не произойдет одно из следующих событий:

1) осуществилась смена локальной тенденции;

2) удерживаемый актив исчерпал потенциал своего ценового движения;

3) трендовое движение уперлось в сильный уровень;

4) на рынке появился большой продавец (или покупатель, если вы удерживаете короткую позицию);

5) цена актива делает слишком резкий скачок.

Если ничего подобного не происходит, вы можете спокойно наслаждаться движением по тренду и накапливать прибыль в размере четырех, пяти, шести и более величин вашего стопа, но при одном важном условии: если величина стопа (а значит, и риска) не растет вместе с бумажной прибылью.

Чтобы добиться такого эффекта, необходимо постепенно подтягивать уровень стопа ближе к текущей цене актива. В противном случае размер риска может оказаться равным всей прибавке в стоимости вашей позиции или даже превышающим ее.

При перенесении уровня защитного стоп-лосса было бы неразумно руководствоваться одной математикой и просто автоматически пересчитывать размер стопа от текущей цены актива. Когда после открытия удерживаемой позиции вы впервые устанавливали стоп, вы, надеюсь, следовали изложенным в данной книге советам и опирались на конкретные ориентиры. Соответственно, переносимый стоп также должен быть к чему-то привязан и максимально надежно спрятан от случайного выноса.

При переносе стопа применяются следующие методы:

1. Перенос за локальные экстремумы, с которых был обновлен лоу или хай цены актива.

2. Перенос стопа вслед за консолидациями.

3. Перенос стопа по дневным барам.

Чтобы обеспечить выполнение соотношения прибыли к риску в размере как минимум три к одному, необходимо отследить достижение ценового экстремума, при котором данное соотношение будет соблюдаться, и зафиксировать его стопом. После этого любые смещения стопа в сторону тренда будут гарантировать получение минимально допустимого соотношения. До момента фиксации тройного размера прибыли к риску стоп-лосс должен быть либо установлен в своей изначальной точке, либо перенесен в точку безубытка, то есть установлен по цене открытия позиции.

На рис. 5.38 представлен пример передвижений стоп-лосса при достижении ценовых экстремумов, по достижении которых возможен слом тренда.

Мы с вами знаем, что каждый экстремум несет в себе определенный смысл. Поэтому мы будем принимать их в качестве ориентиров, равно как и границы каналов. Обычно стоп-лосс передвигается после того, как цена актива обновляет свой предыдущий максимум или минимум.

Рис. 5.38. Перенос защитного стоп-лосса при достижении новых ключевых точек

В данном случае алгоритм наших действий может быть следующим:

1. Используя стратегию торговли отбоя от локального уровня, мы определили точку входа, расположенную ниже глобального уровня, идентифицированного на дневном тайм-фрейме. Первичный стоп-лосс после срабатывания лимитной заявки устанавливается на 20 пунктов выше сильного локального уровня.

2. После обновления минимума мы можем подтянуть стоп ближе к текущей цене, спрятав его за хвосты баров, возникших во время консолидации, добавив пять пунктов на спред (Stop-loss 1).

3. Далее следует резкое движение и коррекция. Лоу обновлен, поэтому переносим стоп-лосс, выставляя его за хвосты коррекционных баров и также добавляя страховочные пять пунктов (Stop-loss 2).

4. Снова движение актива вниз и коррекция. Подождав обновления лоу, снова переносим стоп (Stop-loss 3).

5. После очередной консолидации мы вновь получаем возможность перенести стоп за локальный экстремум, с которого произошло обновление минимума (Stop-loss 4).

6. Во время очередной коррекции наш стоп выбивает. К сожалению, после этого цена продолжила движение вниз, на котором мы могли бы продолжить зарабатывать, но мы действовали по системе, и при другом раскладе выставленная страховка могла бы стать для нас спасением.

7. В сухом остатке соотношение прибыли к риску по данной сделке составило восемь к одному (160 пунктов).

Особенность метода переноса стопа по дневным барам состоит в том, что в качестве ориентиров при его применении берутся окончания хвостов дневного бара (хай или лоу, в зависимости от направления тренда). Логическое обоснование данного метода состоит в том, что любое последующее превышение ценой максимума/минимума дневного бара может явиться началом разворотной формации.

Еще один способ фиксации прибыли, так называемый каскадный выход, подразумевает фиксацию прибыли не одномоментно, а по частям. Например, при достижении соотношения прибыли к риску в размере три к одному закрывается половина объема позиции. Затем, при четырехкратном превышении прибыли над риском, фиксируется еще половина от оставшегося объема позиции. И так далее до полного закрытия. При этом количество частей закрытия и их объем вы можете устанавливать по своему усмотрению.

Добавление объема открытой позиции

Сразу хочу отметить, что речь в данном разделе не идет об усреднении, то есть увеличении объема убыточной позиции с целью, например, разбавить активы, купленные по высокой цене, более дешевыми. Нет, усреднение — это всего лишь более хитрый путь к полной потере депозита. Все вышесказанное доказывает, что правильно выставленный стоп-лосс является гораздо более надежным способом уберечься от финансовых потерь. Поэтому речь здесь пойдет о возможности увеличения объема позиции в тех случаях, когда цена движется в нужную вам сторону.

Для того чтобы воспользоваться данным способом максимизации прибыли, вы должны прежде всего принимать свои решения не на волне эйфории, а на основании понимания локальных трендов и трезвой оценки оставшегося запаса хода цены.

Каждое добавление объема к уже открытой и удерживаемой позиции должно восприниматься вами как вновь открываемая позиция и, соответственно, новый риск. Прелесть добавления к прибыльной позиции с точки зрения психологии состоит в том, что вы находитесь в зоне комфорта, поскольку не начинаете игру с нуля, а уже имеете некоторую фору. Но это состояние обманчиво, и оно может привести к тому, что вы будете подходить к сделкам, увеличивающим объем вашей позиции, менее критично.

Этого допускать нельзя. Здесь нельзя просто взять и в любой момент подкинуть в камин новые дрова, ожидая, что от этого в доме станет теплее. Рынок так не работает. Абсолютно любая сделка должна планироваться с чистого листа и с соблюдением всех необходимых условий и правил ее заключения. У вас в любом случае должна быть обоснованная точка входа с понятным риском. Прежде чем вы начнете увеличивать открытую позицию, вся уже достигнутая по этой позиции бумажная прибыль должна быть застрахована стоп-лоссом, установленным на ценовом уровне, который обеспечивает безубыток или, еще лучше, выполнение соотношения прибыли к риску в размере три к одному.

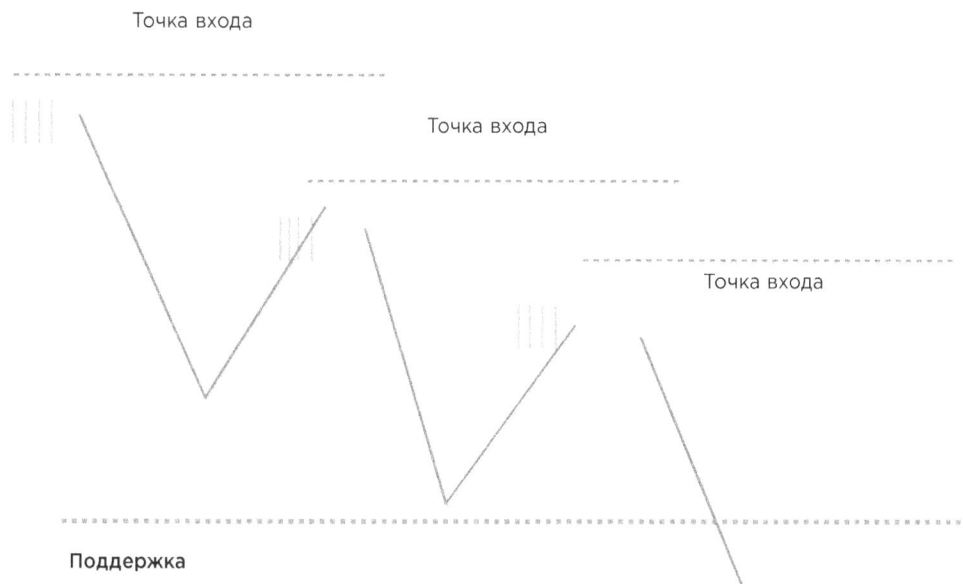

Рис. 5.39. Добавление к открытой позиции

Каждый последующий принимаемый вами риск должен быть не больше, чем предыдущий. Оптимальной будет ситуация, при которой с каждой дополнительной сделкой размер риска будет сокращаться, поскольку деревья, как известно, не растут до небес и любой тренд рано или поздно подойдет к своему завершению. Соответственно, вероятность разворота тренда с каждым новым баром только увеличивается.

Резюмируя вышесказанное: каждая ваша сделка, даже если она заключается в целях развития уже достигнутого успеха, должна быть настолько же выверенной и настолько же красивой, как ваш самый первый вход в позицию.

Глава 6

ПРИМЕНЕНИЕ ОСЦИЛЛЯТОРОВ, СТОХАСТИКОВ, ДУГ ФИБОНАЧЧИ, ВОЛН ЭЛЛИОТТА И ИНЫХ РЫНОЧНЫХ ИНДИКАТОРОВ

Глаза трейдера — универсальный рыночный индикатор

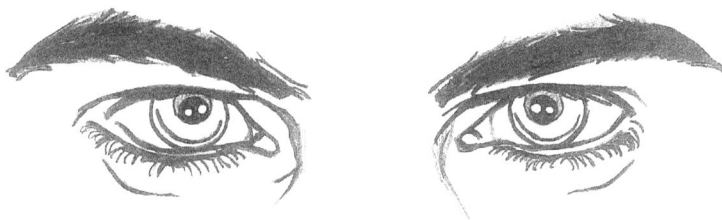

На самом деле все перечисленное в названии главы трейдеру заменяет внимательный и натренированный взгляд на биржевой график. На нем уже есть все, что нужно для анализа и планирования сделок. У вас есть первоисточник информации, и любые индикаторы являются всего лишь пересказом и интерпретацией этой информации и могут вас только запутать.

Глава 7

ПСИХОЛОГИЯ ТРЕЙДИНГА

Практическая торговля возможна не тогда, когда вы усвоили теорию, научились читать биржевые графики и выставлять ордера для совершения сделок, а тогда, когда, помимо всего перечисленного, вы психологически готовы к трейдингу.

За свою карьеру мне пришлось наблюдать не одну тысячу трейдерских судеб. Несмотря на то, что все люди разные, истории их рыночных неудач часто очень похожи и развиваются по одним и тем же сценариям.

Например, трейдер демонстрирует многообещающий старт, совершая несколько удачных сделок подряд. Кажется, что прибыль сама плывет к нему в руки. Постепенно он привыкает к этому состоянию, считает свой успех закономерным и переживает только о том, что мысль заняться биржевой торговлей не пришла ему в голову раньше. Он покупает у нижней границы ценового движения, продает у верхней и считает трейдинг очень простым делом. Он настолько уверен в своем понимании рынка, что в некоторых случаях перестает выставлять защитные стоп-лоссы. Рано или поздно на один из таких случаев и приходится смена рыночного поведения. Рынок вырывается из ценового коридора, в котором он пребывал все это время и только этим и обеспечивал прибыль нашему трейдеру, случайно поймавшему его ритм. Отсутствие стопа приводит к образованию незафиксированных убытков, которые растут как снежный ком, потому что трейдер все никак не может поверить в то, что удача ему изменила. Он продолжает торговать по схеме, которая перестала работать, и в итоге теряет все.

В другом сценарии трейдер торгует осторожно. Он не забывает ставить стопы, но его прибыльные сделки не компенсируют потери, получаемые в многочисленных убыточных сделках, и в итоге он медленно теряет депозит или в лучшем случае топчется на одном месте. Это совсем не то, на что он рассчитывал, поэтому трейдер решает увеличить объем торгуемых позиций. И снова его удачные сделки перемежаются с убыточными. Время уходит, а депозит вместо того, чтобы расти, продолжает съедаться комиссиями и более частыми убытками. Тогда трейдер, потеряв терпение, делает несвойственную ему рискованную ставку и, как правило, проигрывает. Он собирает остатки депозита и ставит на кон все. При этом он, возможно, где-то в глубине подсознания понимает, что цель его действий состоит уже не в том, чтобы отыграться, а в том, чтобы прекратить это затянувшееся и изматывающее его психику испытание. В таких случаях рынок чаще всего «помогает» трейдеру реализовать его подспудное желание покончить с биржевой торговлей.

Вы наверняка заметили, что в обоих описанных случаях главной причиной неудач становилось не плохое знание технического анализа. От одного только недостатка технических знаний еще никто не разорился. Зато огромное количество новичков погубило отсутствие психологической готовности к торговле. Главный враг трейдера сидит у него внутри.

Уверен, вы читали и слышали об этом неоднократно, и вам уже приелись все эти страшилки про внутренних демонов. Поэтому, для того чтобы вы осознали серьезность данной проблемы, я приведу здесь пару реальных историй, написанных трейдерами, которым пришлось прочувствовать влияние психологического фактора на собственной шкуре.

Реальные истории трейдеров

История Романа. Борьба с внутренними демонами

Моя история началась максимально просто. Отец рассказал мне, что есть такая штука, как биржевой рынок, на котором можно зарабатывать, и в качестве доказательства выдал электронные ключи для доступа к торговому терминалу. Мы вместе установили QUIK, и папа показал, как открывать графики и выставлять заявки. Его собственный трейдерский опыт составлял на тот момент примерно полгода, и, соответственно, он был в моих глазах суперопытным наставником. Так я познакомился с биржей и трейдингом. На следующий день мы совершили первую сделку с моего счета. Мы купили акции АФК «Система», и заработал я тогда за пару часов целых 30 000 руб.! Для меня, студента второго курса, это был просто космос. Так 31 января 2014 г. и началась моя карьера трейдера.

Прошло два месяца. После выигрыша в 30 000 руб. была еще одна хорошая сделка, но по итогам всех совершенных за этот период сделок мой счет заметно уменьшился. Счет папы тоже. Я решил пройти обучение, потому что торговля с багажом знаний, полученных на трейдерских форумах, ни к чему хорошему не приводила. После недолгих поисков в интернете я нашел школу трейдинга «А» (реальное название изменено по этическим соображениям). Посмотрел их сайт, созвонился, мне все расписали в красках, и я, конечно, согласился. Да не абы на что: купил себе индивидуальное дорогое «обучение». Что оно в себя включало? Изучение биржевого стакана, лекции по теории и экзамен плюс четыре разговора по скайпу с преподавателем. В общем, из полезного я получил только знакомство с теоретическими основами трейдинга. Общение с преподавателем не стоило ни единой копейки из потраченной на него суммы.

Я наивно полагал, что если окунусь в рынок с головой, то начну понимать внутренние процессы и смогу зарабатывать деньги. Как проклятый сидел с 10:00 до 18:40, пялясь в биржевой стакан и на графики, но за восемь месяцев такой биржемании не заработал ни копейки, а все только сливал, сливал и сливал. При этом я очень сильно уставал и морально, и физически, был истощен, постоянно на нервах, зол на себя и на весь мир. За это время в моей большой семье брокерскими счетами разной величины обзавелись и другие родственники. Ни у кого из нас ничего не получалось, но все упорно продолжали сливать деньги в надежде, что вот-вот случится одна-две сделки, которые покроют все предыдущие убытки, ну а дальше торговать в плюс будет уже проще простого.

В феврале 2015 г. я понял, что все, кто торгует совместно, объединившись в небольшие группы, показывают лучшие результаты, чем одиночки. И начал собирать свою группу. Сначала нас было четверо, потом семеро, потом дюжина. Максимальное количество участников моей трейдерской группы составляло 19 человек. Я почувствовал себя настоящим лидером. Каждый раз, когда я запускал рекламу нашей маленькой банды, к нам приходило много новых людей. Но я все ждал того, кто придет и вправит нам мозги так, что мы наконец начнем торговать в плюс. Однако приходили такие же дилетанты, как я сам, или того хуже. В итоге все мои старания обернулись сильной головной болью вдобавок к уже имевшейся усталости и нервозности. Когда в группе разговаривают пять человек, это еще можно выдержать, но когда спорят 10, это превращается в настоящий ад. А тем временем мой брокерский депозит, причем неоднократно пополненный, продолжал таять на глазах. Я понял, что так продолжаться больше не может.

В июне 2016 г. я покинул группу и снова начал торговать самостоятельно. Но перед этим взял двухнедельный отпуск и, проштудировав гору литературы, вывел для себя первые очень отдаленно напоминавшие рабочую систему правила… И дело пошло! Впервые за полтора года я закрыл месяц в плюс. Сейчас могу сказать, что мне просто повезло: рынок, как лучшее в мире казино, решил меня немного прикормить, чтобы я не соскочил с крючка. В августе я вывел со счета приличную по моим меркам сумму денег. Это был мизер по сравнению с накопленными убытками, но я наивно полагал, что белая полоса продлится долго и вернуть все потерянное ранее не составит труда.

Наступил сентябрь 2016 г. Все шло хорошо, я зарабатывал деньги трейдингом и пребывал в уверенности, что теперь-то все наладилось и так будет всегда. И все же я принял решение еще раз пройти обучение. Это было первое и самое осознанное решение за всю мою карьеру трейдера. Я пересмотрел огромное количество разных обучающих сайтов и компаний и наткнулся на курсы Александра Михайловича Герчика. Посмотрев несколько видеоуроков в интернете, я понял, что на этот раз, заплатив деньги, получу что-то действительно полезное.

И тут я принял второе свое осознанное решение: не стал сразу записываться на семинар, а купил вместо этого самый обычный учебный видеокурс. Начал с малого, чтобы получить более полное представление об обучении. Я настолько увлекся, что прошел весь курс на месяц раньше срока. И главное, в моей голове наконец начала складываться картинка, давшая мне представление о том, что такое трейдинг и как он работает.

Курс заканчивался экзаменом. Нужно было написать свой торговый алгоритм и отправить его на проверку кураторам. Если алгоритм им нравился, они направляли его Александру Михайловичу.

Несколько слов о том, как писал алгоритм. Я взялся за дело сразу же после последнего урока. Создал новый файл, дал ему название, и... тупик. Три дня я только и делал, что пытался вымучить из себя хотя бы строчку. Но все было тщетно. Я психанул и на три дня забыл про биржу, трейдинг, правила и алгоритм. Просто отдыхал и занимался другими делами. Этот перерыв явно пошел мне на пользу. Снова сев за компьютер, я уже к вечеру составил готовый алгоритм.

Ответ пришел быстро. Я сдал экзамен, мой алгоритм понравился как кураторам, так и Александру Михайловичу. Шеф даже поместил его в папку лучших работ и потом часто демонстрировал другим студентам.

После сдачи экзамена меня пригласили продолжить обучение по программе «Волки с Уолл-стрит»[1]. Сначала я отказался, потому что обучение стоило слишком дорого. Но через несколько дней, посоветовавшись с папой и вместе с ним пообщавшись по скайпу с Александром Михайловичем, мы решили, что я приму участие в программе и буду заниматься трейдингом со всей серьезностью. Одновременно с этим мы провели реструктуризацию нашего семейного трейдингового капитала. Поскольку у членов моей семьи хорошо получалось только сливать депозиты и интерес к трейдингу на тот момент сохранился

---

[1] Годовая программа наставничества, предоставляемая компанией Gerchik.ru.

только у меня, мы объединили остатки всех счетов в один, который я и принял под свое управление. Мое обучение в программе началось в ноябре 2016 г.

Перед началом обучения я принял еще одно важное решение: заморозил большую часть оставшихся денег и начал практиковаться на небольшой сумме. Первые два месяца обучения прошли очень вяло и не принесли видимой пользы. Причиной тому была выбранная мной роль пассивного наблюдателя. Осознав это, я стал самым активным участником группы. Начал делиться с другими участниками всем подряд, от описания своих сделок до вольных мыслей о трейдинге. И плоды моей активности не заставили себя долго ждать.

К весне 2017 г. я уже намного лучше понимал и рынок, и свою систему торговли. Перестав метаться между торговлей отбоя, пробоя и ложного пробоя, я остановился на ложном пробое. Два месяца торговли по-новому принесли прибыль. Пришло время сказать спасибо и обучению в школе «А», и моему опыту по созданию трейдерской группы. Теоретические знания и болтовня в группе все же пригодились, поскольку, пусть и не давая практической пользы, они позволяли мне видеть и понимать многие вещи, придавали уверенности и осознанности моим действиям.

После двух месяцев прибыльной торговли меня поразила самая распространенная и серьезная болезнь всех трейдеров. Я стал систематически совершать ошибки. То написанный мной сценарий вступал в противоречие с моими же правилами, то я нарушал условия для перезахода, то открывал сделку раньше времени. Это меня серьезно подкосило, и я не знал, что делать. Шеф убедил меня установить программный риск-менеджер. Это уже решило бы часть моих проблем. Но другая часть — отсутствие торговой дисциплины — оставалась нерешенной, несмотря на все предупреждения шефа. Я опять начал сливать депозит.

В июне 2017 г., получив огромное количество невынужденных стопов, я снова взял отпуск. За время отдыха я убедил себя в том, что рынок всегда будет сильнее меня, поэтому я должен вооружиться дополнительными уровнями защиты и дисциплинированно следовать всем своим правилам.

Наконец, в июле 2017 г., полностью отдохнувший и обновленный, я вновь приступил к торгам. И дело пошло. Это фантастическое чувство, когда ты понимаешь, что делаешь, и получаешь за это заслуженное вознаграждение. Все оставшиеся до начала 2018 г. месяцы я закрыл с прибылью и на этом основании принял решение пустить в дело замороженную часть своего брокерского счета.

Январь 2018 г. стал и пока остается моим самым прибыльным месяцем за всю карьеру. Я заработал 105% всего за четыре среднесрочные сделки. Мог бы заработать намного больше, но испугался и закрыл выгодную позицию раньше времени. Если бы я строго следовал своим правилам, то в одной из бумаг поймал бы движение в 27%, но боязнь ошибиться оставила мне из них всего лишь 7%. Успокаивало меня лишь то, что прибыль удалось получить от среднесрочной торговли, к переходу на которую я стремился.

Но за большими победами следуют большие поражения. Я снова нарушил собственные правила и на одной из сделок потерял почти половину заработанной ранее прибыли. Причина? Я возомнил себя профессионалом, которому уже все нипочем. В итоге февраль я закрыл в минусе. Впервые за семь месяцев. Пришлось снова объяснять себе, что на рынке нельзя расслабляться, и признать, что среднесрочная торговля получается у меня пока еще не так хорошо, как мне хотелось бы.

Такие отрезвляющие паузы бывают очень полезны. И на этот раз уверенность в себе мне помог вернуть шеф. Это была именно психологическая помощь, потому что моя система не нуждалась в исправлениях, от меня требовалось лишь четко придерживаться собственных правил. Март, апрель, май и июнь я закрыл с прибылью. Что будет дальше, узнаем со временем.

За эти четыре с половиной года я прошел огромный эволюционный путь и как человек, и как трейдер. На данный момент в моем сознании сформировалось четкое понимание, которым я хочу поделиться.

С точки зрения механического выполнения процедур зарабатывать на бирже легче легкого. Нашел для себя систему с положительным матожиданием и используй ее раз за разом, не сходя с этой тропы ни влево, ни вправо. Но на практике все оказывается не так просто, потому что демоны, сидящие в каждом из нас, почему-то стремятся помешать нам совершать это простое прямолинейное механическое движение. Всеми силами они стараются увести нас в сторону от этой тропы.

Психология трейдинга состоит в том, чтобы справиться с этими внутренними страхами и соблазнами. Нужен способ, позволяющий утихомирить внутренних демонов, не позволяя им сбивать вас с истинного пути. Наверняка каждый трейдер может найти для этого свой собственный, наиболее действенный способ. Я, например, мысленно создаю то, что называю психологической коробочкой, сидя в которой чувствую себя в безопасности и могу спокойно и адекватно торговать по своей системе.

Я представляю себе хеджевый фонд, где в огромном помещении за супермощными компьютерами, оснащенными самым продвинутым программным обеспечением, сидит пара сотен сверхумных трейдеров. Они торгуют по системам, специально разработанным нобелевскими лауреатами. И у всей этой супер-пупер-команды одна цель: заработать деньги на бирже. А сделать это можно, только забрав их у таких рядовых трейдеров, как я.

Когда я представляю, что мне противостоит такая силища, это помогает мне внутренне мобилизоваться. Я понимаю, что в этой войне у меня нет права на ошибку. Если я не поставлю стоп или буду недостаточно внимателен в своем анализе, меня тут же сожрут эти монстры из хедж-фонда, даже не пережевывая. Когда понимаешь, насколько невелики твои шансы на победу, ты уже не позволяешь внутренним демонам лишить тебя и этих мизерных возможностей.

Мне это точно помогает. Возможно, вы придумаете для себя какой-то другой психологический прием, помогающий вам сосредоточиться и торговать дисциплинированно.

История Алексея. От сложного к простому

Мой путь в трейдинг начался после того, как я завершил карьеру в линейном бизнесе, где занимал должность руководителя собственной компании. На протяжении почти 13 лет мне приходилось решать разного рода вопросы: от создания продуктов и построения стратегии до управления персоналом.

Когда я занялся трейдингом, мне, как и любому новичку, пришлось пройти через череду проб и ошибок. Первым испытанием для меня стала необходимость осознания того, что я не могу управлять рынком и диктовать ему свои условия. Рынок — не персонал, а я по привычке пытался указывать ему, куда он должен идти. Я открывал позицию, у которой не было потенциала, искренне веря и надеясь, что цена направится именно в нужную мне сторону. Ведь это же я так решил, значит, так и должно быть! Но на самом деле это были иллюзии и ничего больше. Мне потребовалось почти шесть месяцев упорной ежедневной работы, чтобы понять две простые истины: 1) рынок всегда прав, и я не в силах диктовать ему свои условия и 2) самое главное, что есть у рынка, — текущая цена инструмента. Без принятия этих фактов невозможно строить успешную карьеру в этом бизнесе.

Следующим барьером на пути к успеху, как бы странно это ни звучало, был я сам. Для меня стало удивительным открытием то, насколько плохо я себя знаю: не знаю собственную реакцию на события, происходящие в момент торговли; не могу контролировать свои эмоции; не могу следовать правилам и усложняю все вместо того, чтобы делать простые вещи.

После того, как я получил теоретические знания на семинаре Александра Герчика, мне нужно было переварить полученную информацию и структурировать ее. Месяц ушел на написание торгового алгоритма, по которому я должен был начать оттачивать свое мастерство на практике. Но, приступив к реальной торговле, я буквально на третий день забыл о собственноручно написанных правилах и начал активно их нарушать: совершать сделки без сигнала, заходить в позицию с низким потенциалом, переставлять стоп-лосс ордера, фиксировать прибыль раньше тейка, нарушать риски на день в надежде, что последняя сделка будет прибыльной и перекроет все предыдущие потери, и т. д.

Все это происходило по двум основным причинам: психология и отсутствие глобального видения рынка. После обучения я приступил к практике и начал отрабатывать свою систему торговли. При этом моя проблема заключалась в том, что я не был честен с самим собой и не признавал тот факт, что регулярно нарушаю правила. Вместо этого я искал себе оправдания: говорил, что не знаю того, что знает прибыльный трейдер, что на семинаре мне дали неполную информацию, и т. п. Кроме этого, я продолжал искать в разных местах якобы неизвестные мне секреты успешного трейдинга. Тем самым я не только терял время, но и постоянно усложнял свою систему торговли, запихивая в нее всю ту «кашу», которую насобирал из разных источников.

Мои метания продолжались довольно долго, пока не произошел стресс-случай, который обвалил мой депозит более чем на 35%. Расскажу о нем подробнее.

Я торгую американскими акциями. Значимыми для этого рынка являются периоды квартальной отчетности, когда компании сообщают о финансовых результатах своей деятельности. Как-то раз в поле моего зрения попала компания с тикером AVAV, которая через день должна была опубликовать свой отчет. Я провел технический анализ компании и пришел к выводу, что все говорит в пользу покупки. И если бы я в очередной раз не нарушил правила и не стал бы углубляться в дебри, а последовал бы принципу «торгую то, что вижу, а не мнимые ожидания экспертов», то получил бы отличную сделку с высоким отношением прибыли к риску. Но я не искал легких путей и вдобавок к этому посмотрел видеообзор одного аналитика, который поменял сложившуюся у меня техническую картину на шортовую модель.

Действительно, на открытии следующей торговой сессии акция сделала гэп вниз, и я ее зашортил, потирая руки в предвкушении прибыли, но едва открыв сделку и не успев даже поставить стоп, я увидел, что бумага развернулась и сделала сильное пробойное движение вверх. Вместо закрытия позиции я в спешке и тихой панике перепутал ордера и продал еще раз такой же объем, удвоив свой шорт. И тут бумага сделала еще более сильное движение вверх, тем самым ударяя двойным убытком по моему депозиту.

Сегодня я, конечно, не совершил бы такую ошибку, обязательно зафиксировал бы риски и немедленно закрыл сделку, но тогда я верил в чудо и мне казалось очевидным фактом, что рынок после резкого движения обязательно должен откатиться. Поэтому я упрямо продолжал держать убыточную позицию в ожидании спасительного чудо-отката к зоне входа в сделку. Это длилось неделю, бумага не хотела идти назад и каждый день показывала новый хай, но я верил, что она вернется. После того, как психологический барьер моего терпения был достигнут, я закрыл позицию с огромным убытком и, впав в отчаяние, занялся самобичеванием.

Я не мог поверить, что совершил такой глупый и нелепый поступок. От самоуверенности не осталось и следа, я рухнул на дно и долго не мог прийти в себя. Мне понадобился месяц на восстановление и анализ ситуации, в которую я сам себя загнал.

И только после того, как я проанализировал всю причинно-следственную связь произошедшего, меня осенило, что, не решив свои психологические проблемы, я никогда не смогу понять глобальную механику рынка. С этого дня я начал все сначала.

Первым делом я исключил влияние постороннего информационного «шума» на свои торговые решения. Всех аналитиков, прогнозистов, «гуру-трейдеров», видеоканалы, новостные статьи, индикаторы и осцилляторы и прочую шелуху, которая отвлекает меня и сбивает систему. На графике я оставил только цену и объем.

Во-вторых, я полностью переписал свой торговый алгоритм, пересмотрел все свои правила, стал каждую торговую ситуацию разбирать по винтикам, анализировать, писать сценарии, описывать точки входа, причины входа, причины выхода, наблюдать за поведением игроков, задавал себе вопрос, смог бы я определить на истории зарождение предстоящего движения или нет. Самое главное, что я делал, — не торговал.

Все это позволило мне пересмотреть свое поведение на рынке и осознать свои психологические слабости, и тут у меня прояснилось сознание: я впервые за все это время по-настоящему начал видеть и понимать механику рынка, ключевые уровни и зоны принятия решения на графике. Наконец-то понял, как устроен рынок и как много в нем возможностей для заработка.

Я понял, как все на самом деле просто. Мне даже стало смешно от того, насколько сильно я все усложнял, пытаясь раскопать Грааль, который на самом деле лежал на поверхности.

Изначально мой алгоритм был похож на конспект, который включал в себя 45 листов. Благодаря череде ошибок и испытаний, через которые я прошел за полтора года, сегодня он сильно сократился и теперь помещается всего на одном листе. Теперь он прост и понятен, как таблица умножения, но вот путь к нему был крайне сложным и тернистым, сопровождавшимся болью и разочарованием.

Теперь у меня есть прозрачная система торговли, следуя которой, я могу зарабатывать деньги, и это меня полностью устраивает.

В сухом остатке хочу сказать одно: самое сложное в трейдинге — это преодолеть себя и свои психологические барьеры. Только научившись контролировать свои эмоции и поведение, вы получите понимание механики рынка и поведения его участников. Все остальное предельно просто.

Поскольку все вы являетесь взрослыми людьми со сформированными характерами, перевоспитать вас на базовом уровне я при всем желании уже не смогу. Я могу лишь мотивировать вас мыслить в определенном направлении, но все остальное вы должны сделать сами.

Рынок не является врагом трейдера (хотя иногда кажется, что он делает все возможное, чтобы утопить именно вас). Он лишь предоставляет возможности для заработка. Ущерб трейдеру наносят его ошибки, которые очень часто вызваны его собственными эмоциями.

Ниже я привожу несколько советов, которые могут помочь вам приучить себя к сохранению самоконтроля в любых ситуациях. Поскольку все люди разные, степень действенности этих советов также будет различной. Надеюсь, что каждый из вас найдет среди них что-то подходящее.

Советы для психологической подготовки

Начну с главного, без чего приступать к торговле имеет смысл только в том случае, если вы желаете гарантированно избавиться от некоторой суммы денег.

1. *Если вы хотите зарабатывать трейдингом, вы должны соблюдать торговую дисциплину.*

На самом деле это самый сложный для выполнения совет, но он же является и самым важным. Дисциплина — главное качество, которым должен обладать успешный трейдер: даже более важное, чем способность к аналитическому мышлению. Все приведенные далее советы так или иначе возвращают нас к способности дисциплинированно, невзирая на внешние и внутренние факторы, выполнять свой торговый план. Даже если вам удастся составить самый эффективный алгоритм торговли, отсутствие дисциплины просто не позволит вам его реализовать.

Из первого совета вытекает еще один — не позволяйте эмоциям вторгаться в вашу торговлю. Эмоции свойственны каждому человеку. И при этом именно они являются главным врагом торговой дисциплины. Вы не можете эффективно торговать в периоды, когда ваш мозг то и дело отвлекается на переживания или решение каких-то личных проблем. Посторонние мысли, как негативные, так и позитивные, влияют на вашу торговлю. Они как минимум мешают вам сконцентрироваться. Если вы не можете выкинуть из головы навязчивые мысли, в такие дни вам лучше отказаться от заключения сделок. Чтобы не терять время даром, вы можете заняться наблюдением за рынком, анализом, а еще лучше — решением отвлекающих ваше внимание проблем, чтобы затем вернуться к торговле с «чистой» головой. Если вы все же считаете возможным торговать в такие периоды, сократите риск заключаемых сделок до минимума.

Отвлекающими, а значит вредящими трейдингу, могут быть и эмоции, непосредственно связанные с вашей торговлей.

Прежде всего это эмоции, вызываемые убытками. В этой книге я уже не раз упоминал о том, что убытки при трейдинге неизбежны. А если чего-то нельзя избежать, нужно изменить свое отношение к этому явлению. Убыточные сделки представляют собой серьезное испытание для трейдера-новичка. Вы должны научиться принимать их без паники, как болезненные, но полезные уроки.

Часто к потерям на рынке приводит эмоциональное желание трейдера отыграться немедленно и сразу после убыточной сделки, даже если в данный момент для этого нет подходящих рыночных условий. Это сильная эмоция, способная преодолеть дисциплинарные барьеры. Под ее воздействием трейдер начинает придумывать торговые сигналы, которых на самом деле нет, открывать более объемные позиции и принимать на себя более высокие риски. В такие моменты мозгом трейдера овладевают внутренние демоны, как будто отключающие его рыночный инстинкт самосохранения. В таких случаях полезно вспомнить старую поговорку: «Отчаявшиеся люди делают отчаянные вещи»; эти вещи и приводят их к краху. Поэтому гоните прочь желание немедленно отыграться после получения потерь. Вовремя остановившись, вы оставляете себе шансы совершать сделки в другой день, когда рынок предоставит для этого лучшие возможности.

Это относится и к тем случаям, когда вы не проигрываете, но хотите получить как можно большую прибыль и сделать это как можно скорее. Например, потому что вам именно сейчас нужна определенная сумма для крупной покупки, ипотечного взноса и т. п. Или вами движет жадность: желание выжать из рыночной ситуации больше, чем она может вам предоставить. Говоря себе «Я должен сделать сегодня кучу денег!», вы загоняете себя в рамки ожиданий, которые могут противоречить сложившейся рыночной конъюнктуре. В каждой из описанных ситуаций, так же как и в случаях с убытками, возникает опасность нарушения торговой дисциплины: принятия чрезмерных рисков и совершения сделок, противоречащих сценарию.

Обобщая все вышесказанное об эмоциях, отмечу: то, что происходит в вашей голове, напрямую влияет на качество вашей торговли. Помните: трейдингом нужно заниматься в удовольствие. Дисциплинированный трейдер отличается тем, что — независимо от того, получил он прибыль или убыток, — он способен начать следующий день с чистого листа.

2. *Контролируйте риски и соблюдайте стопы.*

Этот совет напрямую связан как с торговой дисциплиной, так и с эмоциями. Во-первых, любая из представленных в этой книге торговых стратегий предусматривает обязательное выставление стоп-лоссов. Во-вторых, вы должны уметь справляться со своими эмоциями, не позволяя им отменять выставленные стопы. Это действительно проблематично. Рынок далеко не всегда поворачивается к трейдеру самой привлекательной своей стороной. Из главы, посвященной управлению рисками, вы узнали, что, скорее всего, количество совершенных вами убыточных сделок будет превышать количество прибыльных. Соответственно, в своей торговле вы достаточно регулярно будете сталкиваться с ситуациями срабатывания выставленных вами стоп-лоссов.

При этом многие трейдеры знакомы с таким психологическим состоянием, находясь в котором, они не способны выйти из убыточной сделки. Они изо всех сил цепляются за проигрышные сделки и сначала надеются, а потом уже и просто молятся на разворот рынка. Поступая таким образом, они теряют не только деньги, но и огромное количество нервных клеток.

Рынок глух к трейдерским мольбам. Поэтому, если цена достигает уровня вашего стоп-лосса, позиция должна быть закрыта. Даже если сразу после этого рынок развернется, вы должны не кусать локти, а похвалить себя за дисциплинированность.

Если вы сидите в проигрышной позиции и пытаетесь убедить себя в том, что вы все точно рассчитали и рынок вот-вот поймет свою ошибку и развернется в вашу сторону, вы неправы уже дважды. Во-первых, потому что позволяете своим убыткам расти, а во-вторых, потому что считаете себя умнее рынка.

Конечно, переживание убытков очень болезненно. Но, как говорится, лучше страшный конец, чем ужас без конца. Выход из проигрышной сделки завершает тревожное ожидание, прекращает рост потерь и в результате приносит облегчение. На этом со сделкой, постепенно убивающей ваше здоровье и ваш депозит, покончено. Выдыхайте, собирайтесь с мыслями и силами и снова приступайте к торговле, ведь вы смогли вовремя остановиться и сберечь деньги для новых сделок. Чем раньше вы будете обрезать убытки, тем меньше потеряете и тем проще вам будет достичь необходимого соотношения прибыли к риску.

Если вы внимательно читали главу, посвященную управлению рисками, то наверняка запомнили, что стопы не только позволяют обрезать убытки, но и обеспечивают реализацию соотношения прибыли к риску на уровне как минимум три к одному. Ваш риск на сделку не должен превышать одну треть от размера потенциальной прибыли. Это достигается путем ограничения убытков с помощью стопов. Поэтому при планировании сделки вы определяете три ключевых параметра:

- точку входа;
- точку выхода;
- точку установки стоп-лосс-заявки.

Это само по себе исключает из процесса ненужные эмоции. При этом совершенно не важно, насколько велики позиции, которыми вы оперируете. Принципы управления рисками одинаково эффективны как для крупных, так и для мелких счетов.

Проявлением торговой дисциплины в отношении стопов является обязательность их исполнения. Вы не можете считать себя дисциплинированным трейдером, если используете так называемые «мысленные стопы», то есть не выраженные в форме фактически выставленных на рынок заявок, а сформулированные в мозгу конструкции типа: «Если рынок пойдет против меня, я буду закрываться примерно на таком-то уровне». В этом случае вы мало того, что можете просто не успеть выскочить из убыточной позиции при стремительном изменении цены в невыгодном для вас направлении, но еще и будете бороться с искушением потерпеть «ну еще чуточку», о котором я уже упоминал выше. Не нужно недооценивать силу самообмана, особенно когда ваш мозг вынужден функционировать в условиях стресса. Если вы не ставите перед собой задачу протестировать силу рациональности своего мышления, ставьте реальные стопы и никогда не переносите их в сторону увеличения риска.

Закрывать прибыльную позицию гораздо проще, чем убыточную. Тем не менее жадность довольно часто не позволяет трейдерам вовремя забирать профит. Если вы смогли выйти из сделки с прибылью, вы не должны жалеть о том, что не захватили все 100% ценового движения. Во-первых, это в любом случае было бы результатом не точного расчета, а редкого везения, что не дает вам повода для гордости. А во-вторых, вы никогда не разоритесь, забирая прибыль. Не бойтесь проигрывать, вовремя обрезая убытки, и не жадничайте, забирая прибыль до того, как рынок внезапным разворотом превратит выигрышную позицию в проигрышную.

3. *Не торгуйте только ради самого процесса торговли.*
Когда рыночные условия не подают вам четкие и подтвержденные сигналы для торговли, не нужно притягивать их за уши. Совершать сделки просто ради того, чтобы «быть в рынке», — очень плохая мотивация. Вы должны не только быстро реагировать на изменение рыночной ситуации, но и уметь ждать. Поверьте, это нисколько не легче. Китайский стратег и мыслитель Сунь-цзы говорил, что победителем будет тот, кто знает, когда он может сражаться, а когда не может. Совершать сделки следует только тогда, когда ваш анализ, ваша стратегия и ваш сценарий говорят, что на рынке появилась хорошая возможность для покупки или продажи. В остальное время вы должны сидеть в засаде и наблюдать за развитием ситуации. Вы не должны совершать сделки по принципу «пан или пропал», когда шансы на победу и поражение примерно равны. Вместо этого вы должны искать ситуации, когда математическое ожидание оказывается на вашей стороне, даже если для этого придется запастись терпением.

Иногда вы будете опаздывать с совершением сделки. Например, цена наблюдаемых вами акций резко подскакивает, перепрыгнув тот уровень, на котором вы планировали их купить. Это настолько досадно, что, не желая упускать долго выжидаемую добычу, вы можете «броситься в погоню» и купить бумагу по цене выше расчетной. При этом вы уже не проводите анализ оставшегося запаса хода и лучшего уровня для установки стопа — вы покупаете просто потому, что собирались купить и не желаете отказываться от своего плана.

Конечно, это ошибка. В данном случае дисциплина трейдера требует от вас способности отказаться от погони за ускользнувшей добычей и без сожалений переключиться на поиски новой сделки. В таких случаях вы можете утешить себя тем, что правильно определили направление предстоящего движения актива, даже если вам и не удалось в нем поучаствовать. Значит, ваша торговая стратегия работает, и вам еще представится шанс извлечь из этого прибыль. Вашей вины в опоздании нет, поскольку крупные игроки довольно часто «задергивают» цену в начале сильного движения.

Соблазн совершить сделку иногда бывает вызван желанием округлить сумму депозита, когда до получения красивых цифр на счете остается заработать совсем немного. Такая ситуация также требует от трейдера включения самоконтроля. Желание округлить свою прибыль нельзя приравнивать к торговому сигналу. По закону подлости именно «округляющая» сделка, если она недостаточно подготовлена, может привести к цепи убытков.

Еще одной причиной соблазна совершить сделку «на авось», как это ни парадоксально, является приобретенное умение выставлять короткие стопы. Освоив этот необходимый навык, трейдер может посчитать, что возможный убыток не настолько велик, чтобы тщательно планировать сделку. Он начинает торговать без подтверждения сигналов и в результате проигрывает хоть и помалу, но настолько часто, что выполнение соотношения прибыли к риску на уровне три к одному в выигрышных сделках уже не компенсирует суммарный объем мелких потерь.

Действенным лекарством от такого «синдрома переторговки» может стать следующий прием. Возьмите денежную купюру, соответствующую стоимости вашего стопа, — например, 100 или 500 руб., и просто ее порвите. Да-да, рвите на мелкие кусочки, ведь если вы заключаете неподготовленные сделки, значит, в своей торговле вы постоянно занимаетесь уничтожением собственных денег. Это не так заметно, когда деньги исчезают со счета, поэтому попробуйте сделать свои «мелкие потери» более наглядными. Возможно, это остановит вас в следующий раз, когда в вашей голове возникнет предательская мысль: «Да ладно, не корову же проигрываю».

4. *Относитесь к рынку с уважением.*

Рынок не ваш враг, но и не друг. Поэтому вы не должны воевать с ветряными мельницами, но не должны и расслабляться. Рынок всегда сильнее вас. Если он дает вам возможность заработать, это вовсе не значит, что вы его оседлали. Пользуйтесь предоставленными возможностями, но будьте всегда начеку. Адаптируйтесь и приноравливайтесь, отбросив в сторону свою гордыню.

Ваше эго не должно принимать деятельного участия в торговле. Сложнее всего отключить эго при наличии явных успехов. Поэтому, получая прибыль от своих сделок, никогда не забывайте, что это не вы побеждаете рынок, а он дает вам возможность заработать. Конечно, вы молодец, раз смогли разглядеть рыночные подсказки и вовремя ими воспользоваться, но при этом вы не повелеваете рынком, а лишь следуете его указаниям.

Если вы будете рассуждать подобным образом, у вас всегда будет хороший шанс добиться успеха.

Однако здесь важно не перегнуть палку и не выплеснуть вместе с эго уверенность в собственных силах. Вы не руководите рынком, но и не являетесь его слепой марионеткой. Вы не можете победить рынок, но, используя свой ум и навыки, можете понимать сигналы, подаваемые рынком, и следовать им. Отсутствие уверенности и решительности приведет к тому, что вы будете метаться между различными торговыми стратегиями, переставлять заявки и упускать прибыльные возможности.

Вы должны быть уверены в себе настолько, чтобы не опускать руки и не падать духом после нескольких неудач. И при этом не должны возноситься и терять голову от достигнутых успехов.

Еще одно негативное проявление эго в трейдинге обнаруживается в вере в то, что вы можете стабильно зарабатывать конкретное количество рублей или процентов в день. Проблема тут в том, что далее вы умножаете ожидаемую «среднюю» ежедневную прибыль на число торговых дней в году, и вот уже в вашей голове созрел план «почти гарантированного» обогащения. Вы начинаете руководствоваться этим планом, и, когда в один из дней вдруг получаете убыток, считаете своим долгом заработать на следующий день в два раза больше. А если план снова оказывается невыполненным, планка задирается еще выше, ведь «нельзя же отступать от плана!». Это, как и в других описанных выше случаях, приводит к необоснованному завышению рисков и ослаблению торговой дисциплины. Кроме того, такой подход говорит о глобальном непонимании правил трейдинга и принципов мани-менеджмента.

На самом деле цель трейдера состоит в наилучшем использовании торговых возможностей в те дни, когда рынок *предоставляет* такие возможности. Более подробно об этом будет сказано далее в разделе «Идеальная сделка». Единственным ежедневным показателем вашей торговли может быть только предельный уровень убытка, при достижении которого вы должны прекратить торговлю в этот день. Нельзя ставить перед собой цели по ежедневному уровню прибыли вне зависимости от рыночных условий. Рынок — это не завод, где вы должны вырабатывать ежедневную норму прибыли. В плохие дни результатом вашей торговли может быть убыток. Важно, чтобы в хорошие дни вы умели забирать с рынка такой объем прибыли, который он позволит вам забрать, не подвергаясь избыточному риску.

5. *Не путайте трейдинг с игрой в казино.*

Прежде чем заниматься трейдингом, вы должны определить, является ли он для вас серьезным занятием, с помощью которого вы планируете обеспечить себе постоянный заработок, или азартной игрой с денежными ставками. Во втором случае вам стоит поискать для реализации своих адреналиновых потребностей какое-то другое место, более приспособленное именно для игры на деньги, без сложных правил и с возможностью получения быстрого результата ставок.

Кроме того, вы должны объективно оценивать свою способность к принятию рисков. Позволяет ли ваша нервная система рисковать значительными денежными суммами? Если мысль о том, что вы можете потерять деньги из-за неверно предсказанных рыночных движений, не дает вам уснуть, необходимо сто раз подумать: возможно, трейдинг — это не для вас. Ведь, как известно, здоровье бесценно, и даже полученная от сделок прибыль может не компенсировать тот ущерб, который будет нанесен вашей нервной системе.

Как определить, какой размер риска подходит лично вам? Вы сможете понять это по мере накопления опыта. Объем ваших сделок будет постепенно расти, а с ним будут увеличиваться и размеры потенциальной прибыли и убытка. Вы должны быть внимательны и осторожны, чтобы ваш депозит дожил до того момента, когда вы сможете оценить, какой рынок для вас более понятен, какая торговая стратегия приносит вам больше прибыли и принятие какого максимального риска не вызывает у вас внутреннего дискомфорта.

6. *Одинаково любите свои прибыльные и убыточные сделки.*
Возможно, убыточные сделки следует любить даже больше, потому что они преподносят вам урок. Если получение прибыли воспринимается как закономерный результат, то убыток заставляет трейдера включать мозги, искать недочеты в торговой стратегии и принимать меры к исправлению ситуации. Иными словами, убыточные сделки заставляют трейдера прогрессировать. В итоге вы не только улучшаете свою систему торговли, но и — наступив на грабли — повышаете уровень своей торговой дисциплины. Сегодняшний убыток, возможно, убережет вас от повторения ошибки, цена которой в следующий раз могла оказаться гораздо более высокой. Поэтому, получив убыток, отнеситесь к этому спокойно. Обязательно проанализируйте причины неудачи и сделайте соответствующие выводы.

В этом вам может помочь *дневник трейдера*, который я рекомендую вести абсолютно всем трейдерам, как новичкам, так и профессионалам. В него необходимо заносить все совершаемые сделки с указанием их параметров и конечного результата. Это позволит вам не только понять, при каких обстоятельствах вы совершаете ошибки, но и оценить эффективность своей торговой стратегии: действительно ли она позволяет вам зарабатывать при разном поведении рынка или все ваши успехи связаны лишь с попаданием в тренд, и тогда вам стоит подготовиться к тому, что при смене рыночной погоды результаты торговли могут кардинально ухудшиться.

И еще один немаловажный момент. Ни в коем случае не переносите рыночные неудачи на собственную личность. Вы не должны даже мысленно называть себя лохом, неудачником и прочими саморазрушительными словами. Воспринимайте неудачи как необходимую плату за новый полезный урок и обретение опыта. Но при этом старайтесь сделать все возможное, чтобы не платить за одни и те же уроки дважды, а то и трижды.

7. *Постарайтесь относиться к трейдингу как к работе, как к бизнесу. Оперируйте не деньгами, а процентами и пунктами.*
Многие мечтают зарабатывать на жизнь исключительно трейдингом, потому что видят в этом прежде всего свободу: от работодателя, от графика, от обязательств, коллег и привязанности к конкретному месту. В результате трейдинг рассматривается не как новый вид деятельности, а как место, куда можно сбежать от своих сегодняшних рабочих неприятностей. Таким образом, трейдинг противопоставляется работе, что в корне неверно, потому что биржевая торговля — это тоже работа, требующая отдачи интеллектуальных и моральных сил, а также времени, сопоставимого с тем, что вы проводите на своем привычном рабочем месте.

Режим трудового дня трейдера не ограничивается временем торговой сессии. Вы должны постоянно совершенствоваться в этой профессии, оттачивать свои навыки, анализировать результаты и оптимизировать торговые стратегии.

Успех любого бизнеса основан на вашем четком понимании всего в нем происходящего и способности максимально быстро заметить и адекватно отреагировать на любое нежелательное отклонение. Трейдинг — это особый вид бизнеса, в котором вся работа и ответственность лежит только на вас. Вы сами и есть весь бизнес. Поэтому так важно контролировать и свое внутреннее состояние, и все компоненты этого бизнеса. Все должно работать как единая система. Система, которая включает в себя не только непосредственное «производство»: определение точки входа, расчет риска, выставление заявок, но и планирование, анализ, разработку новых и улучшение существующих технологий торговли и т. п. Когда вся эта сложная система начинает работать без сбоев, трейдинг становится довольно простым занятием.

При наличии такого подхода вы сможете своевременно выявлять и исправлять допущенные ошибки и, главное, принимать меры к тому, чтобы не повторять их в будущем.

Сформировать правильное отношение к трейдингу может помочь следующий прием: выводите часть прибыли в качестве своей регулярной зарплаты. Это поможет вам воспринимать трейдинг как постоянную работу.

Парадокс трейдинга состоит в том, что он действительно дает человеку свободу действий, и эта самая неограниченная свобода в дальнейшем играет с трейдером злую шутку. Для достижения успеха в трейдинге необходимо научиться ограничивать себя в условиях отсутствия внешних ограничителей. Это сложно, но таковы условия победы в этой игре.

8. *Привыкайте мыслить самостоятельно.*

Начальные навыки, необходимые советы и предупреждения вы получаете от других людей: через курсы, книги и прочие формы обучения. Но в дальнейшем, вооружившись всеми полученными знаниями, вы должны прийти к собственной системе торговли. Нет лучшего способа научиться чему-либо, чем делая это самостоятельно. Вы не должны совершать сделки только потому, что получили чей-то совет или услышали мнение «эксперта крупной инвестиционной компании».

Любая сделка должна быть основана на ваших собственных выводах, согласующихся с вашей же торговой стратегией. Даже просто решив попробовать смешать в одну кучу сделки по своей и «не своей» системам, вы рискуете получить такой «эффект ерша», что вся ваша торговля пойдет вразнос, а вы даже не будете понимать, как выйти из сложившейся ситуации.

Никто не примет на себя ответственность за полученный вами результат. Вы рискуете собственными деньгами, поэтому прислушиваться можно и нужно ко всему, что достойно вашего внимания, но принимать решения вы должны самостоятельно. Это не так просто, но зато и полученная в итоге прибыль будет только вашей наградой.

Со временем ваш профессионализм и степень самостоятельности возрастут настолько, что вы сможете доверять своей интуиции. Взгляд привыкнет выхватывать на биржевых графиках знакомые паттерны и на их основе формировать решения на подсознательном уровне. Поэтому, если вы уже опытный трейде и интуиция — пусть и без видимых причин — зажигает перед вами сигнал «стоп», в сделку лучше не лезть.

9. *Не забывайте отдыхать.*

Не давайте трейдингу захватить вас полностью. Это просто работа, а работы в вашей жизни должно быть лишь столько, сколько необходимо, не больше и не меньше.

Чтобы не дать захлестнуть себя эмоциям, обязательно делайте перерыв после трех проигрышных сделок подряд. Как уже было сказано, желание немедленно отыграться часто затмевает разум, поэтому такие ситуации являются проверкой вашей способности соблюдать торговую дисциплину. Чтобы взять себя в руки и вернуть ситуацию под контроль, иногда достаточно просто побыть некоторое время вне игры, понаблюдать за рынком. Это позволит вам трезво переоценить свою торговую стратегию, возможно, внести в нее коррективы и выйти на рынок со свежим взглядом, не затуманенным недавними проигрышами.

Иногда делать паузы нужно не только тогда, когда у вас что-то не получается, но и после удачных сделок. Если вам удалось заработать хорошую прибыль, наградите себя путешествием на заработанные деньги. Зафиксируйте свое психологическое состояние успеха, чтобы иметь желание возвращаться к нему вновь и вновь.

Как уже было сказано, торговля должна доставлять вам удовольствие. Поэтому вы не должны пребывать в постоянном напряжении. Отдыхать нужно и между сделками. Если вы открыли позицию в соответствии со своими правилами и выставили все необходимые стопы, нет нужды портить зрение, неотрывно сопровождая последующее движение цены взглядом. Подтолкнуть ее таким способом в нужную вам сторону вы все равно не сможете. Отвлекитесь, сделайте несколько физических упражнений, попейте чаю или вынесите, наконец, мусор.

10. *Не уклоняйтесь от домашней работы.*

Как говорил уже упоминавшийся выдающийся китайский стратег и мыслитель Сунь-цзы, грамотный полководец выигрывает битву еще до начала сражения. И хотя рынок не поле битвы, то же самое можно сказать о трейдинге. Успех сделки определяется степенью ее подготовленности. Время торговой сессии — это не тот период, когда вы должны анализировать рынок. Это время для технического исполнения заранее подготовленного сценария. Вы должны просто наблюдать и в случае, если цена выходит на запланированный уровень, заключать сделку.

Вы не можете позволить себе пропустить предварительную подготовку, потому что рынок очень изменчив. Вы должны анализировать его постоянно и при необходимости корректировать свою торговую стратегию. При этом вы будете непрерывно обучаться и адаптироваться под текущую рыночную ситуацию, и ваши глаза будут привыкать к определенным формациям.

Домашняя работа предусматривает проведение анализа множества показателей и факторов, и здесь главное — не утонуть в них и не заблудиться. Биржевой рынок отличается очень сильной информационной насыщенностью. На трейдера постоянно обрушивается огромный объем данных: политические, экономические и финансовые новости, изменения цен различных активов, рыночные индикаторы и отчетность компаний. Поэтому очень важно уметь фильтровать получаемую информацию, обращая внимание только на то, что вам действительно необходимо для торговли. Иначе вы рискуете захлебнуться, так и не найдя возможности для входа, поскольку очень часто поступающая из разных источников информация оказывается слишком противоречивой и указывает в различных направлениях.

У вас должно быть достаточно информации, чтобы спланировать сделку, и, как правило, все, что для этого нужно, можно найти на биржевом графике. Через какое-то время, приобретя необходимый опыт, вы будете знать, на что нужно обращать внимание в первую очередь при вашем стиле торговли, а что не должно вас отвлекать и вводить в заблуждение. Тогда вы сможете справляться с домашним заданием гораздо быстрее, а пока наберитесь терпения и посвящайте предварительной подготовке столько времени, сколько потребуется для того, чтобы научиться идентифицировать ценовые уровни и различать на биржевом графике торговые сигналы.

Рынок никогда не бывает скучным. На нем всегда что-то происходит. И вы должны быть готовы к его изменениям. Конечно, вы повысите свои шансы на успех, если выберете для себя наиболее подходящую лично вам стратегию торговли, но это не значит, что вы должны зацикливаться на какой-то конкретной формации. Тем более что вы должны попробовать разные стратегии, для того чтобы понять, какая из них вам ближе. Определившись, вы можете и не торговать другие ценовые движения, но все равно должны понимать их природу, поскольку на рынке все взаимосвязано. А для этого опять же нужна предварительная подготовка и анализ не только рыночного поведения, но и результатов своих собственных действий.

Заключительный совет помещен в конце списка вовсе не по степени значимости, а для того, чтобы обратить на него ваше особое внимание. Он выделяется тем, что призывает трейдера коренным образом изменить отношение к торговле. Сформулирован он следующим образом.

11. *Торгуйте ради успеха, а не ради денег.*

Поскольку смысл данного совета не так очевиден, как в вышеописанных случаях, я решил посвятить ему отдельный раздел.

Идеальная сделка

Итак, вашей мотивацией должно быть получение не денег, а идеальной сделки. Конечно, торгуя, мы хотим получить финансовый результат, но высшей целью, доказательством вашей победы должна быть правильно спланированная, подготовленная и исполненная сделка.

Только при условии, что вы будете ставить перед собой задачу не зарабатывать энное количество денег каждый день, а соблюдать торговую дисциплину и стабильно создавать идеальные сделки, вы сможете получать и моральное удовлетворение, и финансовое вознаграждение.

Какую сделку можно считать идеальной? Нет, не ту, которая принесла вам наибольшую прибыль. Хоть одно другому и не мешает, это не главный критерий. У идеальной сделки есть несколько признаков.

Во-первых, она не должна быть случайной. Вы нашли подходящую возможность для открытия позиции потому, что тщательно проанализировали рыночную ситуацию, знали, куда нужно смотреть и на каком тайм-фрейме, правильно определили направление рыночного движения и идентифицировали ценовые уровни. Заметьте, вы не заставили рынок идти в нужном вам направлении, но, опираясь на полученные знания, собственным умом смогли оценить соотношение сил продавцов и покупателей и понять, каким будет результат их противостояния.

Вы уже молодец, но хороший анализ — это еще не идеальная сделка. Вторым ее признаком является своевременное открытие торговой позиции. Совершение идеального входа на основе своего идеального анализа. «Вовремя» означает не раньше и не позже. Ранний вход может привести к срабатыванию стопа и вообще посеять сомнения по поводу правильности вашего анализа. Засомневавшись, вы можете отказаться от сделки, и тогда вся подготовительная работа пойдет насмарку. Вход с опозданием как минимум съедает потенциальную прибыль. Еще хуже, что вы можете оказаться в роли догоняющего, и это поломает все ваши планы. Вы будете торопиться и действовать нерасчетливо. Одна ошибка тянет за собой следующие. Вы уже не сможете правильно привязать стоп-лосс, минимизировать риски и максимизировать прибыль. Даже если ваш анализ был настолько хорош, что вы сможете остаться в выигрыше и при таких условиях, все равно это уже сложно будет назвать идеальной сделкой.

Третьим признаком идеальной сделки, как вы уже должны были догадаться, является ее правильное закрытие. Повторюсь: правильным считается выход, при котором соотношение прибыли к риску составит как минимум три к одному. Это расчетный минимум, который обеспечит вам сохранение капитала. Но если рыночная ситуация не угрожает вашей позиции, то есть на пути ценового движения не возникает опасных преград и вы не получаете сигналов, указывающих на возможный разворот, то идеальным исполнением сделки будет максимизация прибыли. Помните принцип: вовремя обрезая убытки, позволяйте прибыли расти.

Как это ни странно, но выход из идеальной сделки может быть и убыточным. Каким бы тщательным ни был ваш подготовительный анализ и насколько бы филигранной ни оказалась точка входа, рынок все равно может нарушить ваши планы. Вы все сделали правильно, но цена разворачивается и идет против вас. Такое случается. И если вы закрыли по стопу идеально подготовленную и открытую сделку — в полном соответствии со своим «планом эвакуации», такую сделку тоже можно считать идеальной. Вы обеспечили себе возможность сделать новую попытку. Продолжайте действовать таким же образом, и в следующий раз соблюдение торговой дисциплины принесет вам не только моральное, но и финансовое вознаграждение.

1. Уровень: —
2. Запас хода: —
3. Открытие сегодняшнего дня к области стоимости: — Выше   Ниже   В области
4. Открытие сегодняшнего дня к области значения: — Выше   Ниже   В области
5. Начальный баланс: — Широкий   Средний   Узкий
6. Тип открытия: —
   Открытие — движение
   Открытие — тест — движение
   Открытие — движение — разворот — движение
   Открытие — движение — разворот — движение — разворот
7. Отработка зоны баланса: —
   Выход   Возврат   Тест
8. Отработка экстремумов вчерашнего дня: —
9. Фактор ротации:
   Положительный   Отрицательный
10. Формация: —
    «p» — лонговая   «b» — шортовая
11. ТВХ: —
12. Итог дня:

Рис. 7.1. Пример чек-листа

Еще один признак, объединяющий идеальные сделки, состоит в том, что все они очень похожи друг на друга, поскольку выполняются по единым правилам. При наличии работающего торгового алгоритма трейдинг превращается в механическое повторение однотипных, заранее описанных процедур. Я уже говорил, что даже самые опытные пилоты перед взлетом отрабатывают много раз повторенные предполетные процедуры не по памяти, а сверяясь с пошаговой инструкцией — чек-листом. Поэтому нет ничего зазорного в том, чтобы торговать по шаблону, каждый раз контролируя себя по бумажке: в прямом смысле слова. На рис. 7.1 я привожу пример такого чек-листа, используемого одним из моих студентов. Приведенный набор контролируемых параметров соответствует его системе торговли; у вас он может быть другим.

Еще раз: вашей целью должно быть умение стабильно получать идеальные сделки. Только в этом случае вы сможете достичь *настоящего* успеха в трейдинге.

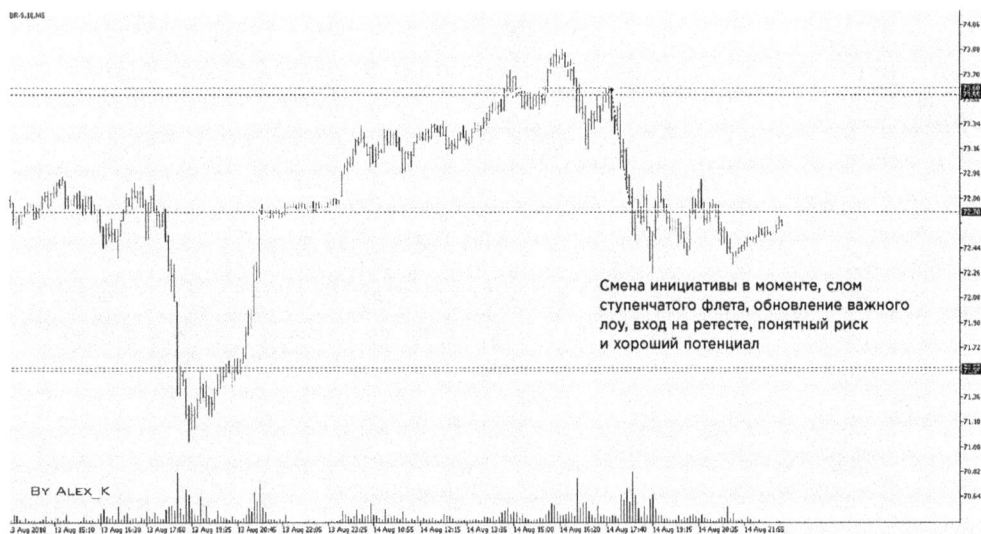

Смена инициативы в моменте, слом ступенчатого флета, обновление важного лоу, вход на ретесте, понятный риск и хороший потенциал

1. Дата сделки: 14.08.18 (время) — 17:50
2. Торговая сессия: Дневная
3. Инструмент: BR 9.18
4. Мой рынок: (ДА)
5. Фаза рынка (фон): Нисходящий
6. Приоритет ценового движения:
   — H1: Нисходящий
   — M5: Нисходящий
7. ATR: 120 п., пройдено: 110 п. — 91,6%
8. Потенциал до цели: 85 п. (6:1 — отлично)
9. Мои «РУ»: Ложный пробой-10 (вход в «шорт») Ложный пробой (вход в шорт)
10. Область «ПС»: Образованная кластерным объемом+«МОД»+«МОН»ТВХ: 73.55
11. Риск: 73.70 (15п) Стоп-лосс: 73.70 (15 п.)
12. Тейк: 72.80 (75 п.)
13. Результат сделки: +75 п. (профит)
14. Итог сделки: Сделка по алгоритму

Рис. 7.2. Идеальные сделки, сверенные с чек-листом. Пример 1

1. Дата сделки: 07.08.18 (время) — 14:25

2. Торговая сессия: Дневная

3. Инструмент: SBRF 9.18

4. Мой рынок: (ДА)

5. Фаза рынка (фон): Нисходящий

6. Приоритет ценового движения:

   — H1: Нисходящий

   — M5: Нисходящий

7. АТР: 500 п., пройдено: 320 п. — 64%

8. Потенциал до цели: 500 п. (отлично)

9. Мои «РУ»: Слом ступенчатого флета (вход в шорт)
   Слом ступенчатого флета (вход в шорт)

10. Область «ПС»: Образованная кластерным объе-
    мом+«МОН»ТВХ: 20 830

11. Риск: 20880 (50п) Стоп-лосс: 20 880 (50 п.)

12. Тейк: 20 580 (250 п.)

13. Результат сделки: +250 п. (5:1)

Рис. 7.3. Идеальные сделки, сверенные с чек-листом. Пример 2

Справляться с эмоциями и соблюдать торговую дисциплину гораздо сложнее, чем кажется на первый взгляд. У кого-то это получается лучше, а кому-то не удается совсем. Надеюсь, что приведенные выше советы помогут вам психологически подготовиться к трейдингу. Но самый действенный совет я приберег напоследок.

Наиболее эффективным способом обезопасить себя от влияния эмоций является неукоснительное следование заранее разработанным *алгоритму и сценарию торговли*. Они должны быть составлены таким образом, чтобы не оставлять места для вторжения эмоций в ваши торговые решения. Вне зависимости от того, какими активами вы торгуете, хороший алгоритм и создаваемые на его основе торговые сценарии обеспечивают 75% успеха.

Алгоритм и сценарий — это, соответственно, стратегический и тактический план вашего трейдинга. Это конечный результат вашей аналитической работы, которой, как уже было сказано, вы должны посвящать большую часть времени, а также формализованный сборник опыта, получаемого вами во время реальной торговли.

Документирование сделок и ведение статистики приближают вас к успеху еще на 10%. Сюда же относится составление алгоритма и описания параметров сделок, на основании которых вы в дальнейшем сможете оптимизировать свою систему торговли.

Еще 10% в общую копилку успеха добавляет самоконтроль, то есть ваша способность удерживать себя от действий, выходящих за рамки торгового сценария и алгоритма. Это черта характера, которую просто необходимо иметь. Трейдинг — не то занятие, за которое берутся, чтобы приучить себя к самоконтролю. Такой тренинг может обойтись вам слишком дорого. Поверьте, все очень серьезно, и, если вы знаете, что не обладаете способностью контролировать себя в стрессовых ситуациях, биржевая торговля не для вас. Вы можете только усугубить ситуацию и даже поломать свою жизнь.

Наконец, собственно сделка, которая, как вы наверняка уже подсчитали, добавляет всего лишь 5%. Но без этих 5% вы никогда не получите 100%-ного результата. Сюда относится соблюдение процедур непосредственного открытия и закрытия сделки. При наличии хорошо прописанного алгоритма ошибиться на этом этапе довольно сложно.

С учетом вышесказанного роль непосредственно сделки сводится, скорее, к выполнению технической процедуры по реализации заранее подготовленного плана. Более того, вы можете даже настроить торгового «робота», который будет выполнять эту процедуру в автоматическом режиме, сводя к нулю ошибки, вызываемые человеческим фактором. Поэтому следующую главу я хочу целиком посвятить главному компоненту успеха: предварительной подготовке к торговле, а именно составлению торгового алгоритма и сценария.

Глава 8

ПОДГОТОВКА К ТОРГОВЛЕ И АНАЛИЗ СДЕЛОК

Если вы дочитали книгу до этой главы, значит, теперь у вас есть все, что нужно, чтобы начать тренировки, а затем — только если ваши тренировки пройдут успешно (!) — приступить к самостоятельной торговле.

Несмотря на то, что каждый из вас почерпнул из этой книги одинаковый объем знаний, результаты торговли будут разными. Надеюсь, что то, о чем вы узнали, поможет вам как минимум не терять деньги на рынке. В трейдинге невозможно получить автоматический результат, даже четко выполняя полученные от кого-то инструкции. Это плохая новость. Хорошая состоит в том, что существенно повысить вероятность успеха можно, если дисциплинированно исполнять те инструкции, которые вы составите *для себя сами*. Иными словами, лучший результат на рынке покажут те из вас, кто будет торговать системно.

Совокупность описанных выше инструкций и правил образует ваш алгоритм и сценарий торговли. Из-за тесного переплетения этих понятий у многих трейдеров возникает недопонимание различий между ними. На самом деле различия довольно существенны. Алгоритм — это глобальный стратегический план, описывающий правила вашей торговли в целом. Сценарий — это локальный тактический план торговли на конкретный день и с конкретным активом. При этом сценарий должен соответствовать правилам, установленным в вашем алгоритме.

Торговый алгоритм

Собственный алгоритм хорош не только тем, что он не оставляет места для эмоций (см. предыдущую главу), но и тем, что он учитывает лично ваш стиль и предпочтения в торговле, а также прочие особенности, которые отличают вас от других трейдеров.

В вашем алгоритме должно быть все, что вы считаете нужным для системной торговли, все, что позволит вам торговать, не думая, а лишь исполняя то, что было обдумано вами заранее. Помните историю о сороконожке, которую спросили, как она умудряется ходить на стольких ногах? Сороконожка задумалась и не смогла больше сделать ни шагу. Мысли вызывают сомнения и эмоции, которые, как мы выяснили в предыдущей главе, часто приводят к потере денег.

Не старайтесь делать ваш алгоритм похожим на что-то ранее виденное или писать его так, чтобы он понравился кому-то, кроме вас. Это ваш алгоритм, и вы пишете его для себя. Главное условие: постарайтесь формализовать все правила, которых вы будете придерживаться в своей торговле.

В идеале ваш торговый алгоритм должен содержать следующие основные разделы.

1. **Цели и задачи вашего трейдинга.**
Этот раздел должен включать в себя реально достижимые цели и выполнимые задачи. Не будет никакого толку, если ваша цель будет выглядеть примерно так: «сделать за полгода из 100 000 руб. миллион долларов». Если вы хотите поставить перед собой финансовые цели, выражайте их в процентах от депозита. Вашими целями могут быть в том числе: получение навыков реальной торговли; совершение сделок строго по разработанным правилам; изучение поведения конкретных биржевых инструментов.

Помимо реальности достижения, ваши цели и задачи должны быть не формальными, а фактическими — чтобы вы действительно стремились к их реализации; кроме того, они должны быть измеримыми, чтобы вы имели возможность оценить свои успехи в их достижении. Например, вы можете поставить задачу не потерять депозит в первый год торговли.

2. **Подготовка к работе.**
Сюда входят процедуры, выполнение которых необходимо для начала торговли:

- Психологические установки: позитивный деловой настрой, отсутствие стрессовых ситуаций и т. п.

- Подготовка рабочего места: настройка рабочего стола; решение о том, какие основные и вспомогательные графики должны быть выведены на экран монитора и какие горячие клавиши должны быть активированы; при необходимости можно заготовить шаблоны торговых заявок.

- Правила и критерии выбора инструментов для торговли.

3. **Мани-менеджмент и риск-менеджмент.**

Этот раздел содержит инструкции по расчету размера допустимого риска (на день, неделю, месяц) и вытекающего из него определения размера позиции. Сюда же можно включить и другие правила, связанные с управлением рисками вашей торговли и управлением депозитом (правила увеличения объема торгуемых позиций). В общем, данный раздел описывает все, что вы намерены предпринять для минимизации убытков и максимизации прибыли. Например:

- Максимальный риск на одну сделку = 0,2% от цены актива (при торговле по тренду) или 0,1% от цены актива (при торговле против тренда), но не более 0,2% от размера депозита.

- Максимальная дневная потеря = 1% от депозита.

- Максимальная недельная потеря = 5% от депозита.

- Максимальная потеря в месяц = 10% от депозита.

- После трех подряд убыточных сделок я делаю перерыв до следующей торговой сессии.

- После трех подряд убыточных дней я делаю паузу на один день, если анализ показывает наличие необоснованных (или плохо обоснованных) сделок. День торговой паузы должен быть посвящен анализу сделок и работе над ошибками.

4. **Торговая стратегия.**

Это самый большой и самый практичный раздел алгоритма, в котором описывается собственно система вашей торговли:

- Какую стратегию вы торгуете (пробой, отбой, ложный пробой).

- Каков временной горизонт вашей торговли: краткосрочный, среднесрочный или долгосрочный.

- Какие торговые ордера вы используете, где и по каким правилам их размещаете.

- Торгуете ли вы только по тренду или участвуете и в контртренде.

- Какие сигналы и формации используете и на каком тайм-фрейме.

- Какие ценовые уровни являются для вас наиболее значимыми и как вы трактуете движения вблизи этих уровней.

Сюда же включается описание правил входа, удержания и выхода из позиции. Причем план выхода из позиции должен содержать отдельные описания действий при благоприятном и неблагоприятном исходе.

Фактически это исчерпывающий перечень правил вашей торговли, от которых вы не должны отступать. Во многих случаях бывает полезным использовать для описания возможных действий конструкцию «если… то…».

5. Распорядок дня и домашняя работа.

Справиться с эмоциями и другими отвлекающими факторами гораздо проще, если вы действуете по четко определенному распорядку. Поэтому в данном разделе вы устанавливаете для себя дисциплинирующие правила. Вы должны установить, в какое время вы занимаетесь анализом рынка, с описанием того, какие именно параметры и источники информации вы анализируете. Как вы проводите анализ собственных сделок. По каким критериям оцениваете свои действия. Сюда же следует отнести и правила ведения дневника трейдера, в котором вы описываете не только сделки, но и свое эмоциональное состояние и другие мотивы, повлиявшие на ваши торговые решения. В дальнейшем это поможет вам проводить работу над ошибками.

Указание времени дня, в которое вы должны будете совершать описанные действия, позволит вам систематизировать свою работу и не взваливать на себя заведомо невыполнимые обязательства. Например:

- Не торгую импульсы с 9:30 до 10:00.

- Торгую с 10:00 до 11:30.

- Перерыв с 11:30 до 13:00, если не нахожусь в сделке.

- С 13:00 до 13:30 — внутридневный отбор.

- Торгую с 13:30 до 15:30.

В следующем разделе представлен более развернутый пример, в котором я привожу свой распорядок дня[1], включив в него правила из других разделов торгового алгоритма, чтобы дать вам представление не только о том, что я делаю, но и почему я делаю именно это и именно так.

Распорядок дня и торговый алгоритм Александра Герчика

07:00 — начало рабочего дня.

07:00–07:15 — утренний анализ вчерашних сделок свежим взглядом. Просмотр как отрицательных, так и положительных результатов сделок предыдущего дня. Оценка точки входа, стопа и потенциала. Анализ неучтенных моментов, на которые следовало обратить внимание. Все недочеты и ошибки выписываю в блокнот, с целью избежать их в дальнейшем.

07:15–07:30 — анализ новостей и состояния мировых индексов. Просмотр того, какие макроэкономические показатели и отчеты компаний будут опубликованы сегодня в США. Определение секторов, которые могут проявить активность при выходе того или иного показателя. Смотрю, как закрылись европейские и азиатские площадки; если нахожу общие тенденции падения/роста, определяю новость, глобально повлиявшую на рынки. Анализирую и пытаюсь предположить, какую тенденцию эта новость придаст американскому рынку.

07:30–09:20 — подготовка домашнего задания.

1. Смотрю на текущие курсы валют, а также на то, как торговались акции SPY[2] и основные фьючерсы после основного закрытия предыдущей торговой сессии и как они торгуются на премаркете. Если уже вышли какие-либо важные новости, оцениваю реакцию рынка. Отмечаю уровень закрытия предыдущего дня и важные уровни поддержки/сопротивления SPY. Определяю общее настроение рынка. Смотрю котировки основных фьючерсов на золото и нефть, а также соотношение валютной пары EUR/USD. Если там замечены сильные движения в ту или иную сторону, определяю причину и возможную реакцию рынка.

---

[1] Здесь необходимо учесть, что данный распорядок дня применяется при торговле на американском рынке, режим работы которого отличается от российского.

[2] SPY — тикер акций фонда, объединяющего в своем портфеле акции компаний, входящих в расчет индекса S&P500.

2. Отталкиваясь от всех собранных данных, провожу предварительный отбор акций для предстоящей торговой сессии, используя следующие критерии отбора.

Основные требования:

- Основными площадками, на которых торгуются отбираемые акции, должны быть NYSE и NASDAQ.

- Цена акций должна варьироваться в диапазоне от $5 до $50.

- Средний торгуемый объем в день составляет от $300 000 до $15 млн.

- Акция имеет хорошую ликвидность, на ее пятиминутном графике отсутствует гэп, нет длинных теней на мелких тайм-фреймах.

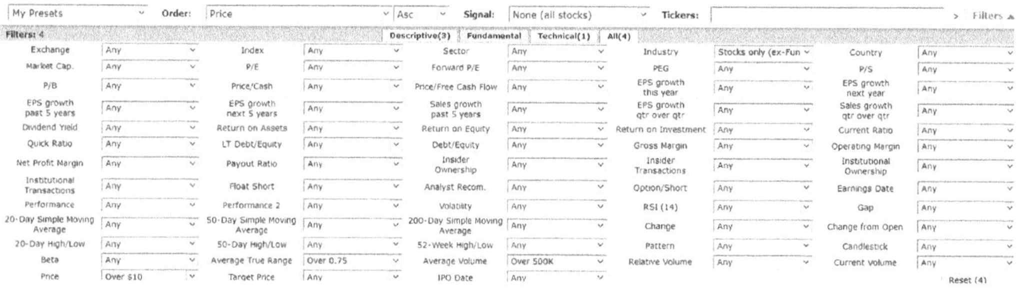

| My Presets | ⌄ | Order: | Price | ⌄ | Asc | ⌄ | Signal: | None (all stocks) | ⌄ | Tickers: | | | | > | Filters ▲ |

Filters: 4

| Descriptive(3) | Fundamental | Technical(1) | All(4) |

Exchange	Any	Index	Any	Sector	Any	Industry	Stocks only (ex-Fun	Country	Any
Market Cap.	Any	P/E	Any	Forward P/E	Any	PEG	Any	P/S	Any
P/B	Any	Price/Cash	Any	Price/Free Cash Flow	Any	EPS growth this year	Any	EPS growth next year	Any
EPS growth past 5 years	Any	EPS growth next 5 years	Any	Sales growth past 5 years	Any	EPS growth qtr over qtr	Any	Sales growth qtr over qtr	Any
Dividend Yield	Any	Return on Assets	Any	Return on Equity	Any	Return on Investment	Any	Current Ratio	Any
Quick Ratio	Any	LT Debt/Equity	Any	Debt/Equity	Any	Gross Margin	Any	Operating Margin	Any
Net Profit Margin	Any	Payout Ratio	Any	Insider Ownership	Any	Insider Transactions	Any	Institutional Ownership	Any
Institutional Transactions	Any	Float Short	Any	Analyst Recom.	Any	Option/Short	Any	Earnings Date	Any
Performance	Any	Performance 2	Any	Volatility	Any	RSI (14)	Any	Gap	Any
20-Day Simple Moving Average	Any	50-Day Simple Moving Average	Any	200-Day Simple Moving Average	Any	Change	Any	Change from Open	Any
20-Day High/Low	Any	50-Day High/Low	Any	52-Week High/Low	Any	Pattern	Any	Candlestick	Any
Beta	Any	Average True Range	Over 0.75	Average Volume	Over 500K	Relative Volume	Any	Current volume	Any
Price	Over $10	Target Price	Any	IPO Date	Any				Reset (4)	

Рис. 8.1. Отбор инструментов для торговли

Дополнительные требования выставляются исходя из анализа настроения рынка.

В результате в «листе ожидания» оказываются акции, подпадающие под вышеперечисленные требования. Для удобства я разбиваю их на отдельные группы.

Акции NYSE разбиты на 12 основных секторов, таких как: Basic Materials, Capital Goods, Conglomerates, Consumer Cyclical, Consumer Non-Cyclical, Energy, Financial, Healthcare, Services, Technology, Transportation, Utilities. Это позволяет быстро сориентироваться, если какой-либо из секторов проявляет повышенную активность, чтобы обратить на него особое внимание.

- Группа «Research», куда я скидываю акции для торговли на предстоящей торговой сессии.

- Группа «Penny stocks» — список дешевых акций: до $10.

- Группа «Earnings» — список акций, у эмитентов которых вчера, сегодня или завтра выходил или выходит квартальный отчет. Данный список становится наиболее актуальным в сезон отчетностей.

- Группа «NASDAQ» — сюда входят все торгуемые на NASDAQ акции, подходящие под основные требования.

- Группа «Pump'n'Dump» — в этот список я добавляю акции, которые в процессе анализа показали явные признаки рыночных манипуляций. Список составляется исключительно для наблюдения и возможного использования в будущем приобретенных навыков.

- Группа «Russell 2000» — список, состоящий из 2000 бумаг с низкой капитализацией. Применяется во время внутридневного анализа.

Основная идея отбора состоит в том, чтобы найти акции, которые ведут себя иначе, чем остальные. Обычно все акции ходят вместе с рынком, поэтому в тех случаях, когда по эмитенту нет значимых новостей, но его акции в какой-то момент начинают жить собственной жизнью или даже (что еще лучше) идти против рынка, это наводит на мысль о наличии заинтересованности в этих бумагах сильного игрока. Такие акции при поступлении любого сигнала в сторону тренда с легкостью усиливают свое движение. В целях данного анализа я учитываю ценовые движения за последние пару дней. При этом на дневке я должен видеть, что такое поведение является для данных акций нетипичным и что обычно их цена изменяется вместе с рынком.

Чтобы акции прошли отбор, на дневном графике изменения их цены должен быть виден потенциал движения. Поскольку я торгую исключительно от уровней, для меня очень важным является текущее положение цены относительно сильных уровней сопротивления/поддержки.

При отборе я также учитываю, на каких объемах акция подходит к непробивному ценовому уровню и как в это время ведет себя рынок.

Отобрав определенное количество акций, я еще раз их просматриваю, стараясь сократить список до 15–20 инструментов. Также просматриваю акции со вчерашнего отбора и оставляю подходящие под критерии отбора. По каждой из отобранных бумаг я составляю торговый план с описанием возможных вариантов развития событий. В отдельный список заношу те активы, которые для меня интересны, но для которых в настоящее время нет возможности определить четкий план действий.

Составив окончательный список, отмечаю сильные уровни на дневке, а также open/close и хай/лоу предыдущего дня.

09:30–09:55 — открытие торгов. В первый час не стоит спешить с открытием позиций. В этот период я наблюдаю за поведением активов, отобранных при выполнении домашнего задания, и делаю выводы о том, насколько это поведение соответствует моим планам.

Особое внимание я обращаю на возникающие при открытии гэпы. Если гэп направлен в сторону, противоположную общерыночному движению или открытие состоялось на сильном уровне, то такие бумаги вызывают повышенный интерес с моей стороны.

09:55–11:45 — торгую активы, прошедшие отбор. Для этого совершаю следующие действия.

Смотрю на *положение цены актива относительно уровней поддержки/сопротивления*, то есть куда упирается цена и откуда может начаться сильное движение.

Выбираю пару активов, которые лучше остальных соответствуют стратегии моей торговли. Я должен увидеть, что при приближении к сформировавшемуся уровню цену начинают активно от него «отталкивать». В такие моменты на минутном графике, как правило, заметен кратный рост объема сделок.

Важным сигналом является практически полное отсутствие продавцов (при настрое на открытие длинной позиции) или по крайней мере незначительное их количество по сравнению с покупателями. То есть отсутствие повышательного движения должно быть связано не с активными продажами, а с временным нежеланием покупателей атаковать уровень сопротивления.

У актива должен быть виден потенциал движения. Это одно из первых условий, на которые я обращаю внимание перед заходом в позицию. На его выполнение влияют такие факторы, как наличие сильных уровней, а также направление рыночного тренда.

Таким образом, я оцениваю:

- направление ценового движения (тренд);
- кто покупает, где и насколько агрессивно;
- кто продает, где и насколько агрессивно;
- поведение участников торгов при появлении разворотных сигналов.

Для открытия, например, лонговой позиции я должен увидеть, что актив некому продавать, но покупатель на него имеется и он торгует достаточно агрессивно, что свидетельствует о наличии у него потребности набрать крупный объем.

Открывать позицию при отбое от уровня следует в момент наивысшего напряжения, когда цена актива максимально прижимается к уровню, поскольку это позволяет осуществить вход с минимальным размером стопа (риска). Я выбираю такие активы, по которым имеется возможность выставить технический стоп в пределах 5–8 центов.

Осуществив все вышеперечисленные действия и убедившись в выполнении всех условий для сделки, я *выставляю лимитную заявку по максимально низкой для лонга и максимально высокой для шорта цене* с учетом реальности ее исполнения. Сразу после этого готовлю защитную стоп-заявку.

При срабатывании лимитной заявки активирую стоп-ордер и начинаю наблюдать за дальнейшим поведением цены актива.

Если цена начинает движение против моей позиции, отменяя полученные ранее сигналы, то, не дожидаясь срабатывания стопа, я закрываю позицию по рынку.

Если в течение продолжительного времени лимитная заявка на открытие позиции не может быть выполнена (рынок не дает заявленную мной цену) и актив начинает «убегать», я снимаю свой ордер и продолжаю наблюдение. Я не стараюсь догнать актив, поскольку, согласно моим правилам, сделка должна быть осуществлена только по заранее намеченной цене.

Удержание позиции сопровождается следующими действиями:

1. Наблюдение за соотношением сил и размером заявок, выставляемых на покупку/продажу.

2. Отслеживание движения цены при приближении к заранее отмеченным уровням.

3. Наблюдение за направлением движения SPY с учетом объема торгов.

4. Наблюдение за сохранением импульса в тех активах, по которым у меня имеются открытые позиции.

Управление рисками при открытой позиции я осуществляю таким образом: изначально размер риска составляет не более восьми центов с соблюдением минимального соотношения риска к потенциальной прибыли на уровне один к четырем. В зависимости от волатильности, объема торгов, наличия импульса и других факторов защитный стоп-лосс может передвигаться. Это делается исключительно в сторону минимизации размера риска и с соблюдением описанных в этой книге правил привязки стопа.

Первый перенос стопа возможен на *уровень безубытка* (то есть плюс два-три цента от точки входа). В медленно движущихся активах такой перенос осуществляется при отклонении цены от точки входа на 10–12 центов. При торговле волатильными активами первоначальный технический стоп не меняется до того момента, пока цена не выйдет из зоны проторговки и не начнет закрепляться на следующем уровне.

Выход из позиции осуществляется при достижении заранее намеченной ценовой цели и получении сигнала о развороте или при остановке движения вследствие потери интереса крупного игрока к данному активу.

Закрытие позиции выполняется различными способами в зависимости от волатильности актива и сложившейся рыночной ситуации. При высокой волатильности для выхода используются быстро исполняемые рыночные ордера. В менее волатильных бумагах выход можно осуществить лимитным ордером по цене, которая обозначила новый уровень сопротивления/поддержки в достигнутой зоне.

11:45–13:30 — обед. Наблюдаю за отобранными при выполнении домашнего задания активами, цена которых движется по намеченному плану, но по которым ввиду различных причин еще не сформировались точки входа. Обращаю внимание на то, снизился ли во время обеда объем торгов и произошли ли изменения в направлении их движения. Выделяю особо активные бумаги и наблюдаю за ними.

Сортирую наблюдаемые активы по критерию наибольшего изменения цены. Наиболее подорожавшие бумаги попадают в начало списка, а наиболее подешевевшие — в конец. Отталкиваясь от внутридневного тренда акций SPY, просматриваю и отбираю главных лидеров и неудачников отдельно по каждому сектору NYSE, а также в списке акций, торгуемых на NASDAQ. Таким образом я определяю сильные и слабые акции. В сильных акциях есть, соответственно, активные покупатели или продавцы, способные организовать движение. Акции, которые слабее рынка, могут показать хорошее движение при развороте рынка в сторону падения.

Для выбранных активов снова отмечаю уровни открытия/закрытия, а также сильные уровни поддержки/сопротивления, сформировавшиеся внутри текущего дня. Определяю новые потенциальные точки входа, исходя из текущих тенденций поведения цены бумаг.

13:30–15:45 — торгую активы, отобранные по результатам утреннего и внутридневного анализа, по ранее описанным правилам. Это подходящий период для торговли бумагами, которые сделали откат, постояли и готовы возобновить движение в прежнем направлении.

Активами, которые не имели откатов, стоит торговать только в тех случаях, когда они демонстрируют устойчивое импульсное движение.

15:45–16:00 — наблюдаю за выходом данных по **имбалансу**.

Смотрю на список акций, по которым в конце торгового дня образовался дисбаланс МОС-ордеров[1].

Фильтрую акции по диапазону их цены от $10 до $50 и объему торгов выше $500 000.

При этом обращаю внимание только на те акции, по которым имбаланс составляет более 15% от общего объема сделок.

В последние 15 минут торгов я слежу за изменениями имбаланса, а также записываю в дневник свои наблюдения. В них я сравниваю полученные в итоге результаты дня с предполагаемыми, ищу определенные закономерности в поведении активов, учитывая различные факторы, такие как цена, средний объем, сектор, сила рынка и т. п.

16:00–16:15 — подвожу итоги дня. Фиксирую в дневнике статистику по своим сделкам, совершенным за прошедшую торговую сессию, с краткими пояснениями для точек входа. Анализирую, как вели себя активы, попавшие в список наблюдения. Записываю, что пошло не по намеченному плану. Кроме этого, отмечаю психологические и технические факторы.

16.30 — рабочий день окончен.

Особенности торговли криптовалютой

Наличие торгового алгоритма необходимо вне зависимости от того, какими активами вы торгуете. Относительно недавно среди активов, подходящих для трейдинга, появились новые инструменты, которые принято называть криптовалютой (или, на трейдерском сленге, криптой). Несмотря на недолгий срок существования, на этом рынке имеется достаточное количество продавцов и покупателей, есть движение цен, а значит, этими активами тоже можно торговать и извлекать из этого прибыль.

Принципиально торговля криптовалютой не отличается от торговли другими биржевыми инструментами. Скажу больше: на этом рынке прекрасно работает торговля от уровней. Поэтому, если вы выбрали в качестве актива для своей торговли криптовалюту, вы вполне можете использовать стратегии и приемы, изложенные в данной книге.

---

[1] МОС-ордер — рыночный приказ купить/продать актив по первой цене, сформированной при следующем открытии рынка.

Давайте рассмотрим несколько графиков, доказывающих, что криптовалюта отрабатывает ценовые уровни не менее четко, чем другие биржевые инструменты.

Рис. 8.2. Идентификация ценовых уровней на графике криптовалюты. Пример 1

Рис. 8.3. Идентификация ценовых уровней на графике криптовалюты. Пример 2

Рис. 8.4. Идентификация ценовых уровней на графике криптовалюты. Пример 3

Торговать, опираясь на уровни, можно вообще на любом рынке, где есть возможность нарисовать график изменения цены. Поэтому все принципиальные советы и правила, о которых вы узнали из предыдущих глав, носят универсальный характер и подходят для трейдинга на любом рынке.

Безусловно, криптовалюта как отдельный вид активов имеет свои особенности. И, конечно, эти особенности должны найти свое отражение в вашем торговом алгоритме. Давайте рассмотрим, какие моменты стоит отразить в алгоритме для торговли криптовалютой.

Во-первых, вы должны определиться с конкретными инструментами, которыми вы будете торговать на этом рынке. Самый адекватный инструмент, позволяющий торговать криптовалюту, — это валютные пары. Например, такая пара, как USD/BTC (доллар США/биткойн). Вы можете выбрать и другие инструменты, но помните, что не все валютные пары одинаково полезны.

В зависимости от уровня подготовки и личных предпочтений на этом рынке можно использовать четыре основных стиля торговли:

1. **Скальпинг.** Подходит для торговли валютных пар с широким спредом (чтобы отбить размер комиссии). В этом случае покупка осуществляется при помощи лимитного ордера, затем следует быстрая продажа. Прибыль накапливается за счет большого количества сделок.

2. **Биржевой арбитраж.** По своей сути это тоже скальперский прием. Но в данном случае трейдер покупает за доллары некоторое количество криптовалюты, которую продает за другой вид криптовалюты, и затем снова покупает доллары (пример такой цепочки: доллар — «эфир» — биткойн — доллар). При грамотном использовании приносит до 0,5% прибыли на одной сделке.

3. **Торговля волатильностью.** Трейдер выбирает инструмент с высокой волатильностью и, пользуясь навыками технического анализа, просчитывает риски, находит наиболее выгодные точки входа и выхода из сделок.

4. **Маржинальная торговля.** Предлагает трейдеру возможность увеличить потенциальную прибыль за счет использования дополнительного капитала — так называемого **кредитного плеча.** Это очень рискованный стиль торговли, требующий наличия серьезной подготовки, поскольку цена ошибки в этом случае вырастает кратно увеличению торгового капитала. Как гласит известная поговорка, в долг берутся чужие деньги, а отдавать приходится свои. Использовать в торговле $10 000, внеся на депозит только одну сотню, очень соблазнительно, но возникающие при этом риски очень часто приводят новичков к знакомству с таким понятием, как **маржин-колл.**

Помимо выбора стиля и стратегии торговли криптовалютой, вы можете зафиксировать в своем торговом алгоритме следующие правила и советы.

Постоянно отслеживайте десятку криптовалют, лидирующих по торгуемому объему. Не важно, собираетесь вы их торговать или нет. Первой и основной криптовалютой всегда был и на ближайшее время останется биткойн. За его движением нужно следить постоянно. Но, если с торговлей этой криптовалютой что-то пойдет не так, вы сможете быстро переключиться на другие варианты. Кроме того, даже при выборе для торговли других криптовалют (альткойнов) необходимо оценить степень их привязки к ценовым движениям биткойна, то есть понять, живет ли выбранный инструмент собственной жизнью и насколько он слабее или сильнее рынка.

Из-за высоких рисков рынка криптовалют ваш мани-менеджмент должен предусматривать торговлю только на свободные деньги, то есть на сумму, потеря которой не станет для вас критичной. Возьмите за правило регулярно выводить с рынка часть прибыли. Это даст вам ощущение реального заработка и позволит застраховать свою прибыль от возможных неприятных неожиданностей. Кроме этого, при управлении капиталом необходимо учитывать, в какой валюте выгоднее торговать (в биткойнах или долларах). В некоторых случаях разница может оказаться весьма ощутимой.

По той же причине высоких рыночных рисков особое внимание должно быть уделено соблюдению правил риск-менеджмента. Разумно включить в торговый алгоритм правило никогда не переставлять стопы и использовать лимитные ордера. При торговле криптовалютой расчетный стоп-лосс в общем случае увеличивается до 2% от цены, а технический стоп обычно выставляется за хвост ложного пробоя.

Из-за резких ценовых движений, возникающих при пробое важных уровней, торговые приказы нужно выставлять заранее. Обязательно применение диверсификации. Риски должны быть распределены вместо того, чтобы ставить на одну позицию весь капитал.

Внесите в свое расписание регулярное отслеживание новостей, от которых еще неустоявшийся рынок криптовалюты находится в очень серьезной зависимости. На неожиданных новостях биткойн всего за несколько торговых дней может обвалиться на $1000, а затем подняться на $1500. Кроме того, криптовалюта не имеет однозначного правового статуса. В некоторых странах она находится под запретом, тогда как другие даже планируют ее выпуск на государственном уровне.

С целью учета всего вышесказанного некоторые из моих студентов при оценке возможности входа в сделку используют балльную систему, устанавливая для себя, что открытие позиции возможно лишь при наборе, например, не менее пяти баллов по следующей схеме:

1. Биткойн в тренде и есть потенциал движения (1 балл).

2. Альткойн в моменте сильнее/слабее биткойна (1 балл).

3. На графике сформировалась подходящая под мою стратегию формация (1 балл).

4. Наблюдается всплеск объема торгов (1 балл).

5. На графике наблюдаются нисходящие/восходящие экстремумы (1 балл).

6. Альткойн выходит из канала, где была проторгована большая часть аномального объема (1 балл).

7. На графике недавно образовался ложный пробой (1 балл).

8. Цена альткойна выше/ниже наблюдаемых скользящих средних (1 балл).

9. Образован перелом тренда (3 балла).

10. Наличие позитивной новости (1 балл).

Такой подход соответствует принципам системной торговли и позволяет более объективно оценить текущую рыночную ситуацию.

Торговые сценарии

Под торговым сценарием понимается стратегический план трейдинга конкретных активов на предстоящий рабочий день. Поскольку сценарий носит индивидуальный характер, никакой жестко заданной формы для него не существует. Вы пишете его не для кого-то, а исключительно для собственного удобства и самоконтроля. Соответственно, объем и содержание включаемой в сценарий информации вы определяете сами. По минимуму в него обычно включаются следующие пункты: направление глобального и локального трендов, включая скриншот биржевого графика интересующего вас актива; все ключевые параметры, используемые в вашей системе торговли; расчет вероятных точек входа; описание прогнозного поведения цены; ожидаемые сигналы для открытия позиции; план действий на случай, если что-то пойдет не так, как задумывалось. Вы можете добавить к этому любые комментарии, мысли и обоснования возможных действий в текущей рыночной ситуации.

По сути составление сценариев — это и есть та каждодневная домашняя работа, которую мы называем «домашкой». С отличным сценарием будет работать даже самая плохая система торговли, и наоборот: при плохом сценарии даже лучшая система будет давать сбои.

Еще одной обязательной составляющей сценария является анализ торгового дня. Естественно, что эта часть заполняется уже после закрытия торгов. По этой причине итоговый анализ формально нельзя назвать частью сценария, но без него невозможно выявить слабые места торгового плана и провести соответствующую работу над ошибками.

При этом разумно обратить внимание на следующие моменты:

• Почему ваш сценарий не сработал?

• Торговали ли вы четко по сценарию?

• Допустили ли вы лишние сделки?

- Нарушили ли вы правила своего торгового алгоритма?
- Нарушили ли вы установленные параметры риск- и мани-менеджмента?

Главное в анализе — понять, что именно вы не учли, чтобы в дальнейшем более точно спрогнозировать поведение интересующего вас актива. Регулярный анализ позволяет сформировать понимание рыночного «характера» конкретного актива, включая те уловки, которые применяют торгующие его крупные игроки.

Составьте для себя описание того, как данный инструмент обычно ведет себя после пробоя и отбоя, как он торгуется в ценовом коридоре, как меняет направление, какие модели в нем лучше не торговать. Ценность данной информации состоит в том, что единственным ее источником могут быть ваши наблюдения. Соответственно, обладание таким «досье» может обеспечить вам преимущество перед другими игроками.

Для улучшения качества торговых сценариев у вас есть лишь один способ: практика и еще раз практика. При правильном итоговом анализе совершённых действий каждый следующий ваш сценарий будет становиться лучше предыдущего. Обычно сценарии начинающего трейдера проходят следующий эволюционный путь. Вначале у вас нет понимания того, что именно должен содержать сценарий, и вы составляете его только потому, что поверили Герчику, который сказал, что сценарий должен быть обязательно. Затем вы сталкиваетесь с избытком информации, потому что начинаете включать в сценарий все, что связано с вашей торговлей. И, наконец, вы отфильтровываете лишнее и находите «золотую середину», оставив только то, что необходимо для правильного планирования сделки.

Естественно, что сценарий должен соответствовать выбранной вами торговой стратегии. Например, что нужно для торговли отбоя от уровня? Во-первых, вы должны знать, на каких тайм-фреймах вы работаете. Для примера возьмем дневку и часовик. Исходя из этого, далее нужно идентифицировать ценовой уровень, определить направление сделки, а также глобального и локального трендов, оценить ATR и запас хода, рассчитать точку входа, стоп-лосс и тейк-профит. Составить соответствующий минимальный по объему сценарий и не упустить ничего нужного вам поможет специальный чек-лист. В рассматриваемом случае он может выглядеть следующим образом:

Чек-лист для модели отбоя по тренду		Графики:
Дневка	Уровень	День
	Направление	Часовик
	Тренд	
	Запас хода технический	
	ATR	
Часовик	Направление	
	Стоп	
	Тейк	

Как было сказано ранее, основные правила торговли, относящиеся ко всем нашим сделкам, сформулированы в стратегическом торговом алгоритме, которому должен соответствовать наш тактический торговый сценарий. Допустим, в алгоритме вы установили, что торгуете только по тренду и при условии совпадения направлений глобальной и локальной тенденции изменения цен. Таким образом, вы знаете, что именно вам нужно искать на графике. Вам остается лишь отмечать в чек-листе выполнение необходимых для сделки условий. Когда *все* условия выполнены, вы можете выставлять заявку для открытия позиции. Минимальный торговый сценарий готов.

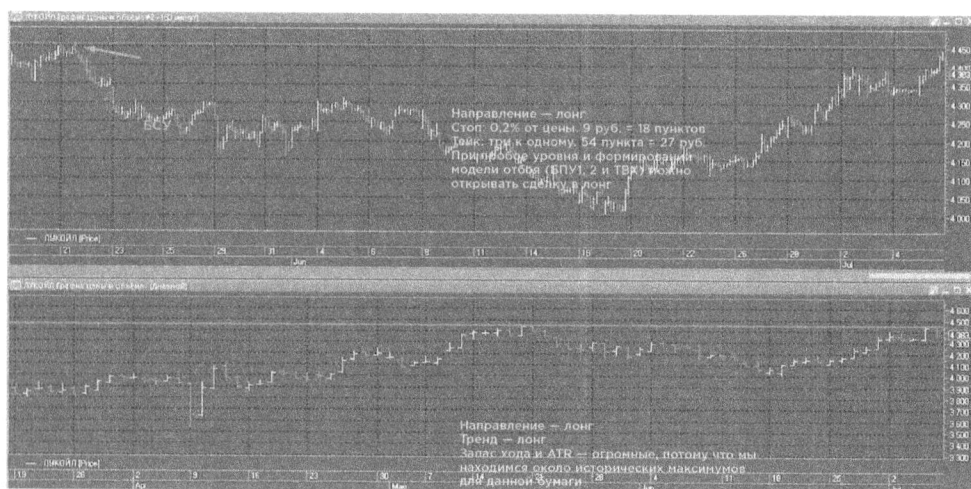

Рис. 8.5. Пример отслеживания условий торгового сценария

Аналогичным образом вы составляете торговые сценарии для каждого из отслеживаемых активов.

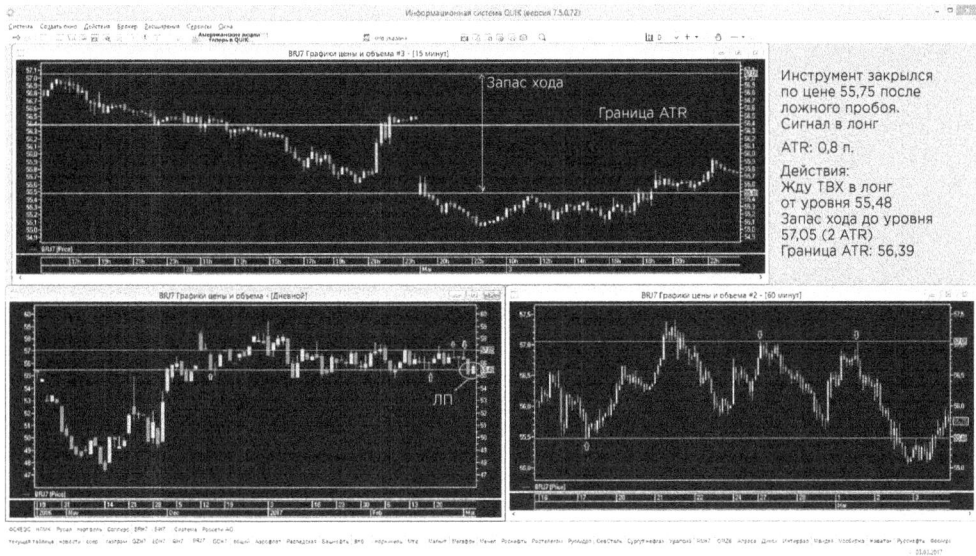

Рис. 8.6. Торговый сценарий. Пример 1

Ваши сценарии могут выглядеть как угодно, вы можете использовать сколько угодно графиков или уделять им минимум места. Главное — не забыть включить в сценарий и чек-лист тот набор параметров, который соответствует вашему стилю торговли, стратегии и алгоритму. Другие «приправы» вы можете добавить по вкусу. Указать на необходимость включения дополнительных параметров может, например, тот самый итоговый анализ выполнения торгового сценария, о котором было упомянуто выше.

Давайте рассмотрим несколько примеров сценариев, составленных разными трейдерами.

На рис. 8.6 мы видим три графика на разных тайм-фреймах для одного и того же инструмента. Это дневной график, часовик и 15-минутка. На дневном графике трейдер показывает, почему будет заходить в сделку. Часовой график подтверждает сигналы, выделенные на дневном графике, что само по себе усиливает торговый сигнал. И, наконец, на самом коротком тайм-фрейме трейдер указывает точку входа, ATR и запас хода. Такой сценарий снимает все вопросы о том, почему трейдер хочет открыть сделку и как именно он хочет это сделать.

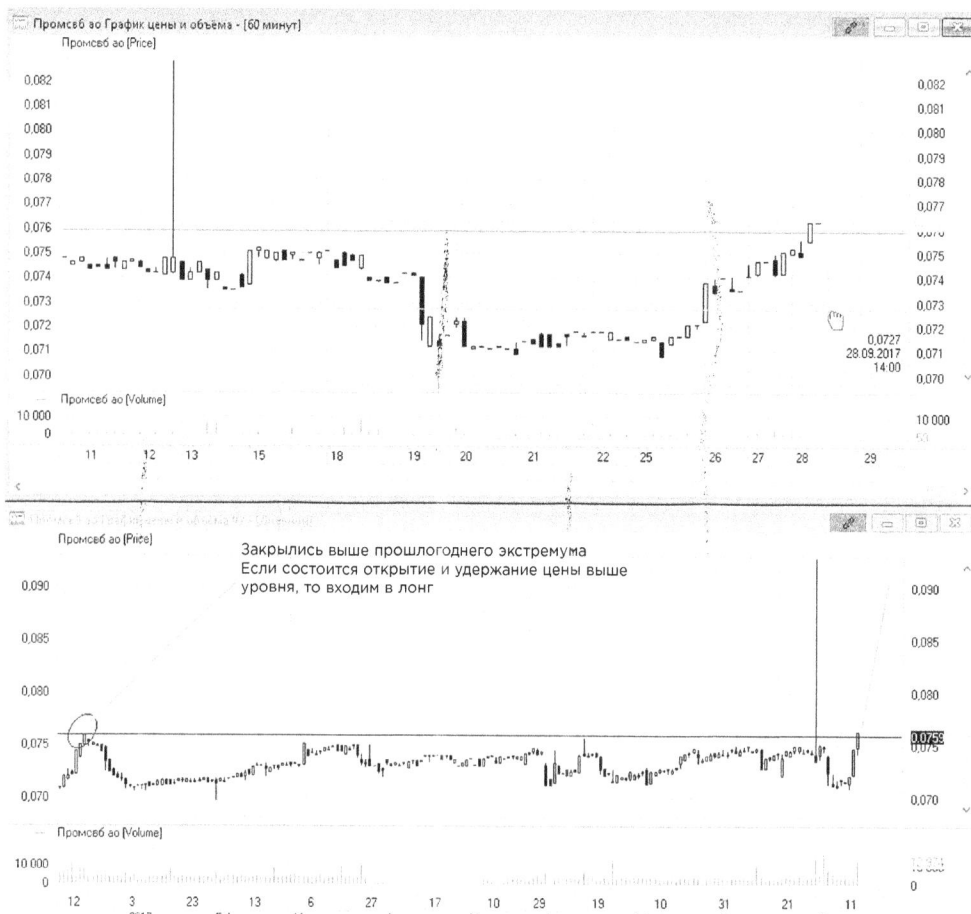

Рис. 8.7. Торговый сценарий. Пример 2

В примере на рис. 8.7 в глаза сразу бросается недостаток информации. Фактически это лишь часть сценария, позволяющая определить направление сделки. Однако отсутствие расчета рисков, потенциала движения и точки входа не позволяют совершить сделку по этому сценарию.

Инструмент	Картинка	Описание	Сценарий
RTSI	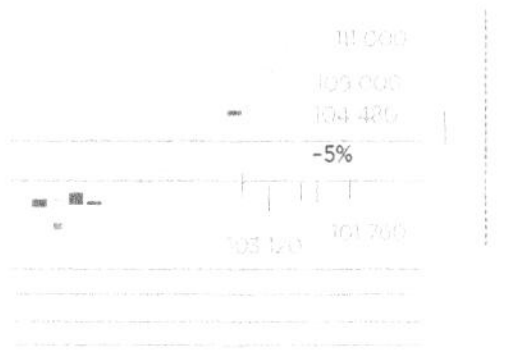	Закрытие 110 360 — уровень H1, образован high паранормальной свечи и подтвержден точным касанием снизу вверх. По D1 цена в канале между сильными зеркальными уровнями. Актив больше двух недель находится в выраженном восходящем тренде. В канал вошли средними свечами на повышенных объемах. Уровень 109 000 пробит одной свечой, цена продолжила восходящее движение	*Глобально и локально — LONG.* Запас хода от уровня 110 360 до уровня сопротивления 111 000 равен 2,9 стопа, до поддержки 109 000 — 6,2 стопа. *Наблюдаю H1 и M5, жду откат после сильного движения. Возможно появление ТВХ в SHORT.* ОТБОЙ от уровня 110 360. *Стоп-лосс за уровень, так как сделка против тренда.*
MXI	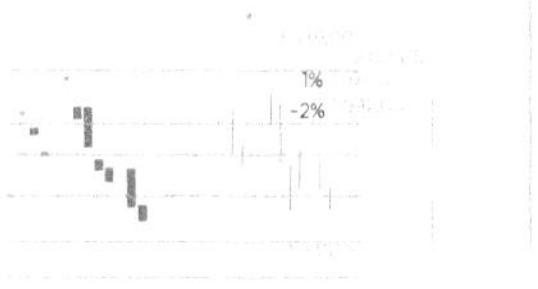	Закрытие 2021,20 в канале, образованном локальными экстремумами. Сопротивление: high предыдущего дня — 2039,00 и поддержка — 2008,15. Крайняя свеча не смогла обновить high, закрылась выше значения предыдущего дня. Инструмент на протяжении последних двух недель рос, поэтому возможен откат. Закрытие предыдущего дня у плавающего уровня H1. На M5 есть сильный уровень поддержки на 2021,60	*Глобально и локально — LONG.* Запас хода до сопротивления равен 4,4 стопа, до поддержки — 3,2 стопа. *В середине канала идет борьба, что подтверждает крайняя свеча с очень маленьким телом. Наблюдаю: возможно, появится ТВХ на ОТБОИ от лимитного уровня*
MOEX		Закрытие 10 628. Цена после падения зашла в канал. Сопротивление на 10 700 — low свечи, с которой началось сильное движение, подтвержден ЛП длинным хвостом паранормальной свечи; поддержка на 10 513 — лимитный уровень, подтвержден ЛП. Цена закрытия — ключевая точка, закрылась в high, возможно продолжение локального тренда	*Глобально SHORT, локально — LONG.* От цены закрытия 10 628 до сопротивления — 3,4 стопа, до поддержки — 5,4 стопа. *Наблюдаю H1 и M5, так как канал торгуемый, а дальнейшее движение неясно*
ED		Закрытие 1,1870 в зоне покупок уровня 1,1867 — high откатной свечи, подтвердил ЛП. Ближайшее сопротивление на 1,1997 — high-свечи, переписавшей локальный экстремум, подтвержден ЛП. Крайняя свеча перед закрытием пробила поддержку сверху вниз и закрылась выше уровня	*Глобально LONG, локально — SHORT. Условия для покупки после ЛП уровня 1,1870.* Запас хода до 1,1997 составляет 5,5 ATR. *Стоп-лосс за хвост пробойной свечи*

В этом примере мы видим сценарий, в котором биржевой график занимает минимум места, но при этом имеется очень подробный разбор рыночной ситуации с расчетом необходимых параметров сделки.

Рис. 8.8. Торговый сценарий. Пример 3

Рис. 8.9. Торговый сценарий. Пример 5

LONG				
СИМВОЛ	УРОВЕНЬ	ATR	ЦЕНА ЗАКРЫТИЯ	КОММЕНТАРИЙ
1) CCL	63,4	0,5	63,36	Уровень проведен по хаям. Акция на исторических хаях
2) FMC	75,5	0,8	75,25	Уровень проведен по хаям. При пробитии запас хода до $80
3) LDOS	54,75	0,83	54,88	Уровень проведен по хаям. При пробитии запас хода до $56,9
4) PKI	62,9	0,5	62,8	Акция на исторических хаях. Уровень проведен по хаям
5) DAL	51,9	0,6	50,8	Уровень проведен по хаям
6) HAIN	37,85	0,6	35,82	Уровень проведен по хаю
7) TDOC	31	1	30,3	Уровень проведен по хаям. Запас хода до $33
8) SGMS	23,95	0,8	23,85	Уровень проведен по хаям. При пробое запас хода до $26,4
9) GEO	32,95	0,8	30,84	Уровень проведен по хаям
10) SYNT	18,65	0,3	18,16	Уровень проведен по хаю
11) VSTO	21,92	0,6	21,18	Акция после сильного падения аккумулируется более полугода. При пробитии запас хода до $22
12) BRKS	22,95	0,6	27,72	Уровень проведен по хаю. При пробитии запас хода до $25

Такая форма помогает трейдеру составлять сценарии для активов американского рынка. В ней представлено много инструментов и совсем нет графиков. Безусловно, при составлении сценариев данный трейдер изучает графики, но не считает нужным их сохранять, что допустимо при использовании простой торговой идеи. Нужный график всегда может быть выведен на экран терминала для анализа.

На рис. 8.9 представлен пример очень подробного сценария, делающего его похожим на торговый алгоритм. Составление такого плана требует большего количества времени на подготовку, но зато он экономит трейдеру время и нервы в наиболее ответственный период — время торгов.

Рис. 8.9. Торговый сценарий. Пример 5

1. Открываем дневной график эмитента и проводим уровни по самым сильным точкам.

   День закрылся по цене 22 088. Ближайший уровень к этой цене — 22 170. Уровень взят с дневного тайм-фрейма и образован верхней границей отката после сильного паранормального движения и неоднократно подтвержден ложными пробоями.

2. Смотрим, где закрылся эмитент.

   Эмитент закрылся ниже уровня 22 170, то есть в шортовой зоне.

3. Определяем динамику эмитента относительно дневных уровней.

   Эмитент подошел к уровню паранормальным баром, значит, велика вероятность отката в шорт.

4. Описываем модель, сформировавшуюся на графике.

   Эмитент закрылся ниже уровня и на меньшем тайм-фрейме (15 минут) четко видно формирование лимитного уровня, значит, модель сформировалась отбойная (в шорт).

5. Проверяем наличие/отсутствие импульса в реализации торговой модели.

   Если импульса в шорт не будет, то велика вероятность, что эмитент продолжит лонговое движение.

6. Оцениваем запас хода.

   Ширина канала от уровня 22 170 до уровня 20 848 составляет 1322 п. ТВХ будет у верхней границы коридора — 22 170.

   Средний дневной ATR за предыдущие пять дней за вычетом паранормальных баров составляет 550 п. Значит, у бумаги есть запас хода до нижней границы коридора.

7. Локальный тренд — шорт.

8. Торговая модель — ложный пробой.

9. ТВХ — шорт после ложного пробоя уровня 22 170.

10. Если выбьет по стопу, то это будет означать пробой уровня в лонг.

    В этом случае рассматриваем два варианта развития событий:

    а) пробой и закрепление выше (при наличии импульса и лимитного игрока);

    б) сложный ложный пробой — если импульса не будет.

В первом случае торговля в этот день будет прекращена, так как бумага торгуется вразрез со сценарием.

Во втором случае условия захода в сделку сохраняются и возможен перезаход.

Как видите, форма сценариев может быть очень разной, но в них заложена одна и та же основная идея — системная торговля. Все они содержат основания для заключения сделки и ее параметры.

Статистический анализ результатов сделок

Очень важной составной частью анализа вашего трейдинга является ведение статистики. Нет нужды что-то выдумывать, когда на руках есть конкретные цифры. Цифры, а не эмоции должны лежать в основе ваших торговых решений. Статистические выкладки укажут на все ваши ошибки, выявят ваши торговые привычки, а значит, помогут вам торговать лучше.

Вы должны знать все о своих ошибках: когда произошла убыточная сделка, где она произошла, почему она произошла. Если вы торгуете в минус, статистика даст вам знать, что нужно изменить в вашей торговле. Ухудшение статистических показателей укажет на то, что вы перестали чувствовать рынок, а значит, необходимо внести изменения в систему торговли.

Вы должны доверять только тому, что видите. График — это тоже набор цифр. Вы должны обладать полным объемом аналитической информации: на инструментах какого сектора вы зарабатываете, в какое время, на каких формациях и т. д.

Каждый отдельный статистический параметр вносит свой вклад в улучшение вашей торговли. Если вы ведете статистику, вы можете заняться точечными улучшениями своей системы торговли, вместо того чтобы пытаться выжать максимум из каждой сделки. Просто работайте над своими показателями и улучшайте их. Со временем, когда все показатели будут настроены наилучшим образом, вы сможете просто увеличить объем своей торговли.

Наличие статистических данных о вашей торговле позволит составить ваш трейдерский профиль. С их помощью вы можете узнать, какой инструмент наиболее подходит для вашего стиля торговли, и даже понять, какие дни вам больше подходят для торговли, а в какие будет лучше воздержаться от сделок.

Иногда, проведя статистический анализ, трейдер неожиданно для себя обнаруживает, что он ошибался в своем представлении о том, какие инструменты чаще приносят ему убыток вместо прибыли.

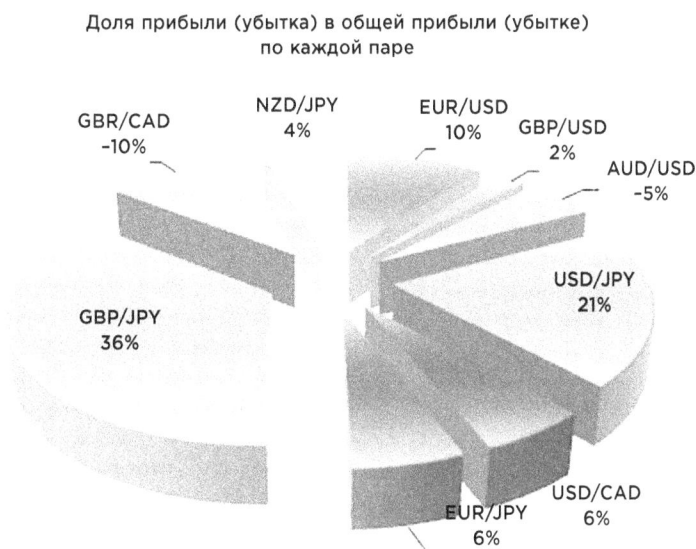

Рис. 8.10. Анализ прибыльных и убыточных сделок по инструментам

Статистика покажет вам реальное соотношение ваших убыточных и прибыльных сделок. А для нас это очень важный показатель, по которому мы будем выбирать наиболее подходящие для нас способы управления капиталом и соотношение риск/прибыль.

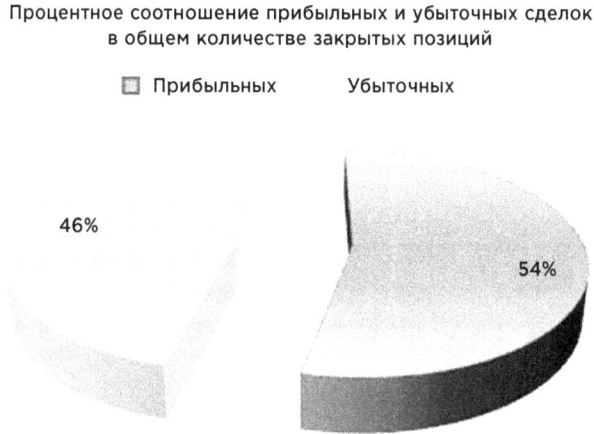

Процентное соотношение прибыльных и убыточных сделок
в общем количестве закрытых позиций

Прибыльных   Убыточных

Рис. 8.11. Анализ соотношения прибыльных и убыточных сделок

У кого-то лучше получается торговать длинные позиции, у кого-то короткие. К какой группе относитесь вы, будет видно по соответствующим статистическим показателям, что позволит вам выбрать для себя лучшую стратегию торговли.

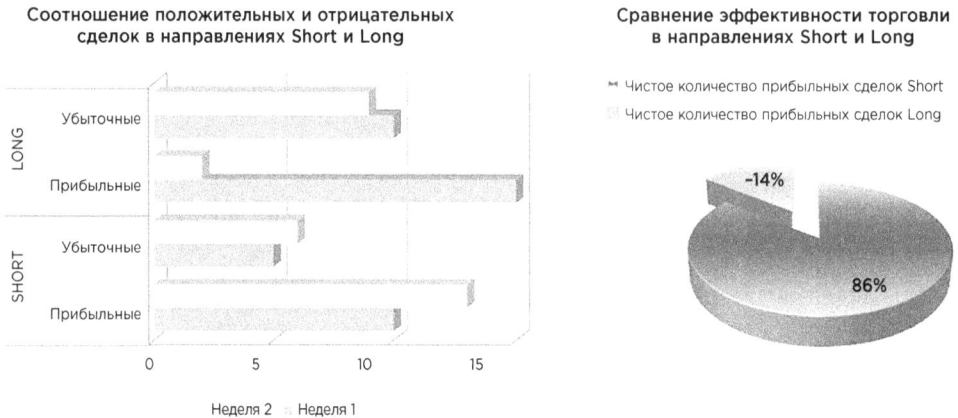

Соотношение положительных и отрицательных
сделок в направлениях Short и Long

Сравнение эффективности торговли
в направлениях Short и Long

Чистое количество прибыльных сделок Short
Чистое количество прибыльных сделок Long

Неделя 2   Неделя 1

Рис. 8.12. Сравнительный анализ лонговых и шортовых сделок

Ведение статистики позволяет оценить и то, насколько четко вы придерживаетесь правил риск-менеджмента.

**Гистограмма соотношения
среднего размера прибыли к убыткам**

	Средний убыток на позицию	Средняя прибыль на позицию
▪ 1 неделя	−40	300
▨ 2 неделя	−25	200
▫ 3 неделя	−42	333

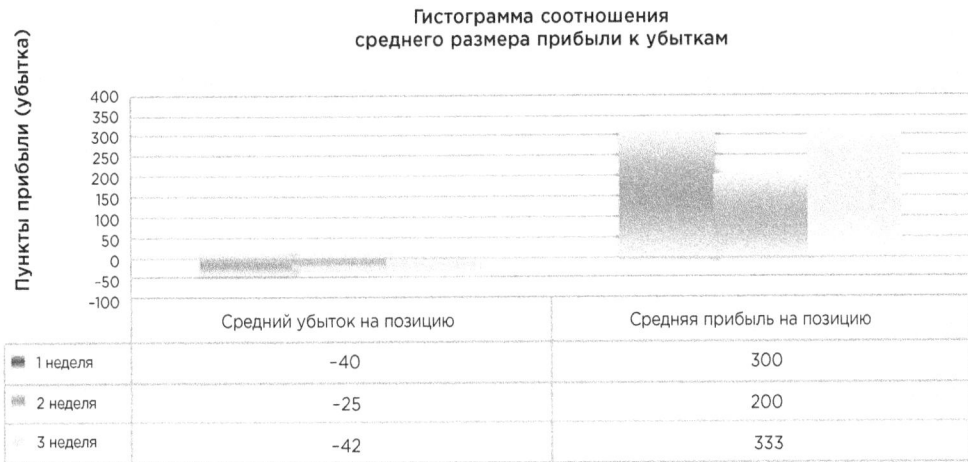

Рис. 8.13. Анализ выполнения соотношения прибыли к риску

Вам не нужно сидеть и гадать, молодец вы или нет. Людям свойственно ошибаться, когда речь идет о самооценке. Пробуйте, экспериментируйте с разными вариантами ведения статистики; универсального варианта быть не может, все нужно делать под себя. Только одно можно сказать точно: исчерпывающая информация о собственной торговой статистике (а значит, и о себе как о трейдере) помогает сконцентрироваться на тех моментах, которые требуют доработки. Ведение статистики позволяет визуализировать закономерности, влияющие на результаты вашей торговли, и таким образом способствует ускорению профессионального роста.

Глава 9

РЕЗЮМЕ. ВЗГЛЯД ИЗ АУДИТОРИИ

Данная глава одновременно является продолжением темы составления торгового алгоритма и содержит в себе фактическое резюме всего, что уже сказано в этой книге. Ее главная особенность состоит в том, что она представляет взгляд *из аудитории* на те идеи, советы и правила, которые я даю своим ученикам. Соответственно, она написана в форме конспекта, наиболее простым языком. Вполне возможно, что какие-то описанные выше моменты станут для вас более понятны, когда вы взглянете на них глазами не преподавателя, а студента. Кроме того, в этой главе практически весь представленный в данной книге материал упакован в тезисную форму. Поэтому она может быть полезна еще и в тех случаях, когда вы просто хотите освежить в памяти какую-то из пройденных тем, не вдаваясь в подробности, почему работает та или иная схема. При необходимости за получением более детальной информации вы всегда можете обратиться к соответствующей главе данной книги.

Представленный далее материал подготовлен на основе конспектов, составленных слушателями моих тематических курсов, а также дополнительных информационных и практических материалов, которые получают в свое распоряжение все участники обучающих семинаров. Отдельная благодарность Алексею Гусеву, подробный конспект которого был взят мной за основу при написании этой главы.

Еще одна ценность данной главы состоит в том, что значительный объем информации представлен в ней в виде схем и рисунков, которые мы используем на своих семинарах. Как известно, иногда одна картинка стоит тысячи слов. Поэтому во многих случаях визуальное представление оказывается более доходчивым и улучшает восприятие темы.

Итак, давайте кратко повторим все пройденное и подведем итоги.

Базовые понятия и определения

Биржевой график представляет собой следы игроков — покупателей и продавцов, между которыми происходит борьба за место, за точку, за разворот, за позицию, за стоп и т. д. Тот, кто понимает правила и нюансы этой борьбы, понимает рынок. Точку входа (ТВХ) на графике найти несложно, но понять, что предшествовало появлению этой точки, — очень трудная задача, решение которой требует наличия знаний и опыта.

Тайм-фреймы бывают короткими и длинными.

Короткий тайм-фрейм — 5 или 15, 30, 60 минут — всегда используется только для входа в позицию.

Крупные игроки (КИ) работают только на длинных тайм-фреймах — используют дневные графики.

Никогда нельзя метаться от одного торгуемого тайм-фрейма к другому.

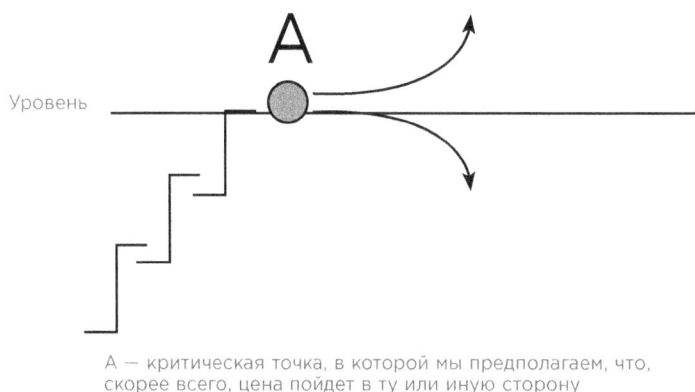

А — критическая точка, в которой мы предполагаем, что, скорее всего, цена пойдет в ту или иную сторону

Рис. 9.1. Возникновение критической точки

На рынке нет никаких гарантий, он непредсказуем. Мы торгуем математическое ожидание и статистику, стараясь открывать позиции в сторону более вероятного движения цены.

Изначально в каждой критической точке перевес сил равен 50 на 50. Дальше самое сложное: определить, в какую сторону произойдет перевес сил. Чтобы определить перевешивающую сторону, необходимо оценить имеющиеся у сторон преимущества.

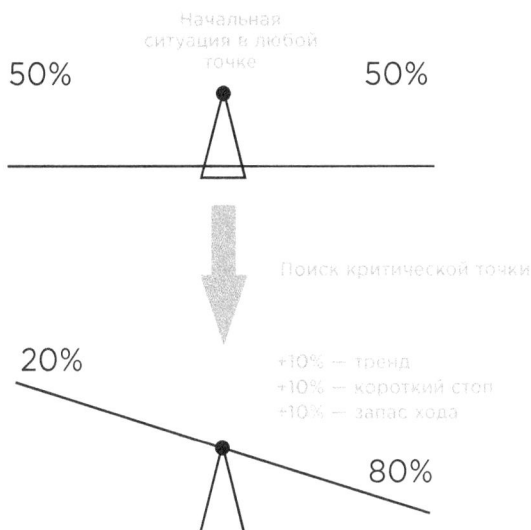

Рис. 9.2. Формирование перевеса сил в критической точке

Сделка возможна лишь в том случае, когда математическое ожидание и статистика находятся на нашей стороне.

Типы ордеров

Лимитный: buy limit/sell limit.

Исполняется по заданной или более выгодной цене. Используется для входа и выхода из позиций.

Недостаток: негарантированное исполнение.

Достоинства: отсутствие проскальзывания.

Рыночный: buy market/sell market.

Исполняется по рынку.

Недостаток: проскальзывание.

Достоинства: гарантированное быстрое исполнение.

Стоп-ордер: buy stop/sell stop.

Предназначен для входа в позицию, для выхода из позиции, а также для ограничения убытков. Исполняется при выполнении заданного условия. При достижении ценой заданного значения ордер становится рыночным.

Недостаток: проскальзывание.

Достоинства: гарантированное исполнение при выполнении условия, даже без присутствия трейдера у монитора.

Стоп-лимит: buy stop limit/sell stop limit.

Исполняется при условии достижения ценой заданного значения. В этот момент ордер становится рыночным, но с ценой не более заданного значения, что обеспечивает защиту от проскальзывания.

Недостаток: негарантированное исполнение.

Достоинства: позволяет задать дополнительные условия для исполнения ордера.

MOC-ордер: market-on-close order.

Ордер, отправленный в течение торговой сессии для активации в последней сделке на закрытии. В течение торгового дня биржи накапливают MOC и сводят их вместе в последней сделке (принте) торгового дня.

Тренды

Тренд — это движение цены от одного уровня к другому.

Глобальный тренд представляет собой основное направление движения цены инструмента на дневном графике.

Важно: глобальный тренд невозможно переломить за один день.

Локальный тренд — это местоположение цены относительно ключевых уровней. Глобальный тренд усиливает сигналы, возникающие на локальных движениях.

Чтобы понять, в каком тренде находится рынок, мы должны посмотреть, где расположена цена относительно ближайших уровней — в лонговой или шортовой зоне.

Тренд — это движение цены относительно уровня поддержки или сопротивления.

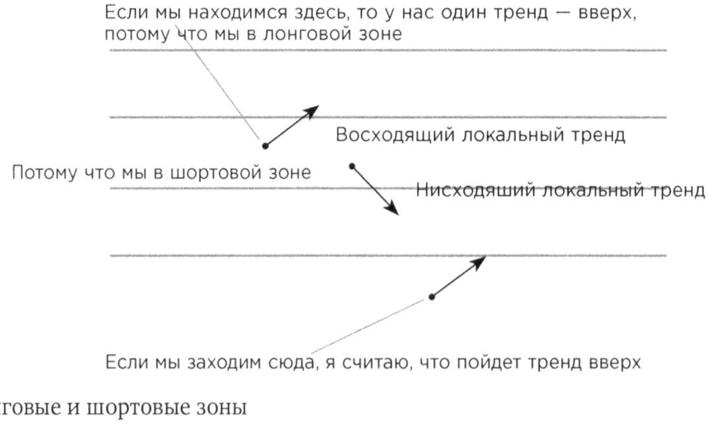

Рис. 9.3. Лонговые и шортовые зоны

Три четверти всего времени торгов цена инструмента находится в рейндже.

Отличие канала от рейнджа: в канале инструмент зажат между уровнями, в рейндже пробивает уровни вверх/вниз.

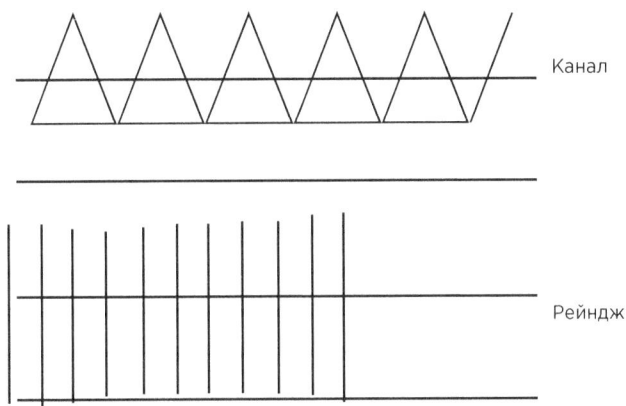

Рис. 9.4. Различие между каналом и рейнджем

Когда актив находится в рейндже, необходимо ожидать пробоя в ту или другую сторону.

Покупатели и продавцы

На рынке есть только два вида игроков — покупатели и продавцы.

Лонговый покупатель покупает, открывая позицию в расчете на рост цены.

Шортовый покупатель покупает, закрывая позицию, и фиксирует при этом либо прибыль, либо убыток по стопу.

Лонговый продавец закрывает позицию в прибыль или в убыток по стопу.

Шортовый продавец открывает позицию в расчете позже откупить проданный актив дешевле.

Самыми агрессивными покупателями являются те, кто закрывает шорты, когда инструмент находится в самом верху или в самом низу.

При наличии одновременно и шортовых, и лонговых покупателей движение вверх будет гораздо более сильным. То же самое можно сказать про движение вниз при одновременном наличии шортовых и лонговых продавцов.

Лимитные и динамичные игроки

Покупатели и продавцы, которые покупают/продают по рыночным ценам, называются динамичными (или рыночными).

Покупатели и продавцы, которые покупают/продают по фиксированным ценам, называются статичными (или лимитными).

Лимитные покупатели и продавцы строят уровни, динамичные покупатели и продавцы ломают уровни.

Лимитный покупатель в моменте может купить выше уровня, чтобы дособрать позу.

Лимитный игрок может собирать либо шортовую, либо лонговую позицию.

Динамичный игрок может либо закрывать свои шорты, либо открывать лонги.

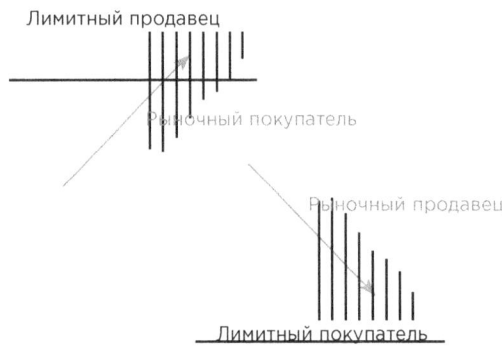

Рис. 9.5. Лимитные и рыночные продавцы и покупатели

Только за счет продавцов покупатель может набрать позицию, и наоборот.

Для трейдера самое главное — понять, собирает ли позицию в инструменте крупный игрок. Он никогда не делает этого в движении: практически все объемные позы собираются в канале, образованном уровнями. В 90% случаев один и тот же крупный игрок создает и верхний, и нижний ценовые уровни: на верхнем уровне продает, на нижнем покупает. Если вы будете понимать, что в конкретный момент на рынке делает крупный игрок, вас ждет успех. Думайте как крупный игрок.

Крупные игроки набирают позиции, не афишируя своих намерений. Рассмотрим схему действий крупного игрока на примере с покупкой помидоров на базаре.

ПОКУПАТЕЛИ

1. Статичный (лимитный)   Динамичный (рыночный)

Формируют уровни поддержки   Пробивают уровни сопротивления

Уровень сопротивления

Уровень поддержки

ПРОДАВЦЫ

1. Статичный (лимитный)   Динамичный (рыночный)

Формируют уровни сопротивления   Пробивают уровни поддержки

Уровень **сопротивления**

Уровень поддержки

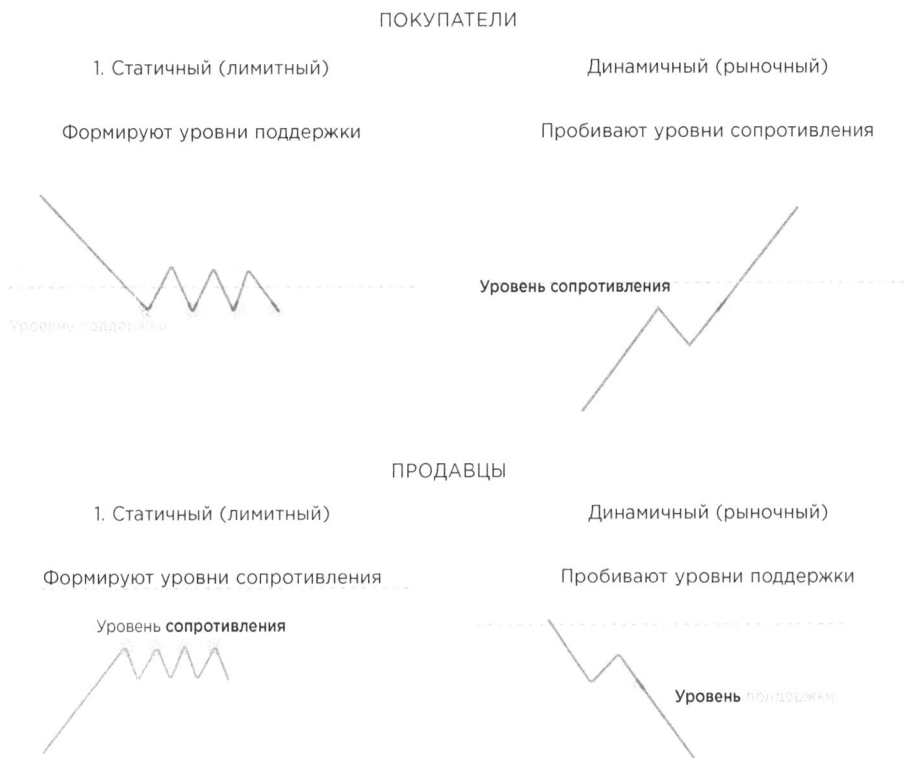

Рис. 9.6. Разновидности продавцов и покупателей

1. Вначале крупный покупатель скупает помидоры незаметно, по-очередно переходя от одного продавца к другому. Таким образом он скупает помидоры у 70–80% продавцов.

2. На втором этапе он объявляет всему базару, что хочет купить много помидоров по рыночной цене. После этого оставшиеся на рынке 20% продавцов начинают взвинчивать цену, увеличивая стоимость набранной крупным покупателем позиции.

Вывод: когда крупный игрок начинает покупать актив напоказ, это значит, что он уже купил нужный ему объем и теперь задирает цену, чтобы продать.

Ценовые уровни

Лимитные покупатели и продавцы формируют уровни, которые пытаются разрушить динамичные покупатели и продавцы.

Уровень — это фиксированная цена, при достижении которой на рынке происходят (происходили в истории) различные значимые события с точки зрения ценового движения инструмента. При формировании уровня цена инструмента меняет направление своего движения.

Почему для нас так важны ценовые уровни? Цена уровня — это единственная фиксированная точка, к которой мы можем привязать свой стоп и сделать его достаточно коротким, чтобы использовать математическое ожидание в свою пользу.

Железобетонных уровней не бывает. Уровни могут прошиваться: не обязательно, что каждый раз и возле каждого уровня будет приостановка движения.

Игрок, который набирает лонговую позицию, сможет ее набрать только за счет продавца. Если цена сильно летит вверх, значит, продавца нет. Нам нужно дождаться продавца, который остановит движение. Сигналами к этому могут быть: выход объема; замедление движения — более короткая свеча (узкий спред); упор в уровень сопротивления.

Рынок всегда ходит от одного ценового уровня к другому. Уровневая система работает и будет работать потому, что 3/4 всего времени рынок находится в рейндже и лишь 1/4 времени — в тренде. Соответственно, рейнджевые стратегии являются более предпочтительными.

Уровни делятся на плавающие и четкие.

Плавающий уровень — это уровень, который постоянно пробивается. У него нет фиксированного ценового значения. Идет борьба продавцов и покупателей возле какой-то цены, уровня как такового пока нет. Это зона зараженности, торговать в которой не рекомендуется. Вместо этого мы ждем консолидацию цены выше или ниже уровня, которая покажет нам, кто победил в этой борьбе, и встаем на сторону победителя.

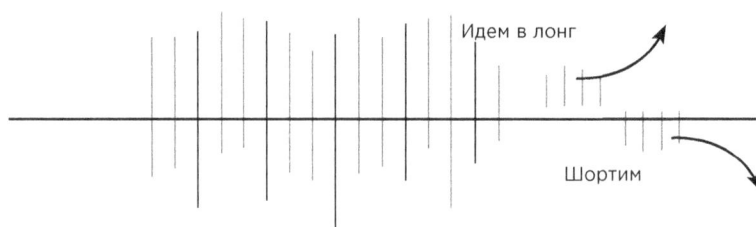

Рис. 9.7. Переход плавающего уровня в консолидацию

В отличие от плавающего, четкий уровень находится на фиксированной ценовой отметке. Самые сильные сделки всегда заключаются возле четких (фиксированных) уровней.

Общие принципы построения уровней

1. Уровни всегда строятся на графике слева направо, а не наоборот. Правая сторона графика должна подтвердить наличие уровня определенными сигналами.

2. В первую очередь во внимание принимаются крупные тайм-фреймы: месяц, неделя, день. На графике отмечаются те экстремумы, которые сделали новые хай/лоу за неделю, месяц, квартал, год. Кроме этого, рассматриваем хай и лоу предыдущего дня.

3. Рисуем уровни по экстремумам на крупных тайм-фреймах.

4. Переходим на дневку, отмечаем ключевые точки и строим уровни.

Рассматривая дневку, в первую очередь берем во внимание те экстремумы, с которых произошло обновление максимальной или минимальной цены (перехай или перелоу), то есть точки, с которых начиналось сильное движение.

Рис. 9.8. Ключевые точки на графике

Для торговли достаточно провести на графике три — пять сильных уровней.

В будущем построенные уровни можно корректировать, если возникают основания для того, чтобы подвинуть уровень к более сильной отметке.

Пока цена находится в пределах ближайших сильных уровней, более отдаленные уровни не должны отвлекать ваше внимание. Если вы торгуете на коротком тайм-фрейме, уровни, сложившиеся несколько месяцев назад, не имеют решающего значения.

Факторы, усиливающие ценовой уровень

1. Если уровень, образованный на крупном тайм-фрейме, совпадает с уровнем дневки, его сила увеличивается в два раза.

2. Уровень является более сильным, если он построен по экстремуму.

3. Зеркальный уровень является более сильным.

4. Уровень является более сильным, если пробита граница канала — имеются ложные пробои.

5. Уровень является более сильным, если он расположен на круглой ценовой отметке.

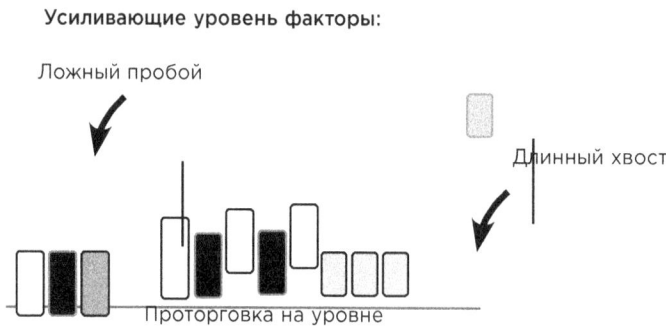

Рис. 9.9. Факторы, усиливающие ценовой уровень

Сила уровня дает нам более комфортную точку входа, позволяя выставить более короткий стоп. Чем сильнее уровень, тем короче стоп: следовательно, мы можем зайти в сделку большим объемом.

Сильным можно считать такой уровень, который стал основой для значимого ценового движения. Если уровень дает лишь короткую приостановку для основного движения, строить на нем свои сделки нельзя.

Локальный максимум

Область, где кто-то будет
собирать позу

Локальный минимум

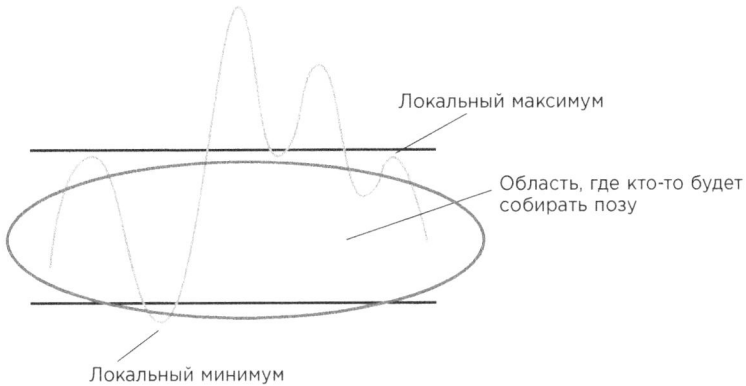

Рис. 9.10. Для сделок должны использоваться только сильные ценовые уровни

В обведенной на рис. 9.10 области у вас будут самые плохие сделки. Вы будете терять, потому что: а) непонятно, кто набирает позицию и в какую сторону; б) нет ориентира для привязки стопа.

Внутренний уровень — это уровень, зажатый между сильными уровнями, не связанный с какими-либо значимыми событиями. Он может приобрести значение и силу, если с него будет сделан перехай или перелоу или если он остановит сильное движение.

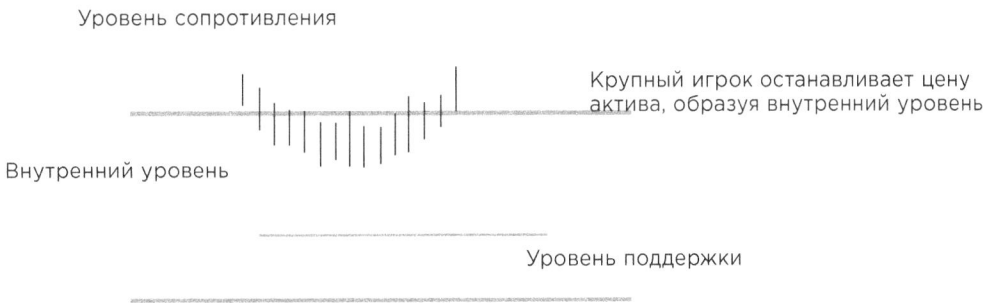

Уровень сопротивления

Крупный игрок останавливает цену
актива, образуя внутренний уровень

Внутренний уровень

Уровень поддержки

Рис. 9.11. Образование внутреннего уровня

Крупный игрок останавливает движение, не доходя до сильного уровня, чтобы избежать появления сигналов на смену тренда, которые могут привлечь других крупных игроков, играющих в противоположную сторону. То есть крупный игрок не захочет ломать модель, чтобы его не задавили другие игроки.

Нельзя идти против крупного игрока, нужно следовать за ним, а еще лучше — вместе с ним.

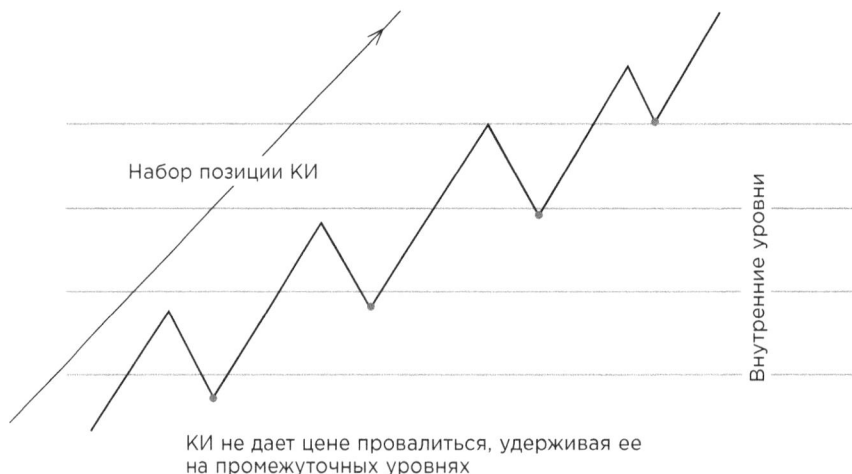

Набор позиции КИ

Внутренние уровни

КИ не дает цене провалиться, удерживая ее
на промежуточных уровнях

Рис. 9.12. Набор позиции крупным игроком с образованием внутренних ценовых уровней

Уровень может формироваться по тренду и против тренда.

Трендовый уровень сильнее, но на контртрендовом почти всегда возникает ложный пробой, за которым следует сильное движение.

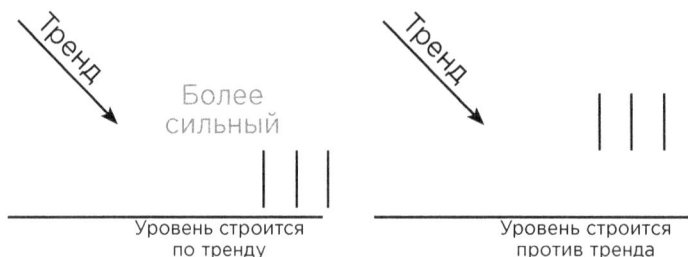

Тренд

Более
сильный

Уровень строится
по тренду

Тренд

Уровень строится
против тренда

Рис. 9.13. Трендовый и контртрендовый ценовые уровни

Засаженные игроки — те, кто теряет при переходе цены из одной ценовой плоскости в другую. Уровень проводится таким образом, чтобы разделить эти плоскости.

Эти засаженные в лонг

теряют здесь

теряют здесь

Эти засаженные в шорт

Рис. 9.14. Засаженные игроки

Правильно проведенный уровень показывает, за счет каких игроков будет сделано следующее движение. В этом случае вы будете знать, в какой момент они начнут терять. Когда они начнут вынужденно закрывать свои позиции, вы совершите свою сделку в том же направлении, но не закрывая, а открывая позицию.

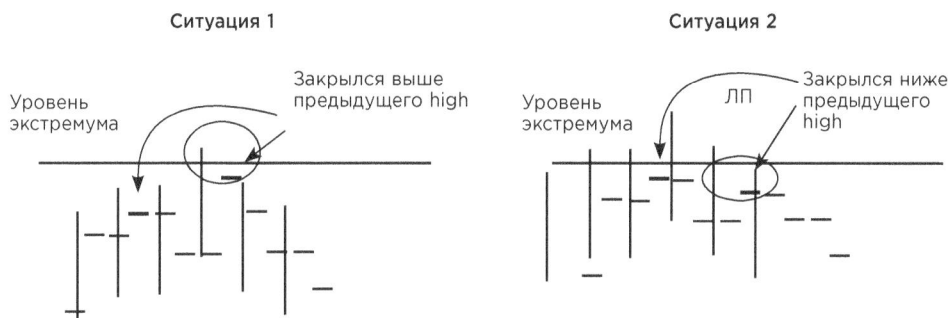

Рис. 9.15. Определение уровня в зоне ценового экстремума

При рисовании уровней в зоне экстремумов необходимо обращать внимание на закрытие очередного бара. Если он закрылся выше закрытия предыдущих баров (при росте цены), то уровень проводится по его хаю. Если он закрылся ниже предыдущих закрытий, то он является ложным пробоем и уровень должен быть проведен по хаю ближайшего из предыдущих баров, достигших максимума.

Если на графике определяется слишком много ценовых уровней, нужно выбрать наиболее важные из них. Первым по важности будет уровень, самый ближний к критической точке. Следующим по приоритету будет уровень, на котором было максимальное количество касаний. Не забывайте также, что ложный пробой усиливает уровень.

Рис. 9.16. Что делать, если на графике много ценовых уровней

Разновидности ключевых уровней (от сильных к слабым)

1. Уровень излома или разворота тренда.

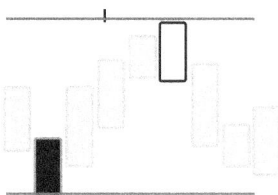

Рис. 9.17. Уровень излома или разворота тренда

Это самый сильный уровень, потому что с него началось значимое движение перелоу или перехай.

Важно: образуется ложным пробоем, касанием.

В этом месте кто-то сумел развернуть поступательное ценовое движение. Это свидетельствует о силе противодействующего игрока. Разворот может быть осуществлен: а) лимитным ордером; б) встречным ордером (рыночным ордером динамичного игрока).

Если трендовое движение в какой-то точке удалось развернуть один раз, то существует высокая вероятность повторения разворота в этой же точке. Но для того, чтобы убедиться в наличии уровня, всегда должно быть несколько подтверждений.

На рис. 9.18 с точки Б произошел перехай: это очень сильная ключевая точка. Игрок, который ломает тренд и разворачивает график, никогда не делает этого просто так. При наличии подтверждений можно торговать от уровней, образованных на основе самых важных ключевых точек: А, Б, В.

Рис. 9.18. Ключевые точки, создающие уровни излома и разворота тренда

2. Зеркальный уровень.

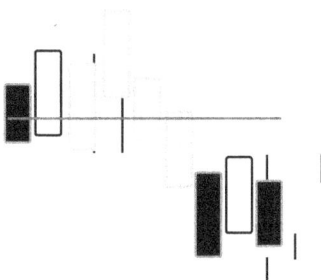

Рис. 9.19. Зеркальный уровень

Зеркальный уровень поочередно выполняет роль то уровня сопротивления, то уровня поддержки.

Многие трейдеры торгуют только этот уровень, поскольку он понятен по направлению движения и является хорошим ориентиром для установки стопа. В некоторых случаях зеркальный уровень может быть сильнее уровня излома тренда.

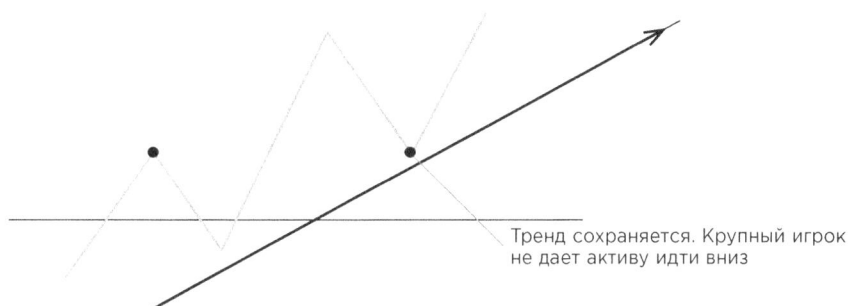

Тренд сохраняется. Крупный игрок
не дает активу идти вниз

Рис. 9.20. Уровень сопротивления становится уровнем поддержки

3. Уровень, который встречался раньше (исторический уровень).

По силе аналогичен зеркальному уровню. Уровень образуется в результате повторения появления ключевых точек на одних и тех же ценовых отметках. Неподтвержденный ценовой уровень является слабым воздушным уровнем.

4. Уровень, образованный ложным пробоем.

Ложный пробой представляет собой невозможность инструмента обновить свои самые высокие или самые низкие ценовые значения, то есть хай или лоу. При этом факт обновления или необновления определяется по *закрытию* бара. Ложный пробой может возникать только относительно уровня. Все самые сильные движения на рынке начинаются и заканчиваются ложным пробоем. В этом и заключается значимость данной разновидности ценовых уровней.

В чем суть ложного пробоя? У крупного игрока много денег, что позволяет ему управлять рынком. В моменте он может позволить себе понести временный убыток ради достижения главной цели: собрать объемную позицию. Если он лимитный игрок, он набирает себе позицию от уровня. В какой-то момент он может убрать свою лимитную заявку. Тогда цена проваливается, и он покупает актив дешевле. Если он не лимитный, а динамичный игрок, то его задача состоит в том, чтобы пробить уровень. В результате он сможет набрать позицию, скупая актив у тех, кто после пробоя кинется закрывать свои лонговые позиции или открывать шортовые (покупать стопы). И в том, и в другом случае на графике образуется ложный пробой.

Чем короче хвост ложного пробоя, тем более близкий стоп вы сможете выставить.

5. Уровень, образованный лимитным игроком.

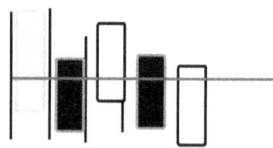

Рис. 9.21. Ценовой уровень, образованный лимитным игроком

Это уровень, который сформирован телами или хвостами свечей, и он не может пробиваться. Данный вид уровня образуется, когда как минимум два дневных бара в одной плоскости бьются в одну и ту же точку. Между этими барами не должно быть промежуточных баров.

Если уровень пробивается, он считается сломанным. В случае пробоя для идентификации такого уровня на графике снова должна произойти консолидация.

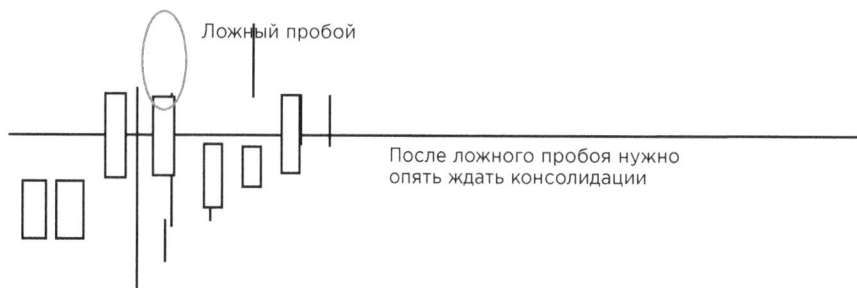

Рис. 9.22. Консолидация после ложного пробоя подтверждает наличие уровня, образованного лимитным игроком

6. Уровень, образованный проторговкой.

Во время проторговки происходит набор самых больших позиций. Для того, чтобы понять, куда пойдет инструмент, нужно подождать появления как минимум двух баров, которые укажут на появление лимитного игрока.

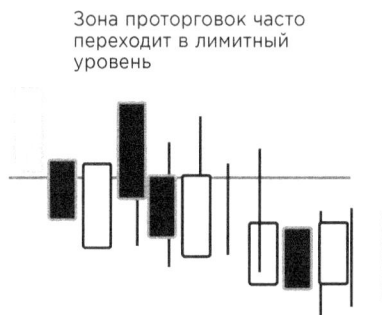

Зона проторговок часто
переходит в лимитный
уровень

Рис. 9.23. Уровень, образованный проторговкой

Проторговка над или под уровнем говорит о невозможности инструмента пробить уровень. Если цена не пробивает уровень, значит, в инструменте присутствует лимитный игрок, который не пускает инструмент выше или ниже. Проторговка должна быть от трех баров и больше. Уход цены за уровень хотя бы на одну копейку уже пробивает лимитника, и становится возможным рассматривать модель ложного или реального пробоя. Лимитный игрок работает только с одной фиксированной ценой; если пробили, то это уже не лимитный игрок.

Лимитный продавец — лимитная заявка на продажу

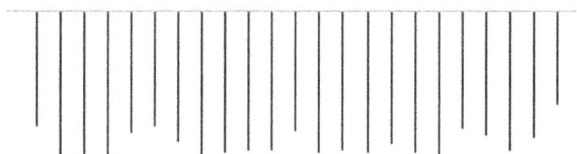

Лимитный покупатель — лимитная заявка на покупку

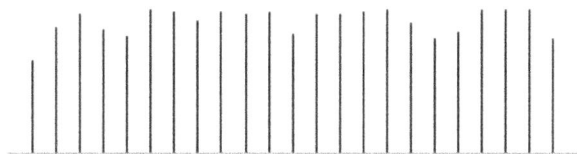

Рис. 9.24. Проторговка над и под ценовым уровнем

Если уровень постоянно пробивается, мы должны ждать закрепления над или под уровнем.

7. Уровень, образованный паранормальным баром.

Данный вид уровня образуется барами, размер которых превышает два значения ATR. При этом большую силу имеют уровни, которых касаются длинные хвосты баров. Чем длиннее хвосты и короче тела, тем сильнее уровень.

Важно: длинные верхние хвосты с телами, расположенными внизу, указывают на набор шортовой позиции (крупный игрок продает актив). Соответственно, мы должны искать точку входа для шорта. Затем двумя ударами в образованный ранее уровень обозначается лимитный продавец.

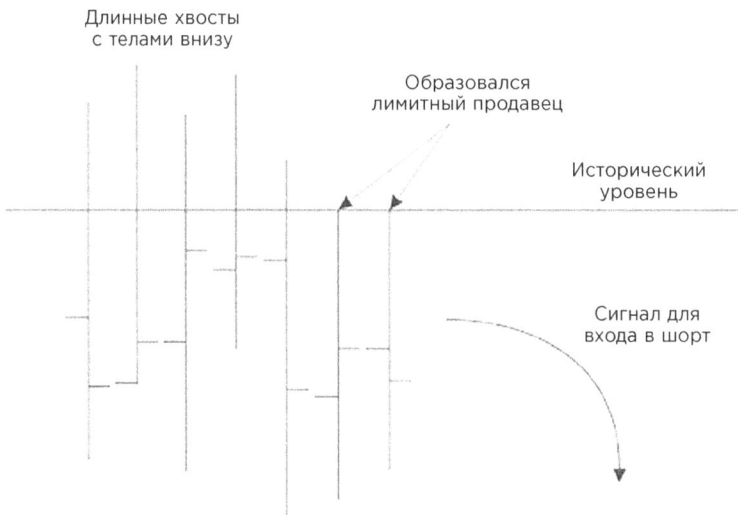

Рис. 9.26. Образование лимитного продавца после появления на графике паранормальных баров с длинными хвостами

Длинные хвосты являются свидетельством того, что крупный игрок собирает позицию и пытается сорвать стопы, выставляя рыночные ордера с большим объемом. Тот ордер, который его останавливает, создает уровень.

Откуда появляется паранормальный бар?

Вариант А. Крупный игрок хочет узнать, где выставлены чужие стопы, а также где стоит заявка лимитного игрока, и для этого посылает на рынок рыночный ордер. Если на рынке присутствует противостоящий крупный лимитный игрок, то брошенная заявка бьется об уровень как об стену. То есть на рынке соблюдаются законы физики.

Рис. 9.27. Крупный игрок бросает в рынок заявку, проверяя наличие уровня

Вариант Б. Паранормальный бар возникает при реализации объемной позиции крупным игроком, которому нужно разгрузиться.

8. Уровень, образованный гэпом.

Гэп — ценовой разрыв, в котором не было сделок.

Если первичная точка гэпа в течение дня не была переписана, она остается самой сильной точкой для уровня. Если же она была переписана, то новым ключевым уровнем становится новый локальный минимум или максимум.

Если на графике инструмента большое количество гэпов в разные стороны, такой инструмент торговать не следует.

ATR — Average True Range

ATR — это среднестатистическое движение инструмента за единицу времени. Он показывает, сколько в инструменте имеется энергии для ценового движения.

ATR рассчитывается, как правило, только на дневке. Стандартный ATR равен одному дневному бару. Высота дневного бара = хай минус лоу дневного бара.

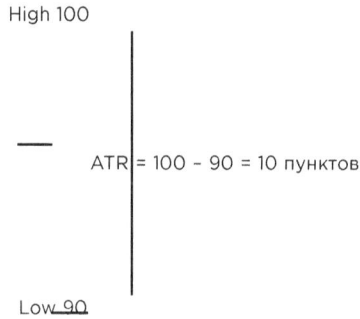

High 100

ATR = 100 – 90 = 10 пунктов

Low 90

Рис. 9.28. Расчет высоты дневного бара

При расчете среднестатистического дневного ATR берутся последние пять торговых дней без учета паранормальных баров.

В 80% случаев любой инструмент проходит в торговый день не более одного ATR; приблизительно в 10% торговых дней инструмент проходит до двух ATR; за 5% торговых дней цена актива изменяется на три ATR, а все остальные варианты укладываются в оставшиеся 5% случаев. Мы не можем закладываться на редкие случаи и должны ориентироваться на такие движения, которые встречаются с вероятностью 80%, то есть когда мы ожидаем, что изменение цены за торговую сессию не превысит одного ATR.

Это позволяет нам понять, в какие моменты нам *не надо* входить в сделку.

Если цена инструмента уже прошла путь в один ATR, то, скорее всего (в 80% случаев), дальше произойдет обратное движение.

Только по ATR торговать нельзя, нужно учитывать наличие уровней и торговых сигналов. Но не учитывать ATR при выборе точки входа будет ошибкой.

При прохождении инструментом 75% от своего ATR в первую очередь рассматриваем контртрендовые сделки. Этим правилом можно пренебречь только в случаях, когда инструмент находится возле своих локальных минимумов и максимумов.

Внутридневной ATR может применяться только для внутридневной торговли.

Если инструмент за день прошел один ATR, а затем вернулся, то значение ATR в этот день будет равно нулю, так как цена не изменилась.

Размер гэпа всегда включается в ATR как часть уже пройденного пути.

Технический ATR

Значение ATR может определяться не только расчетным, но и техническим путем. Технический ATR равен расстоянию от уровня до уровня на дневном графике.

Для входа в сделку расстояние от уровня до уровня должно быть не менее размера четырех — шести используемых стопов, то есть быть равным четырех — шестикратному размеру риска. Это нужно для того, чтобы обеспечить соотношение прибыли к риску как минимум три к одному.

Для торговли внутри дня в основном применяется расчетный ATR, для торговли среднесрочных сделок — технический ATR.

Если технический ATR оказывается меньше расчетного, то входа в сделку нет.

Движения рынка вблизи ценовых уровней

Для совершения успешной сделки необходимо определить наиболее вероятное направление движения инструмента. Поскольку все финансовые инструменты (валютные пары, акции, фьючерсы, контракты, металлы и пр.) торгуются от уровня к уровню, именно уровни являются показателем борьбы продавцов и покупателей. Все действия игроков обязательно оставляют следы на графике. Трейдер должен, во-первых, правильно определить сильный уровень, а во-вторых, понять, что делает в этот момент крупный игрок и за счет кого будет совершаться последующее движение.

Уровень — это наличие лимитного покупателя или лимитного продавца. Поэтому при выборе инструмента для торговли необходимо обращать внимание на то, как игрок держит свои уровни; уровни должны быть четкими, понятными и отработанными. Первостепенная задача: понять, кто побеждает, и присоединиться к победителям.

Уровни видят все участники, как крупные, так и мелкие, поэтому все основные события разворачиваются именно возле уровней. Ценовые движения в огромной степени зависят от действий крупных игроков, а крупные игроки используют уровни для решения своих задач. Ложный пробой является самым мощным инструментом крупного игрока для набора позиции; он подтверждает наличие уровня и усиливает его. При этом большие хвосты ложного пробоя указывают нам, в какую сторону собирают позицию. Поэтому для нас так важно анализировать поведение цены вблизи ключевых ценовых уровней.

Уровень — это барьер, момент истины. Именно здесь можно понять, что делает крупный игрок:

а) двигает цену туда-сюда — значит, собирает большую позицию;

б) резко прошивает уровень — значит, уже набрал достаточный объем.

Набор позиции крупным игроком может осуществляться одним из следующих способов: по средней цене в канале, с помощью лимитного ордера, посредством сбора стопов с помощью ложного пробоя.

Набор позиции в канале. Если цена пришла в канал снизу, вероятнее всего, у нас есть лонговый покупатель. У нижней границы ценового диапазона, которую для себя определил игрок, он выставляет большой лимитный ордер на покупку по наилучшей для себя цене. Когда эмитент идет вверх, он сталкивается с противоположной лимитной заявкой на продажу этого же игрока; это делается с целью не выпустить цену из диапазона, комфортного для набора позиции нужного объема по комфортной цене.

Использование ложного пробоя. Таким приемом крупный игрок забирает как позиции у лонговых игроков, ждущих подтверждения направления — пробоя уровня, так и стопы шортистов. При возврате в канал набора позиции лонговые игроки начинают паниковать и фиксируют убытки, а шортовые входят в позиции, так как получили подтверждение направления локальной тенденции — закрытие в шортовой зоне, чем провоцируют снижение цены инструмента и продают, удовлетворяя лимитную заявку на покупку большого лимитного лонгового игрока. Когда позиция набрана, крупный игрок убирает ордер на продажу сверху и отпускает эмитента в нужную ему сторону, в данном случае вверх. При этом чем дольше инструмент будет находиться в рейндже, тем сильнее будет последующее движение.

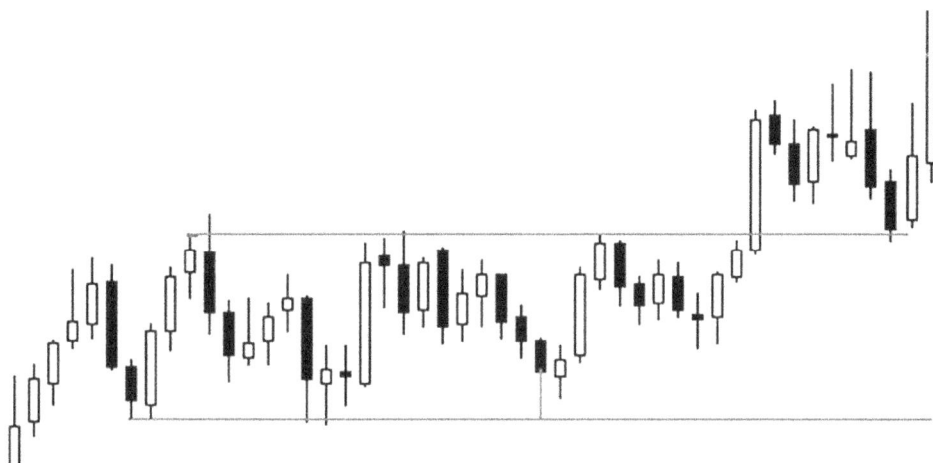

Рис. 9.29. Набор позиции крупным игроком

Для открытия позиции в лонг или шорт очень важно закрытие дневного бара. Закрытие выше уровня, то есть в лонговой зоне, — покупаем, закрытие ниже уровня, то есть в шортовой зоне, — продаем.

Крупный игрок отпустит цену только тогда, когда наберет свою позицию. В моменте он готов терять, удерживая цену. Для того чтобы заставить других игроков действовать по своему плану, он рисует красивые картинки, вводя в заблуждение толпу. Например, крупный игрок может выставить объемную лимитную заявку, показывая, что рынок не идет вниз.

Далее представлены две ключевые модели движения участника рынка. Данные модели важны в связи с тем, что, понимая принципы работы крупных игроков и умея читать их следы, оставленные на графике, можно с большей вероятностью предположить то или иное развитие событий на рынке, добавляя проценты на чашу весов математического ожидания и склоняя ее в свою сторону.

Аккумуляция и дистрибуция

Аккумуляция — накопление объема позиции (шортовой или лонговой) крупным игроком. Движение состоит из небольших поступательных баров.

Аккумуляционная модель

Это модель может длиться сколь угодно долго

33

32

Рис. 9.30. Аккумуляционная модель

Дистрибуционная модель — ситуация, при которой крупный игрок не участвует в определении цены: он отпускает цену. В этом случае движение состоит из крупных баров, возможно даже паранормальных баров. Для этой модели характерно наличие гэпов в направлении движения. В этот период крупному игроку нужно выйти из позиции, поэтому он открывает следующий бар с гэпом, привлекая тем самым мелких игроков в рынок, и разгоняет цену.

Аккумуляционная модель — это тренд, он может длиться сколь угодно долго, в то время как появление дистрибуционной модели (рис. 9.31) означает окончание движения.

Пробойная и отбойная схемы действий продавцов и покупателей

Разберем модель поджатия ценового уровня, в которой участвуют лимитный продавец и динамичный покупатель.

Аккумуляция, набор шортовой позиции крупным игроком

Крупный игрок набрал нужный объем и опускает цену

Дистрибуция

Рис. 9.31. Дистрибуционная модель

Пробойная модель. Динамичный покупатель пытается пробить уровень, он начинает поджимать цену к уровню, образуя все более и более короткие бары, постепенно ослабляя сопротивление. Размер необходимого стопа становится все меньше и меньше. Это привлекает других игроков. Суть в том, что чем ближе к уровню мы подберемся, тем легче будет его пробить.

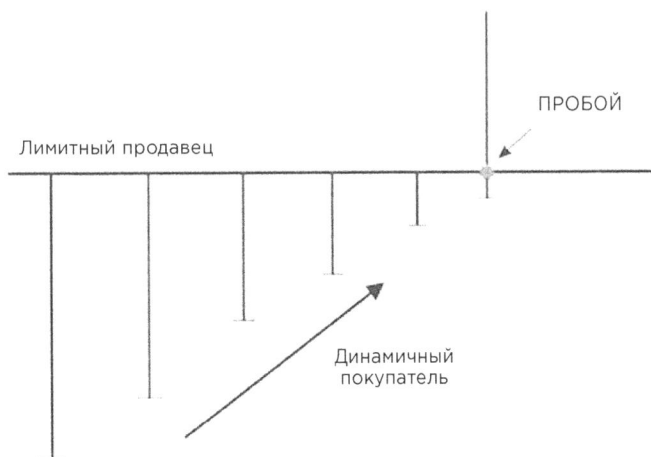

ПРОБОЙ

Лимитный продавец

Динамичный покупатель

Рис. 9.32. Поджатие уровня динамичным покупателем

Отбойная модель. При подходе к уровню два бара должны выровняться (см. рис. 9.33), то есть второй бар должен закрыться вровень с предыдущим или ниже его. Это будет означать, что покупатель больше

249

не готов покупать и платить более высокую цену. При этом, поскольку динамичный покупатель ушел или не готов покупать по более высокой цене, дело идет к развороту.

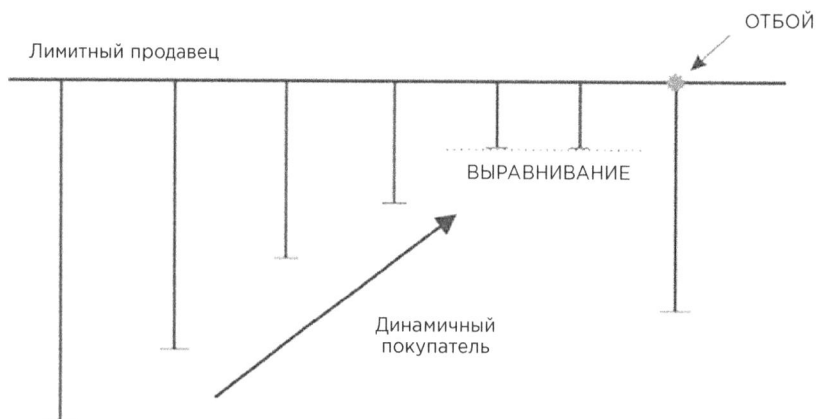

Рис. 9.33. Уход динамичного покупателя

Длина бара показывает определенное соотношение между спросом и предложением. При этом цвет бара значения не имеет.

Импульсное движение

Статичные (лимитные) покупатели или продавцы набирают позиции по фиксированной цене. В результате они создают ценовые уровни. Против лимитного покупателя стоит динамичный продавец, а против лимитного продавца — динамичный покупатель. Понимание того, как действует крупный игрок, составляет залог успеха трейдера. Крупный покупатель может набрать позицию только за счет продавцов. Другого источника на рынке просто не существует.

Самые агрессивные покупатели — это те, кто закрывает шорты. Когда цена пробивает уровень, в игру включаются лонгисты. Шортисты будут вынужденно избавляться от своих позиций, и за счет их закрытия будет возникать движение вверх — и наоборот.

У каждого покупателя свои цели и торговые стратегии. Лонгисты будут покупать в тех местах, где есть возможность выставить короткий и понятный для них размер стопа — риска.

У шортистов есть критическая цена уровня поддержки, при пробитии которого должен возникнуть импульс. Они поджимают цену к этому уровню и, если он пробивается, ожидают появления импульса. Если после пробития уровня импульс «выплескивается» и цена возвращается назад, это может быть следствием закрытия стопов лонгистами и показателем того, что реальных покупателей в инструменте нет. В этом случае актив не идет в рост, и надо искать точку для захода в шорт. В этой точке мы получаем сигнал, говорящий, что вверх не идем, имеется понятный стоп и запас хода.

Аналогичным образом после того, как эмитент подходит к уровню сопротивления и пробивает его, должен возникать импульс. Он будет тем сильнее, чем больше будет угол наклона при подходе к уровню. Все игроки ставят стоп практически в одни и те же места — за уровень. На рис. 9.34 в точке А активизируются два вида игроков: лонгисты продолжат движение после закрепления над уровнем, а шортисты закроют свои стопы. Поэтому при пробое уровень сопротивления становится уровнем поддержки.

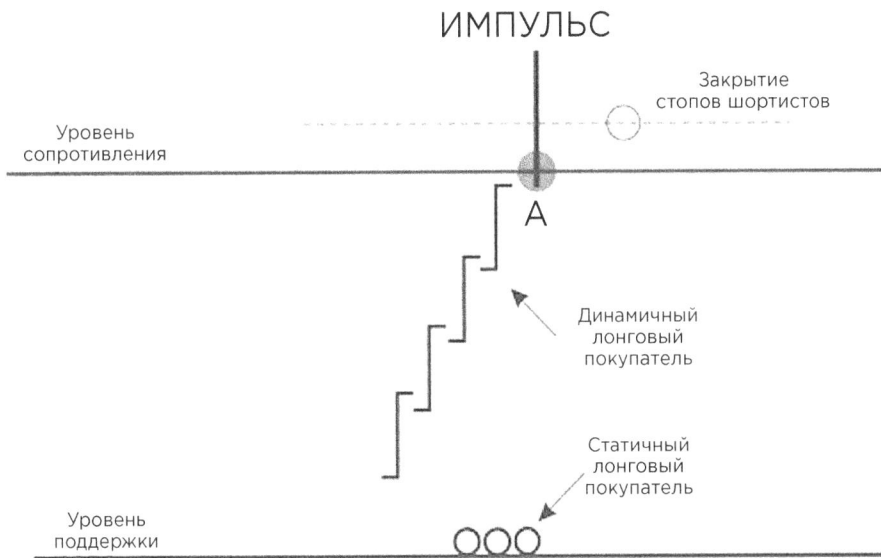

Рис. 9.34. Импульс при пробитии уровня сопротивления

На рис. 9.35 точка А для шортовых продавцов будет инициировать продажи, а лонгисты будут усиливать это движение, закрывая свои позиции.

251

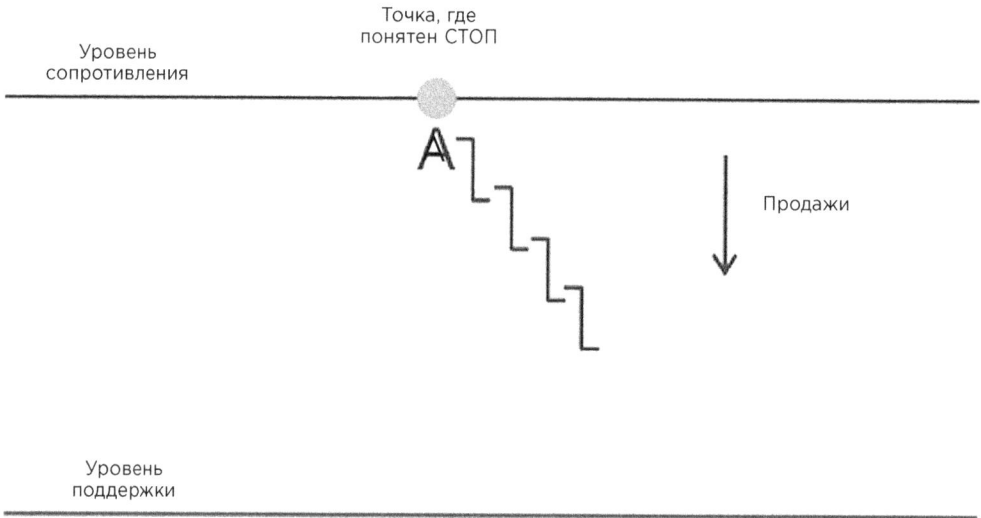

Рис. 9.35. Усиление продаж при отбое от уровня сопротивления

При **торговле в канале** необходимо различать лонговую и шортовую зоны. Если инструмент находится у верхней границы канала, то в большинстве случаев работаем в шорт, если у нижней — в лонг.

Рис. 9.36. Лонговые и шортовые зоны

При пробитии границы канала (уровня) на дневке необходимо смотреть, где закроется (закрепится) дневной бар. Если уровень били несколько раз, затем пробили и закрылись под ним на локальных минимумах, скорее всего, будет шорт — значит, крупный игрок не добрал позицию и будет давить бумагу вниз; если цена отбилась и закрепилась, то, скорее всего, будет лонг. Закрытие под верхним уровнем канала инициирует шорт. Закрытие над нижним уровнем канала инициирует лонг.

Закрытие дневки выше уровня — **ищем лонговую точку входа** на меньшем тайм-фрейме

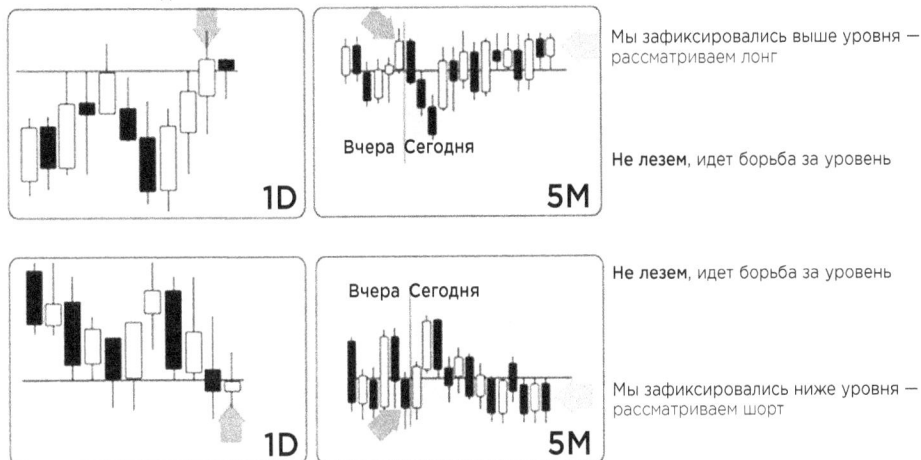

Мы зафиксировались выше уровня — рассматриваем лонг

Не лезем, идет борьба за уровень

Вчера Сегодня

Не лезем, идет борьба за уровень

Мы зафиксировались ниже уровня — рассматриваем шорт

Вчера Сегодня

Закрытие дневки ниже уровня — **ищем шортовую точку входа** на меньшем тайм-фрейме

Рис. 9.37. Закрепление цены выше/ниже границы канала

Признаки, указывающие наиболее вероятное направление движения цены

В трейдинге очень важно понимать и правильно трактовать то, что происходит на графике. Например, из описания аккумуляционной и дистрибуционной моделей движения становится понятно, что маленькие бары — признак развития аккумуляционной модели — в основном ведут к пробою уровня, а длинные бары — признак развития дистрибуционной модели — к остановке и развороту. Паранормальные большие бары практически всегда говорят о скором развороте и в 90% случаев приведут к остановке движения у следующего уровня.

О направлении последующего движения можно судить при возникновении консолидаций вблизи ценового уровня. Например, мы видим на графике (рис. 9.39), что движение направлено сверху вниз. На подходе к уровню (над уровнем) возникает консолидация. Дальше можно ожидать отскок и движение вверх. Если консолидация возникает под уровнем, происходит закрепление после пробоя — идем вниз.

Уровень

К уровню подходим
небольшими барами — велика
вероятность пробоя уровня

К уровню подходим большими
барами — велика вероятность
окончания движения

Уровень

Рис. 9.38. Оценка вероятности пробоя ценового уровня по величине баров

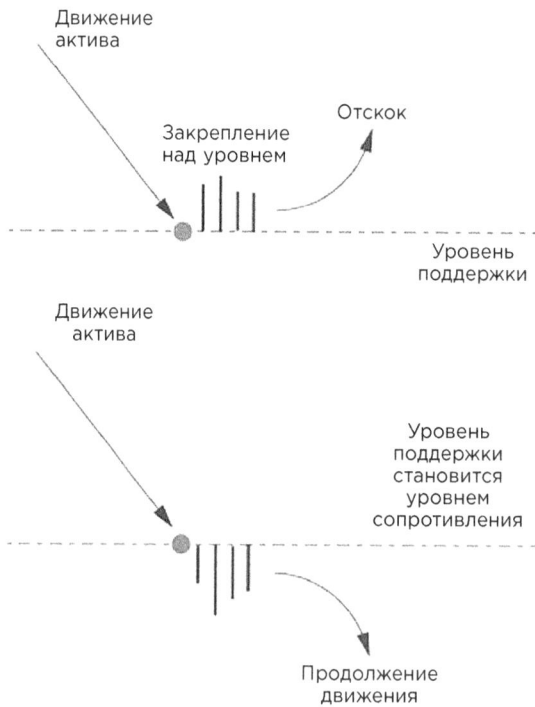

Движение
актива

Закрепление
над уровнем

Отскок

Уровень
поддержки

Движение
актива

Уровень
поддержки
становится
уровнем
сопротивления

Продолжение
движения

Рис. 9.39. Расположение зоны консолидации относительно ценового уровня

Часто встречающаяся ситуация — длинные хвосты и короткие тела свечей. Это означает, что в инструменте идет набор позиции. Чтобы понять, кто побеждает, необходимо учитывать, откуда пришла цена к этой точке. Если мы пришли сверху вниз, значит, кто-то набирает лонговую позицию, если снизу вверх — кто-то набирает шортовую позицию.

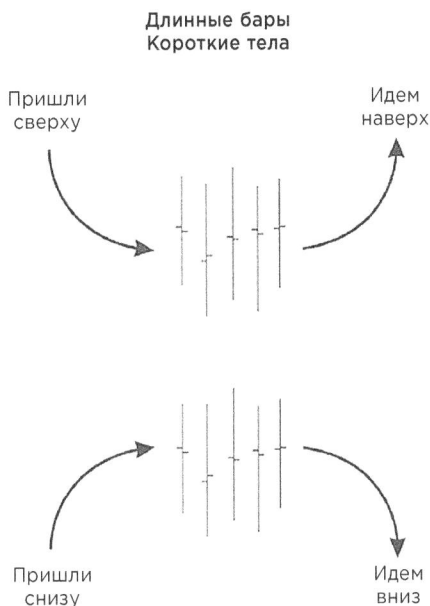

Рис. 9.40. Модель «длиннохвостых» баров

О наиболее вероятном направлении движения можно судить по нестандартному поведению инструмента. Если после очень сильного движения инструмент консолидируется, но (вопреки ожиданиям) не начинает откатываться, то, скорее всего, движение дальше продолжится, значит, сильный игрок остался сидеть в позе.

Рис. 9.41. Отсутствие отката

Если при росте видим три бара подряд с гэпами, то с высокой вероятностью можно предположить, что движение этого инструмента закончилось. Хотя никто никогда не знает, будет ли это разворот или коррекция.

После хая должен быть новый хай или перехай, но если мы не доходим до хая в следующей точке, то с большой вероятностью идем вниз. Мы должны переписать максимум. Пока цена не перепишет хай, она будет находиться в рейндже.

Любое закрытие ниже (выше) локального минимума (максимума) является торговым сигналом. На рис. 9.42 представлены ситуации, в которых мы будем заходить либо в лонг, либо в шорт. Обратите внимание, как инструмент закрылся относительно локальных экстремумов-уровней. Чтобы задать нам направление, цена должна переписать эти экстремумы.

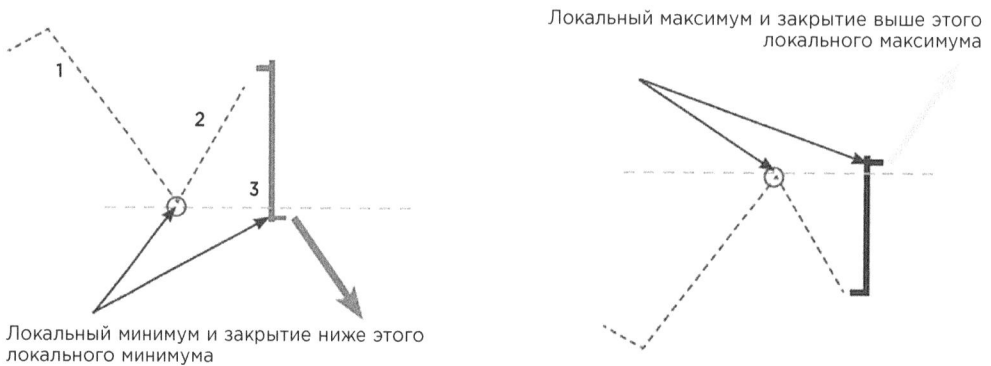

Рис. 9.42. Закрытие ниже (выше) локального минимума (максимума)

В областях 1 и 2 было некое движение, затем в области 3 мы подходим к ключевому уровню и пытаемся понять, что там будет происходить. Если мы не пробиваем этот уровень, а закрепляемся выше него, то с высокой долей вероятности предполагаем, что будет отскок. Если же мы переписываем ключевые точки и закрываемся за ними, то можно ожидать продолжения движения.

Пробой и импульс. Если при пробитии сильного уровня нет импульса на продолжение движения, скорее всего, произошел ложный пробой. Отбой работает чаще, чем пробой, потому что 75% времени рынок находится в диапазоне. Если вошли на пробой, но нет импульса — лучше защитить вход и поставить стоп в безубыток.

Пробой или отбой. Если подходим к уровню на больших нестандартных барах с большими хвостами (более двух обычных баров) и большой бар бьет в уровень, ожидаем следующего бара. Если он не пробивает уровень, то более вероятен разворот. Если подходим к уровню на коротких барах без больших хвостов, то больше всего шансов на пробитие уровня.

Перед финальным движением инструмента к локальным максимумам или минимумам, чтобы набрать нужную позицию, крупный игрок часто делает «финальный задерг» — инициирует резкое движение против основного направления инструмента.

Если цена зажата в коридоре между двух уровней, то есть сверху и снизу, и тенями создает уровни, то в приоритете движение по направлению локального тренда.

Закрытие дневного бара в экстремумах. Если инструмент в конце дня закрывается в своей самой низкой или высокой точке, то мы считаем, что движение еще не закончено и продолжится на следующий день. Если инструмент закрылся в самом низу дневки, да еще и ниже уровня, то модель усиливается. Лонговая модель — закрытие дня произошло в самой высокой точке. Шортовая модель — закрытие дня произошло в самой нижней точке.

Практически всегда, если было резкое движение вниз, таким же будет откат. Если движение вниз было медленное, то и движение вверх будет практически всегда таким же, и наоборот.

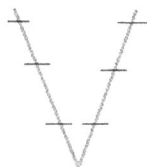
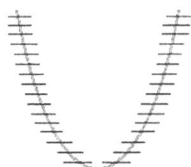

Рис. 9.43. Зависимость скорости возврата цены от скорости падения

Сильным сигналом для открытия короткой позиции является следующая ситуация: открываемся ниже уровня, а потом тестируем уровень снизу. Скорее всего, потом пойдем вниз, так как игрок, который хочет пойти вверх, не стал бы пробивать уровень сверху вниз. Получается зеркальный уровень.

Если после ложного пробоя, особенно незначительного, нет сильного движения в сторону, обратную ложному пробою, а вместо этого эмитент снова идет к уровню — совершает ретест — или переходит в долгую консолидацию, значит, скорее всего, движение продолжится в сторону пробоя.

Если на дневном графике инструмент ходит резко то вверх, то вниз в течение нескольких дней, значит, кто-то набирает позицию. Но пока не станет ясно, является эта позиция лонговой или шортовой, мы не торгуем, а наблюдаем за рынком.

Если при открытии рынка был значительный гэп, то, скорее всего, рынок не покажет сильного движения в течение дня, поскольку гэп забирает часть запаса дневного хода.

Когда инструмент долго идет, например, вниз, в нем сидят шортисты, которые рано или поздно начинают нервничать, так как им надо брать тейк-профит. Когда цена начнет разворачиваться, шортисты будут выкупать бумагу по любой цене. В этот момент к ним присоединяются лонгисты, открывающие свои позиции. Общими усилиями они двигают цену в обратную сторону. Чем дольше идет консолидация или медленное движение в какую-то сторону, тем резче будет выход из этого процесса, так как собираются игроки со своими заявками и стопами, которые в сумме обеспечивают энергию для обратного движения.

Лонговый бар, который перекрывает своим размером три предыдущих бара, называется «бычье поглощение» — это сильное движение, которое, скорее всего, продолжится.

Как определить, сколько энергии у игроков, собравшихся около уровня? Рыночная энергия — как вода в непрозрачной пластиковой бутылке: если мы ударим по бутылке без крышки, в которой много воды, из нее брызнет целый фонтан, а если в бутылке воды мало, то вытекающая струя будет слабой. Так же и с поведением цены около уровня: если вы видите резкий ценовой рывок вверх, значит, на рынке присутствуют сильные лонгисты, к которым можно присоединиться. Если же вы наблюдаете лишь слабый отскок, значит, энергия для восходящего движения быстро закончится и, скорее всего, наблюдаемый пробой окажется ложным.

Если бар закрыт под самый лоу, то продавец будет давить дальше вниз, добирая себе позицию. В таком случае мы знаем, что нужно входить в шорт. При этом для нас понятна точка входа и известен размер защитного стопа (риска). Все привязано к ключевой точке, которой является для нас ценовой уровень.

Обязательно нужно обращать внимание на то, как цена подходила к уровню. Шла ли она через топкое «болото», насыщенное разнообразными барами, задергами и распилами, через которое и в следующий раз ей будет трудно пройти, — или же свободно двигалась в пустоте. Из физики мы знаем, что в разреженном пространстве двигаться гораздо легче.

Риск-менеджмент и мани-менеджмент

Все сделки обязательно должны рассчитываться от риска. Размер риска на единицу актива равен размеру стопа. Для входа в сделку необходимо, чтобы с учетом размера риска и запаса хода потенциальная прибыль как минимум в три раза превышала возможный убыток. То есть соотношение прибыли к риску должно составлять не менее чем три к одному.

В этом случае достаточно иметь 30% положительных сделок, чтобы по сумме всех трейдов оставаться в прибыли. Например:

10 сделок, из них: 3 закрыты с прибылью, 7 — с убытком.
Тогда: выручка составит $3 \times 3R = 9$ размеров риска;
убыток = $7R$ – 7 размеров риска. Итого:
чистая прибыль = $9R – 7R = +2R$ — два размера риска.

Стоп-лосс должен использоваться обязательно в каждой сделке! Стоп не должен сдвигаться в направлении увеличения риска.

При торговле активами с различной стоимостью объем сделки должен быть выровнен по более дорогому инструменту.

Например, если самый дорогой инструмент дает риск 40 руб., а самый дешевый — 10 руб., то дешевого инструмента нужно брать в четыре раза больше, иначе математика будет ломаться.

Размер стандартного стопа для российского рынка составляет 0,2% цены.

Как поднимать объемы

Если вы совершаете менее 10 сделок в месяц, объем торговли можно поднимать не чаще одного раза в месяц. При 10–12 сделках в неделю или 50–60 сделках в месяц объем можно увеличивать один раз в неделю.

Увеличение объема должно происходить постепенно по следующей схеме: 1–2–3–5–7–10–13–15–20–25.

Если неделя закрылась с прибылью (пусть даже в 1 руб.), вы поднимаете объем с одного до двух лотов. То есть делаете шаг вперед по указанной схеме. Будьте готовы к тому, что первые три-четыре шага психологически будут сами тяжелыми. Слишком резкое увеличение объема вашей торговли может одним махом уничтожить всю накопленную до этого прибыль. Если неделя завершается с убытком, делаете шаг назад.

Если вы оперируете большими деньгами, то расти нужно еще медленнее — на 20–30%. Объем сделок должен быть таким, чтобы вам было комфортно торговать без ущерба для нервной системы.

Риск на сделку

С приобретением опыта можно рассчитывать риск на сделку в процентах от депозита. На одну сделку можно рисковать 0,5–1% от суммы депозита (это и будет максимальный размер вашего стопа).

Убыточные сделки, убыточные дни и убыточные периоды бывают у всех. После получения трех убыточных сделок подряд за одну торговую сессию нужно завершить торговлю в этот день и заняться анализом ошибок, сравнивая свои действия с правилами, заложенными в ваш торговый алгоритм. После чего, если необходимо, внести в него коррективы и оставшееся время посвятить подготовке к торговле на следующий день.

Максимальный риск на день должен выражаться в конкретной сумме. Например: если размер риска по акциям, которыми вы торгуете, составляет 40 руб., то максимальный убыток на день составит:

40 руб. × 3 убыточные сделки = 120 руб.;

Комиссия = 10 руб.

Проскальзывание = 20 руб.;

Итого максимальный дневной убыток = 120 + 10 + 20 = 150 руб.

Алгоритм управления капиталом может быть примерно следующим:

1. Допустим, размер нашего депозита составляет 1 000 000 руб.

2. Мы определили для себя предельный размер дневного риска в 1% от депозита = 10 000 руб.

3. 3. Допустим, мы торгуем акциями Газпрома при цене одной акции 150 руб.

4. Определяем, сколько мы можем купить акций на имеющийся в нашем распоряжении депозит: 1 000 000/150 = 6600. Поскольку один лот — минимальное количество акций для сделки — равен в нашем случае 100 акциям, мы можем позволить себе купить 66 лотов.

5. Если наш риск на сделку составляет 1% (для простоты подсчетов), то размер стопа будет равен 1% от 150 руб. = 1,5 руб. Тогда, если цена акций отклонится на 1,5 руб. не в нашу сторону, мы потеряем 1,5 руб. × 6600 акций = 9900 руб., что примерно равно установленному нами предельному размеру дневного риска. В случае, если

цена акций пойдет в нашу сторону, при соотношении прибыли к риску 3:1 сумма прибыли будет равна 9900 × 3 = 29 700 руб.

6. Допустим, мы нашли такую точку входа, от которой можем поставить более короткий стоп-лосс. Например, в два раза меньший, чем в предыдущем случае: 1,5 руб./2 = 0,75 руб. Тогда при торговле тем же объемом (6600 акций) наш риск уменьшается в два раза, и в случае неудачи мы теряем: 0,75 руб. × 6600 акций = 4950 руб. Соответственно, уменьшается и сумма потенциальной прибыли 4950 × 3 = 14 850 руб. Это ломает описанную выше схему получения прибыли при 30% удачных сделок. Поэтому с учетом допустимого уровня риска мы можем увеличить объем торгуемой позиции в два раза, задействовав кредитное плечо. Тогда получаем объем сделки: 6600 × 2 = 13 200 акций; и при стопе 0,75 руб. мы рискуем все тем же 1% от нашего депозита: 0,75 × 13 200 = 9900 руб. Соответственно, в случае положительного исхода прибыль составит необходимые для работоспособности схемы соотношения прибыльных и убыточных сделок 29 700 руб.

Стоп-лосс

Стоп-лосс-ордер является средством управления рисками. Если вы выставляете такую страховочную заявку, вы знаете, сколько потеряете в том случае, если рынок пойдет против вас.

Каждый рынок имеет свои особенности, и, соответственно, должен применяться разный подход к выставлению стопов, в зависимости от волатильности. Для российского рынка обычно подходит 0,1–0,2% от цены инструмента в зависимости от силы уровня. Чем сильнее уровень, тем ближе можно ставить стоп. Для рынка криптовалюты подходит только технический стоп: за уровень или за хвост ложного пробоя. При наличии сильного лимитного игрока следует применять маленький стоп, поскольку выкинуть вас могут с любым стопом, и лучше потерять меньше и перезайти в позицию еще раз.

Иногда вместо расчета стопа от цены применяется расчет от ATR. Например, 6% от ATR или (при широком канале) 15% от ATR. Стоп в любом случае должен учитывать величину волатильности в инструменте, которая определяется через ATR. Чтобы обеспечить запас хода, размер стопа не должен превышать 10–20% от среднедневного ATR.

Технический стоп предпочтительнее в тех случаях, когда есть хвост ложного пробоя. Технический стоп ставится на один-два пункта выше/ниже хвоста ложного пробоя или за уровень. Если стоп попадает на круглую цифру, лучше поставить его на один-два пункта в большую сторону от круглой цифры.

Стоп за хвост

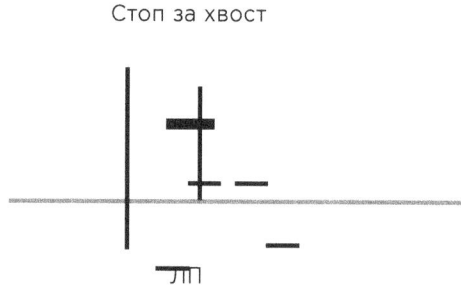

Рис. 9.44. Выставление технического стоп-лосса

В том случае, если технический стоп не отличается от расчетного на величину более 20%, лучше ставить технический стоп.

Стоп-лосс всегда ставится от цены точки входа, а не от цены самого уровня.

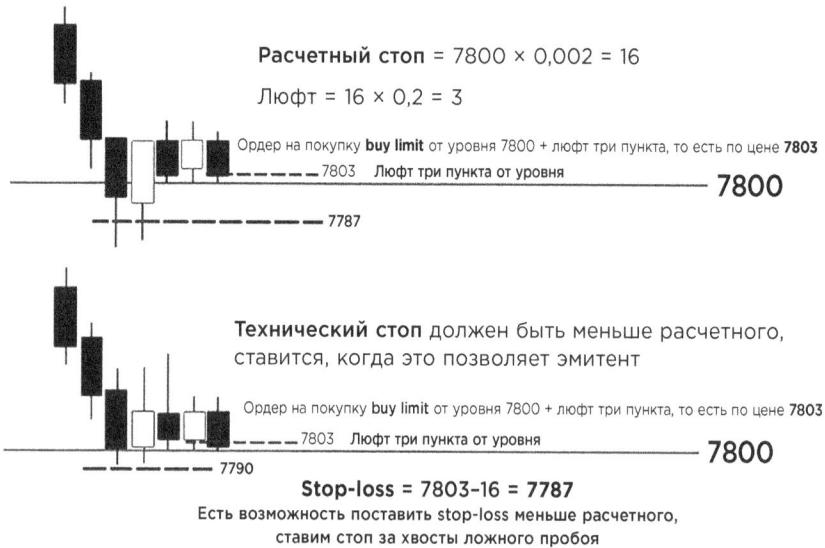

Рис. 9.45. Правила выставления стоп-лосса

Стоп может быть выставлен:

1. По тренду — в этом случае величина стопа должна быть больше, чем против тренда.

2. Против тренда — если есть возможность поставить против тренда меньший стоп, то это нужно сделать.

Более короткий стоп дает возможность не сидеть в инструменте в ожидании сильного движения. Шанс взять меньшее движение гораздо больше, чем поймать все движение. Обойтись меньшим стопом можно в следующих случаях:

1. В периоды длинных консолидаций: минимум пять баров.
2. Возле уровней, которые раньше часто встречались, но не пробивались.
3. Против тренда.

Идеальная сделка возможна при условии наличия сильного уровня с дневки, запаса хода и возможности выставить короткий стоп-лосс.

Торговые стратегии

Представленные ниже торговые стратегии выстроены в том порядке, в котором их наиболее правильно осваивать с точки зрения обучения трейдингу:

1. Отбой.
2. Пробой.
3. Ложный пробой одним баром.
4. Ложный пробой двумя барами.
5. Сложный ложный пробой тремя и более барами.

Торговля отбоя от уровня научит вас понимать действия лимитных игроков. Стратегия отбоя самая жесткая по набору условий, в остальных случаях применяются только два условия.

Освоение стратегии торговли пробоя уровня научит определять силу ценовых уровней и импульсов. В этом случае вам для получения положительного результата достаточно будет заключать три сделки вместо 30.

Торговля ложного пробоя научит понимать, что такое импульс, откуда он берется, за счет кого сгенерирован и достаточно ли в инструменте энергии для сильного движения. Название «ложный пробой» означает, что движение в сторону пробоя не состоялось.

После освоения всех торговых стратегий необходимо выбрать одну, наиболее подходящую лично для вас, и торговать только ее. Одновременная торговля по разным стратегиям не позволит вам торговать системно.

Отбой от уровня

Возникновение на графике ключевой точки еще не означает наличие уровня. Один удар в цену может быть случайностью, повторный — создает закономерность. Соответственно, первый удар осуществляется баром, создающим уровень, — БСУ. Такой статус является постфактумным, поскольку бар можно считать создающим уровень только после того, как наличие уровня подтверждено другим баром — БПУ1, то есть первым баром, подтверждающим уровень. При этом БСУ и БПУ1 могут находиться как в одной, так и в разных плоскостях по отношению к ценовому уровню.

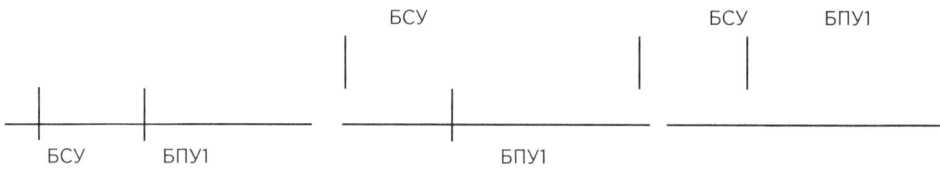

Рис. 9.46. Примеры создания и подтверждения ценового уровня

Между появлением бара, создающего уровень, и баром, его подтверждающим, может быть перерыв, достигающий пяти — семи дней на коротком (минутном) тайм-фрейме и до месяца на часовике. Между БСУ и БПУ1 может быть любое количество других баров, и уровень может ими пробиваться.

Желательно, чтобы БСУ и БПУ1 совпадали копейка в копейку. В этом случае повышается уверенность в наличии лимитного игрока.

Сразу после БПУ1 ожидается появление второго бара, подтверждающего уровень, — БПУ2. При этом БПУ2 может не добивать до уровня на размер люфта.

Рис. 9.47. Подтверждение лимитного уровня

Люфт — это максимально допустимое расстояние от уровня до точки входа, то есть запас на случай недохода цены до уровня. Также люфт определяет, насколько до уровня может не добивать БПУ2.

Люфт зависит от волатильности инструмента и составляет приблизительно 20% от размера вашего стопа. Помните, что лимитная заявка не дает гарантий исполнения сделки. Даже при использовании люфта сделку не дают приблизительно в 20% случаев.

Размер люфта всегда включается в размер стопа.

Между БПУ1 и БПУ2 уже *не* должно быть никаких промежуточных баров, то есть они должны идти сразу друг за другом.

При выполнении всех описанных выше условий нужно перейти на короткий тайм-фрейм (от пятиминутки до часовика) и за 30 секунд до закрытия БПУ2 выставить лимитную заявку buy/sell limit от уровня на размер люфта.

Сразу после выставления лимитной заявки, не дожидаясь получения сделки, выставляем защитную стоп-лосс-заявку на расчетный или технический размер стопа.

После получения сделки выставляем лимитную тейк-профит-заявку.

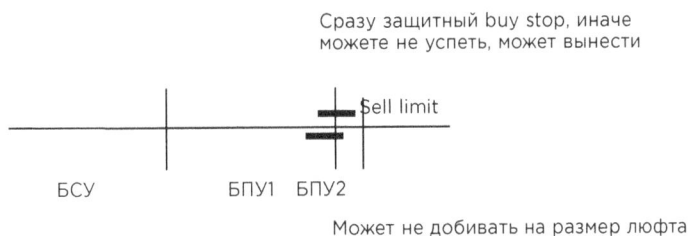

Рис. 9.48. Выставление заявок при торговле отбоя от уровня

Бары, подтверждающие уровень, не могут пробивать его даже на одну копейку. Если БПУ2 пробивает уровень, модель считается сломанной.

На что следует обратить внимание при торговле отбоя:

1. Наличие ценового уровня, найденного на дневном тайм-фрейме. Дневной уровень дает нам направление тренда — в зависимости от того, в какой зоне мы закрылись: в лонговой или шортовой. Локальный уровень не всегда может совпадать с дневным. Но направление на дневке не должно противоречить направлению движения на локальном уровне на меньшем тайм-фрейме. Когда на дневке шорт, а на пятиминутке лонг — в такие сделки мы не лезем.

2. Наличие запаса хода, определяемого по одному из видов ATR: а) технический ATR — от уровня к уровню; б) расчетный ATR — средняя величина дневного бара.

Торговля по сценарию отбоя от уровня первый час торгов не применяется. В первый час можно торговать, если:

1) впереди стоит сильный дневной уровень;

2) в первый час торгов был показан лимитный уровень и возник ложный пробой.

Лимитный ордер для входа в сделку при торговле отбоя от уровня отменяется в следующих случаях:

1. Когда бар, на котором мы планировали осуществить вход, — бар ТВХ — закрывается на отметке, отстоящей от ценового уровня на расстояние в два и более размера стопа.

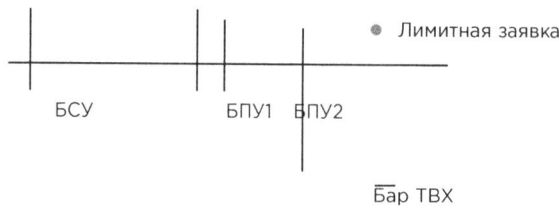

Рис. 9.49. Закрытие бара, отменяющее вход в сделку

2. Если БПУ2 является паранормально большим баром, открывать позицию не рекомендуется.

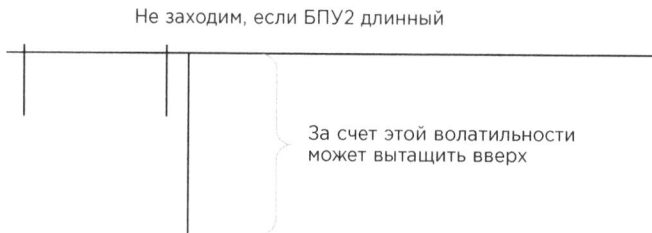

Рис. 9.50. Слишком большой размер БПУ2 отменяет сделку

3. Если на графике наблюдается модель поджатия.

Поджатие — постепенное *закрытие* каждого следующего бара все ближе к ценовому уровню. Поджатие определяется именно по цене закрытия: максимумы/минимумы здесь не важны.

Если на графике рисуется поджатие, то вход в отбой от уровня не рекомендуется. Необходимо дождаться появления выравнивающего бара, то есть бара, который перекрывает предыдущий ценой закрытия. После его появления можно заходить (см. рис. 9.51).

Это объясняется тем, что поджатие, как правило, приводит к пробою поджимаемого уровня. Соответственно, торговать модель отбоя в этом случае слишком рискованно (см. рис. 9.52).

Пробой уровня

Представьте очень сильный дневной уровень. Глобальный тренд — восходящий. Цена на отметке 6,0. При подходе к уровню на отметке 5,0 допустимы три варианта действий:

1. Мы торгуем отбой.

2. Мы торгуем пробой.

3. Мы торгуем ложный пробой.

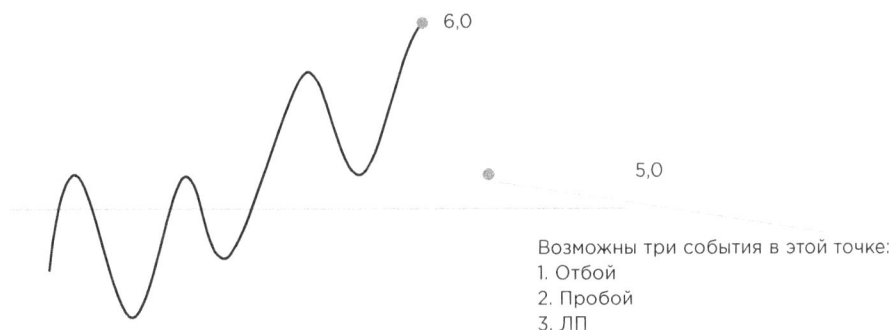

6,0

5,0

Возможны три события в этой точке:
1. Отбой
2. Пробой
3. ЛП

Рис. 9.53. Пример торговли пробоя уровня. Исходное состояние

Представим, что мы торгуем только пробой. Тогда что для нас будет являться пробоем? Ответ: любая точка ниже отметки 5,0. Соответственно, пока цена не дойдет до отметки 4,99, мы ничего с этим инструментом не делаем.

Все игроки, которые покупают в зонах А и Б, пока что находятся в плюсе, и до тех пор, пока цена выше уровня 5,0, они чувствуют себя вполне комфортно. Для них отметка 5,0 является так называемым абсолютным нулем. Это значит, что только после того, как цена уйдет ниже этого уровня, они начнут закрывать свои позиции, обрезая убытки.

Представим, что половина этих игроков работает без стопа, а вторая половина — со стопом, который выставлен у них под уровнем 5,0. Что можно ожидать после того, как этот уровень будет пробит? Возникнет импульс. Почему? Потому что все они надеялись, что стоят на твердой опоре, и, как только эту опору ломают, должно последовать резкое движение вниз.

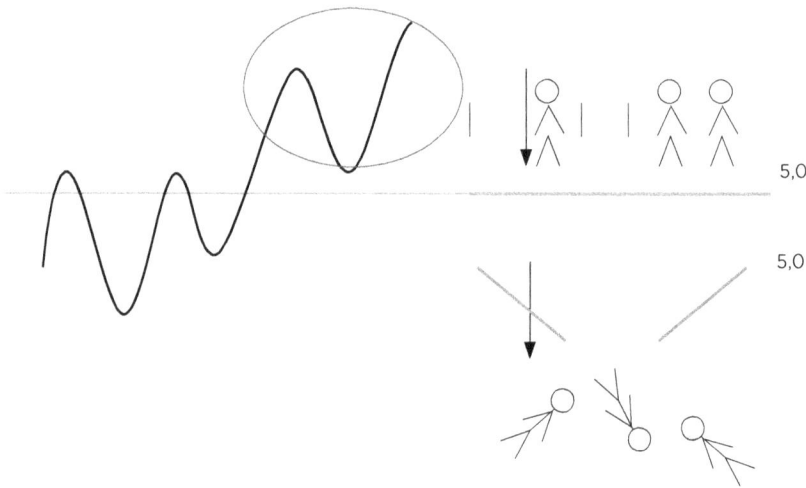

Рис. 9.55. Пример торговли пробоя уровня. Лонгисты теряют опору

Что хорошего в торговле пробоя? Всегда четко понятно, в какое место должен быть выставлен стоп. И если эмитент вернулся назад, это означает, что пробой был ложным.

Схема торговли пробоя ценового уровня:

1. Идентифицируем уровень на дневном графике.

Очень важный фактор: обратите внимание на то, как инструмент подходит к уровню. Если это маленькие бары, велика вероятность, что уровень будет пробит; большие бары — уровень выстоит.

Чем дольше и продолжительнее была консолидация выше или ниже уровня, тем сильнее будет пробой.

2. Еще до того, как инструмент подошел к уровню, выставляем заявку buy stop/sell stop на несколько пунктов выше или ниже уровня для входа в позицию.

3. После получения сделки выставляем защитный стоп-лосс.

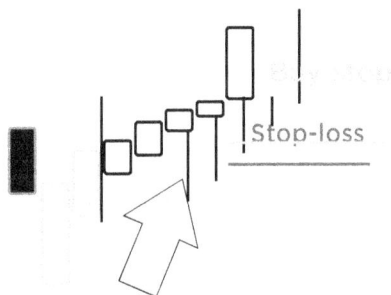

Главное условие:
поджатие, подход к уровню малыми барами

Рис. 9.56. Схема торговли пробоя ценового уровня

Любое накопление всегда переходит в реализацию. Обычно после того, как инструмент подходит к уровню и пробивает его, возникает импульс. Он будет тем сильнее, чем больший угол наклона графика образовался при подходе к уровню. Все ставят стоп практически в одно и то же место — за уровень. В точке пробоя уровня активизируются две группы игроков: лонгисты продолжат набор позиций после закрепления над уровнем, шортисты закроют (откупят) свои стопы, тем самым придав импульс в движении инструмента. Если лонгисты удержатся над уровнем, значит, там действительно есть сильный покупатель.

Лимитный продавец

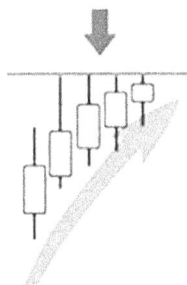

Подход к уровню малыми барами увеличивает шансы пробоя

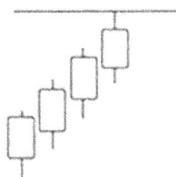

Если после падения не было отскока, значит, пойдем еще ниже

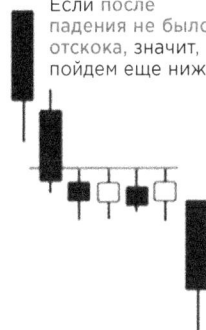

Дело идет к пробою уровня

Рис. 9.57. Пробойные модели

Ложный пробой

Все самые сильные движения начинаются и заканчиваются ложными пробоями. Ложный пробой всегда усиливает модель.

Простой ложный пробой формируется хвостом одного бара. Такой ложный пробой образует игрок, которому не нужна очень большая позиция: он просто собирает стопы и идет дальше в своем направлении.

Сложный ложный пробой может быть сформирован двумя, тремя и более барами. Первый бар закрывается выше уровня, и в этом случае игрок показывает, что движение пойдет дальше — создается иллюзия закрепления за уровнем. Но вторым баром инструмент возвращается обратно в прежнюю плоскость, где его будут подталкивать не только шортисты, но и срабатывающие стопы лонгистов. По этой причине модель с двумя барами сильнее, чем простой ложный пробой.

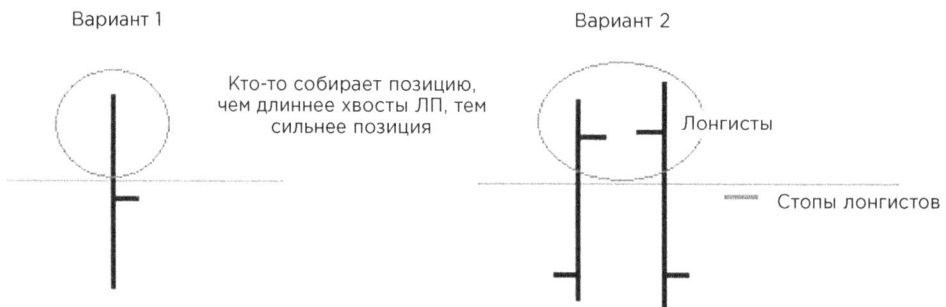

Рис. 9.58. Ложный пробой одним и двумя барами

Цена бара ложного пробоя должна закрыться ниже максимума (или выше минимума) предыдущего бара (не цены закрытия предыдущего бара, а экстремума предыдущего бара).

Если сразу после пробития уровня не возникает импульс в сторону пробоя, значит, его и не будет. В этом случае наиболее вероятно, что мы имеем дело с ложным пробоем.

В некоторых случаях, когда крупный игрок не добрал нужный ему объем позиции, он может совершать несколько ложных пробоев, прежде чем отпустит инструмент в нужном ему направлении.

Нельзя торговать одновременно простой ложный пробой и ложный пробой двумя барами. Технически возможно сочетать торговлю ложного пробоя двумя барами и сложный ложный пробой. Но поначалу лучше торговать эти стратегии в отдельности, чтобы сформировать понимание, за счет кого происходит движение.

В вашем торговом алгоритме должно быть зафиксировано, торгуете вы ложный пробой только по тренду или только против тренда.

Ложный пробой против тренда — предпочтительная модель, поскольку она чаще всего применяется при аккумуляционном движении в локальных трендах. После его появления высока вероятность на продолжение движения.

Рис. 9.59. Принцип ложного пробоя

Крупный игрок не даст обновить лоу после ложного пробоя, если он набирает лонговую позицию, и не позволит обновить хай для шорта.

После ложного пробоя должен возникнуть сильный импульс в сторону, обратную направлению ложного пробоя. Перед сильным движением обычно стараются высадить слабых игроков из их позиций. Для этого и применяется обманный маневр в виде ложного пробоя. С той же целью может применяться открытие с гэпом.

Для возникновения импульса нужны игроки, которые смогут обеспечить импульсное движение «бензином». При движении вниз это будут три типа игроков:

1) реальные продавцы, которые избавляются от актива;

2) покупатели, которые считают, что эмитент дешевый, и покупают его;

3) шортисты.

При торговле по стратегии ложного пробоя обязательно изучение торгуемого инструмента на предмет того, как он реагирует на пробои уровней.

Ложный пробой — это постфактумное явление, поскольку заранее неизвестно, является ли пробой реальным или ложным. С точки зрения анализа рыночной ситуации ложный пробой указывает сразу на две вещи:

1. Он подтверждает наличие уровня, потому что может возникать только относительно существующего уровня.

2. Так как ложный пробой является самым сильным инструментом крупного игрока для набора позиции, он усиливает ранее обозначенные уровни, тем самым подтверждая наличие крупного игрока.

Простой ложный пробой (одним баром)

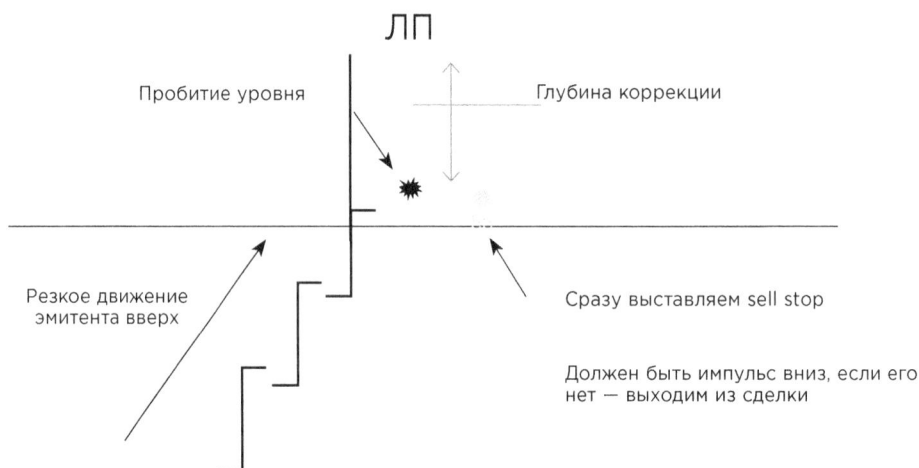

Рис. 9.60. Схема торговли простого ложного пробоя

Идея стратегии состоит в том, чтобы поймать первичное движение за счет засаженных.

Алгоритм действий:

1. Идентифицируем ценовой уровень на дневном графике.

2. Пробойный бар должен перейти из одной плоскости в другую, то есть мы должны увидеть пробой уровня.

3. Еще до закрытия пробойного бара выставляем в противоположной плоскости с отступом от уровня на несколько пунктов ордер sell stop для входа в позицию.

Сразу после открытия позиции выставляем защитный стоп-лосс. При этом если хвост ложного пробоя в пределах нашего риска, то можно ставить технический стоп-лосс за хвост ложного пробоя. В противном случае стоп ставится за уровень. Со стопами можно поиграться в зависимости от ситуации: обратите внимание на то, как подходили к уровню, насколько быстро, какова сила возникшего импульса, — все это имеет значение.

Если пробойный бар закрылся в плоскости пробоя (в нашем примере — выше уровня), то заявка sell stop отменяется.

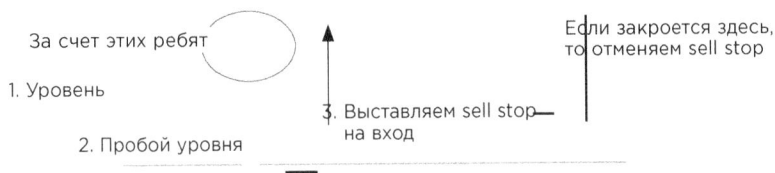

Рис. 9.61. Отмена заявки при торговле простого ложного пробоя

Ложный пробой можно торговать в первые часы сессии.

Ложный пробой работает в ту сторону, где есть засаженные.

Простые ложные пробои могут пробивать уровень пять — семь раз. Такие ложные пробои лучше торговать в экстремумах, рано или поздно цена все равно пойдет в нужном направлении. И чем больше было ложных пробоев, тем сильнее потом будет движение. Если идет резкое движение инструмента вверх и пробивается предыдущий хай, то сразу можно ставить sell stop, в расчете на то, что будет возврат и импульс вниз. При этом можно использовать очень короткий стоп-лосс. Если импульса нет, из сделки лучше выйти.

В данной торговой стратегии важна глубина ложного пробоя. После пробоя цена должна уйти на определенную глубину, которая зависит от волатильности инструмента, но, как правило, равна не более 30% от ATR.

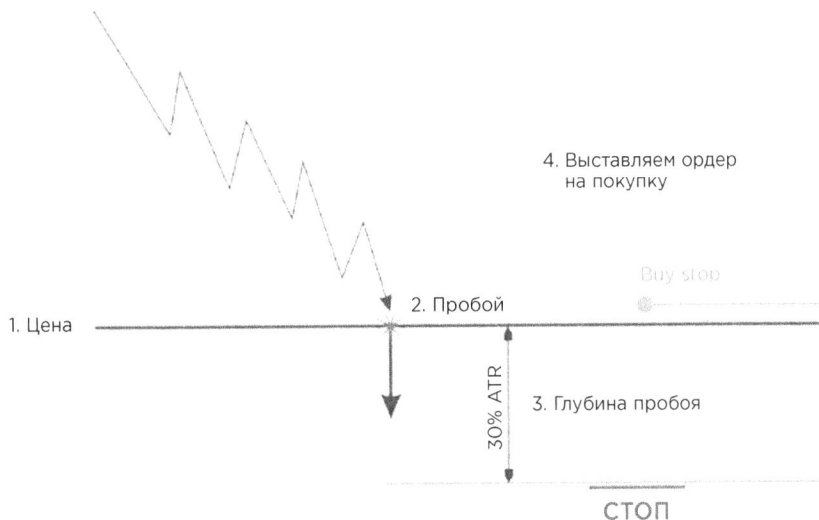

Рис. 9.62. Модель простого ложного пробоя с учетом глубины пробоя

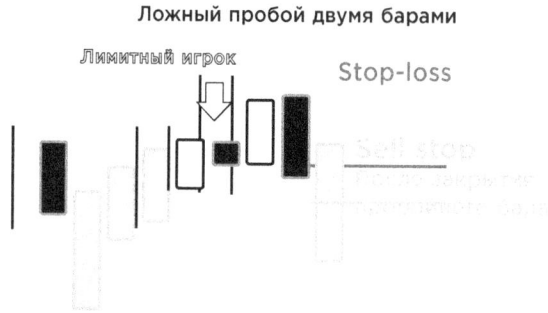

Рис. 9.63. Схема ложного пробоя двумя барами

Сложный ложный пробой — это более сильная и редкая формация. Он отличается тем, что пробойный бар закрывается за пробитым уровнем и только следующий за ним бар возвращается в плоскость, из которой был направлен пробой.

Что при этом делает крупный игрок? Он собирает более объемную позицию в зоне пробоя, чтобы потом уйти в нужном ему направлении.

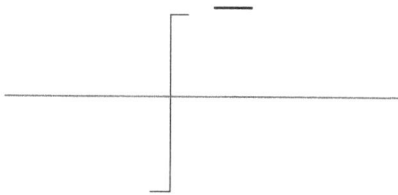
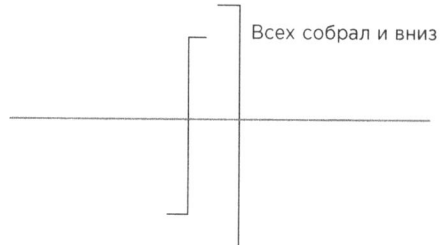

Рис. 9.64. Действия крупного игрока при ложном пробое двумя барами

Схема торговли ложного пробоя двумя барами:

1. Идентифицируем уровень на дневном графике.

2. Пробойный бар должен закрыться в зоне пробоя.

3. Второй бар должен открыться также в пробойной зоне. Открытие второго бара выше хая пробойного бара усиливает модель.

4. Сразу после открытия второго бара выставляем ордер sell stop для входа в позицию. Заявка выставляется с обратной стороны пробитого уровня с отступом на несколько пунктов.

5. Сразу при получении ордера выставляем защитный стоп-лосс, технический или расчетный. Технический стоп выставляется за хвост

ложного пробоя. Из двух баров ложного пробоя стоп-лосс выставляем за самый высокий бар. Если технический стоп-лосс не превышает расчетный более чем на 30%, то предпочтительнее ставить технический стоп-лосс. Короткие хвосты дают возможность поставить короткий стоп.

6. Выставляем заявку тейк-профит (как минимум 3:1).

Если второй пробойный бар закрывается в пробойной зоне, то заявка на вход отменяется.

Рис. 9.65. Условие отмены заявки на вход в позицию

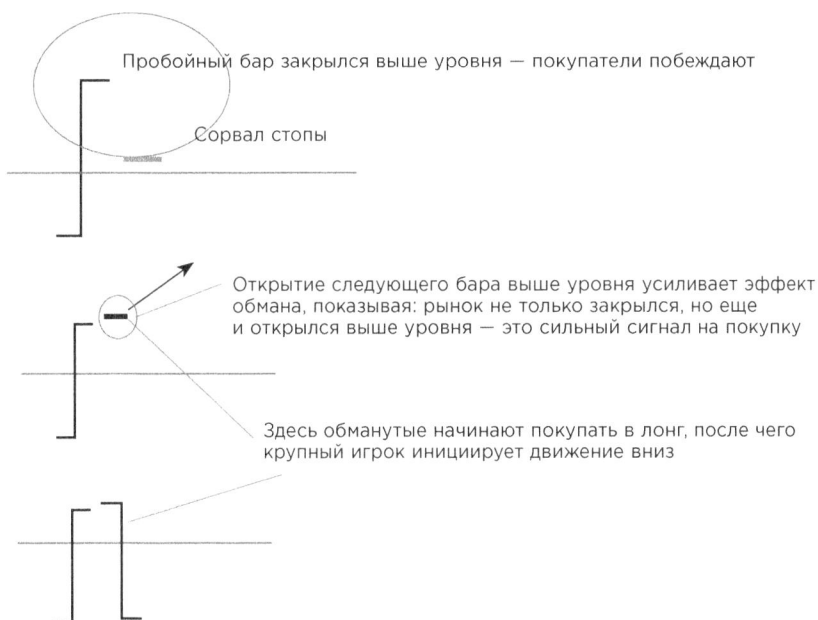

Рис. 9.66. Как устроен и почему работает ложный пробой двумя барами

Ложный пробой тремя и более барами

Алгоритм действий:

1. Идентифицируем уровень на дневном графике.

2. Пробойный бар должен закрыться в пробойной плоскости.

3. Все следующие бары — как минимум три — должны открыться и закрыться в той же плоскости и не возвращаться за пробитый уровень. При этом касания уровня допустимы. Чем больше баров консолидируется выше или ниже уровня, тем сильнее модель.

4. После трех баров, закрывшихся над (при пробитии вверх) или под (при пробитии вниз) уровнем, выставляется ордер sell stop для входа в позицию.

5. Сразу после получения сделки выставляем защитный ордер стоп-лосс, технический или расчетный. В данной модели технический стоп-лосс также является более предпочтительным. Если это вписывается в ваши правила риск-менеджмента, стоп-лосс выставляется за самый высокий бар в зоне пробоя.

6. Выставляем тейк-профит (как минимум 3:1).

Ордер на вход в позицию отменяется, если график подойдет и пробьет другой уровень, на котором будет строиться новая модель.

В этой стратегии мы торгуем за счет засаженных, которые ставят стоп ниже уровня. Крупному игроку нужно больше засаженных. Он набирает их, оставаясь в зоне пробоя. Пока засаженные находятся в плоскости своих покупок/продаж, они не боятся, но при пробитии ценового уровня они начнут паниковать. В период организованной крупным игроком консолидации игроки открывают позиции в сторону пробоя и ставят стопы с обратной стороны пробитого уровня. Но если вы торгуете ложный пробой, то в точке, где будут срабатывать их стопы, должна стоять ваша заявка на открытие позиции.

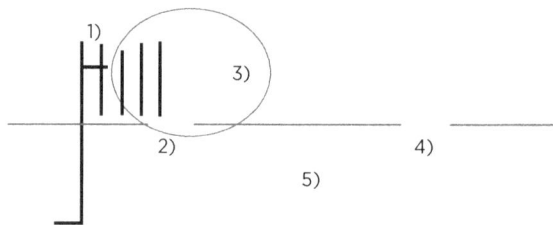

Рис. 9.67. Схема торговли ложного пробоя тремя и более барами

Отметка 1. Пробойный бар показывает, что мы победили уровень.
Отметка 2. Главное, чтобы последующие бары не пробивали уровень.
Отметка 3. У игроков складывается ощущение закрепления над пробитым уровнем, и они открывают все больше лонговых позиций.

Отметка 4. Это ключевой уровень: все, кто наверху, будут ставить стоп под уровень (отметка 5), а мы будем на этой отметке открывать свою шортовую позицию.

Торговля в канале

Первое, что мы должны сделать, — замерить ширину канала. Только если ширина канала составляет как минимум шесть стопов, торговля в канале разрешена.

Дальше нам нужно понять, находимся мы в шортовой или лонговой зоне. Под верхней границей канала покупки нежелательны, над нижней границей канала нежелательны продажи.

Торгуем от уровней, соответствующих границам канала. Если находимся в середине канала, то замеряем расстояние от предполагаемой точки входа до той границы канала, в сторону которой собираемся торговать. Если расстояние составляет более четырех стопов, торговля разрешена.

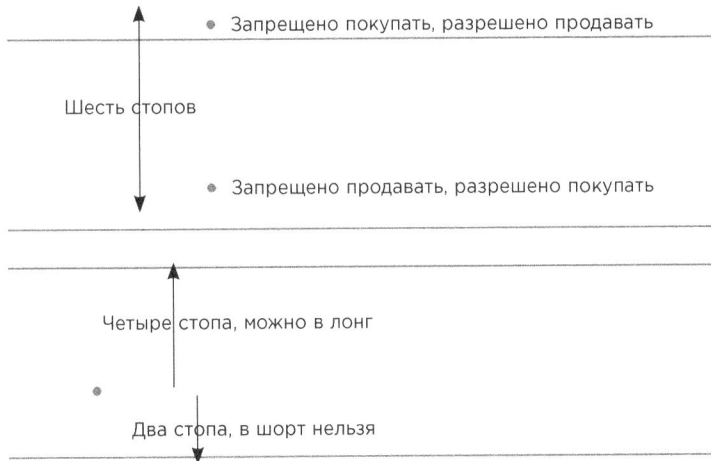

Рис. 9.68. Ширина канала — определяющее условие для возможности торговли

От дневного уровня можно торговать, если до следующего дневного уровня есть расстояние в шесть стопов. От локального внутридневного уровня можно торговать, если до следующего дневного уровня есть расстояние в четыре стопа.

В любом случае у вас должен быть запас хода.

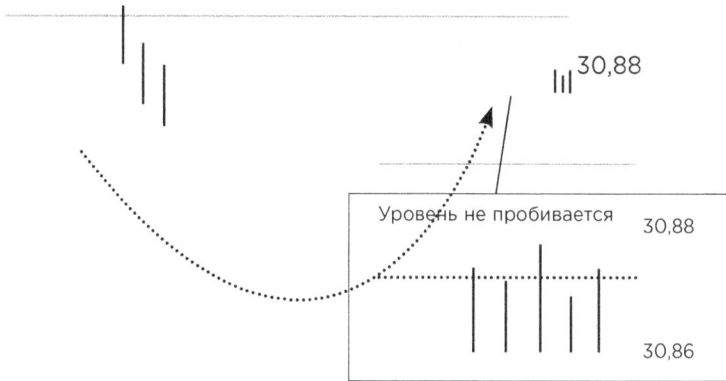

Рис. 9.69. Отсутствие запаса хода между уровнями

На рис. 9.69 идентифицирован сильный уровень. В какой-то момент мы возвращаемся к этому уровню снизу. Уровень находится на отметке 30,88. При этом на отметке 30,86 рисуется новый лонговый уровень. Но торговать от этого уровня нельзя, поскольку этот уровень зажат сверху дневным уровнем 30,88. Необходимо вначале пробить дневной уровень и закрепиться над ним.

Когда цена зажата сверху и снизу, торговля идет только по тренду.

Рис. 9.70. Торговля по тренду при зажатии цены в канале

После того как вас выбило по стопу, в сделку можно перезаходить при соблюдении следующих условий:

1. Если не поломалась трендовая модель. Например, рынок по-прежнему подает шортовые сигналы.

2. Если ширины канала по-прежнему хватает для того, чтобы вы могли обеспечить соотношение прибыли к риску в размере как минимум три к одному.

Выход из сделки по безубытку

Начинающие трейдеры часто задаются вопросом, нужно ли и можно ли выходить из сделки по достижении уровня безубытка.

У нас есть два варианта:

1. Либо мы закрываемся строго по технике, то есть торгуем от уровня и сидим в позиции до достижения следующего уровня, и в этом случае нам не надо выходить по соотношению 3:1, 4:1 и т.д.

2. Либо мы выставляем тейк-профит, опираясь на стандартное соотношение прибыли к риску: 3:1, 4:1, 5:1 и т.д.

Результаты статистического анализа говорят нам, что выигрывает тот трейдер, который всегда используетсистемный выход.

На первых порах выход по достижении соотношения прибыли к риску в размере 3:1 или 4:1 является более предпочтительным вариантом, поскольку прежде всего вы должны составить себе представление о том, как движется рынок и конкретно тот инструмент, который вы торгуете. В безубыток можно переходить при достижении соотношения 2:1 при одном условии: если торгуемый инструмент ведет себя очень нервно. Если же цена вашего актива движется спокойно, тогда можно продолжать удерживать позицию: у вас будет возможность выйти.

Усредненные статистические показатели демонстрируют, что использование выхода по безубытку приводит к ухудшению результата торговли. Но для принятия решения вы должны опираться на статистический анализ *собственной* торговли. Оцените, хорошо ли для вас выходить по безубытку или это отрицательно сказывается на вашей личной торговле.

Торговый алгоритм, домашняя работа

Что должно быть в алгоритме? Ответ: всё! Сначала у вас получается объемный свод правил, затем он переходит в тезисы и наконец сокращается до одного листочка. Алгоритм должен быть очень лаконичным, но при этом содержать в себе все «красные флажки», которые не дадут вам отклониться от выбранного направления. Например, на начальном этапе вы можете прописать для себя следующие основные принципы для своего трейдинга:

1. Торгую только по своему алгоритму.

2. Торгую один тайм-фрейм.

3. Торгую только по тренду.

4. Торгую только уровневые модели.

5. Пользуюсь только лимитными ордерами.

6. Торгую только от стопа.

7. Торгую только инструменты с высоким потенциалом.

8. Торгую то, что вижу, а не то, что хочется.

9. Торгую в хорошем настроении и самочувствии.

10. Торгую только от сильных уровней.

В алгоритме обязательно должно быть описано, как вы идентифицируете уровни и по какой системе торгуете. Обязательный раздел должен содержать правила риск- и мани-менеджмента.

Кроме этого, в торговом сценарии необходимо заранее составить планы действий как на случай, если все пойдет хорошо, так и на тот случай, когда рынок пойдет против вас.

Важной составляющей торгового алгоритма являются правила выполнения домашней работы.

Домашняя работа

Основной задачей, которая решается при выполнении домашней работы, является отбор активов для торговли с последующим написанием торгового сценария для каждого отобранного инструмента. При этом вы обращаете внимание на такие важные условия, как:

1) наличие тренда: в тренде происходят самые большие движения;

2) наличие запаса хода — значение ATR: технического — от уровня к уровню — или расчетного;

3) наличие ценовых уровней и движение текущей цены относительно этих уровней: скорость подхода цены к уровню, формации — есть ли поджатие или подходил быстро большими барами и т. п.;

4) характеристика ценового поведения актива: не стоит выбирать для торговли очень волатильные бумаги, которые с большей вероятностью будут вышибать стопы; с осторожностью подходите к выбору активов, которые за последнее время сильно выросли или упали; обязательно надо обращать внимание на инструменты, выглядящие сильнее или слабее рынка, то есть живущие своей собственной жизнью.

В результате первичного отбора формируем три списка:

1. Приоритетный — в него входят активы, у которых хорошо виден уровень на дневке и цена находится на этом уровне или у этого уровня, есть достаточный запас хода до следующего уровня.

2. Дополнительный — хорошо видны уровни, но цена находится между уровнями, есть достаточный запас хода до следующего уровня.

3. Все остальное — непонятные уровни на дневке; много уровней и все достаточно близко друг к другу или, наоборот, отсутствие близлежащих уровней; просто непонятное поведение цены актива.

Затем производится дополнительная фильтрация отобранных инструментов. Для того чтобы инструмент попал в лист торгуемых, необходимо выполнение следующих условий:

1. Цена подошла к значимому уровню и/или тестировала его.

2. Инструмент ходит в канале.

3. Объемы на закрытии выше среднего.

4. Имеется явный тренд.

5. Непрерывный плавный график.

При этом идеальные условия для сделки отслеживаются по следующим параметрам:

1. Совпадение глобального и локального трендов.

2. Наличие сильного уровня.

3. Наличие запаса хода (потенциала).

4. Наличие возможности выставить короткий стоп-лосс.

5. Обеспечение соотношения прибыли к риску не менее 3:1.

6. Соответствующий направлению сделки рыночный фон.

Информация о соответствии каждого из отобранных инструментов перечисленным параметрам вносится в специальную таблицу, включающую в себя: а) лист на шорт, б) лист на лонг, в) лист на ожидание (активы, по которым существует неопределенность).

В таблице указывается наименование инструмента, цена закрытия предыдущей сессии, близлежащие уровни, ATR инструмента. В зависимости от результата анализа инструмент заносится в соответствующий лист. По каждому отобранному инструменту составляется *торговый сценарий*, включающий в себя: график и подробное описание действий с объяснением, почему по инструменту принято именно такое решение. Кроме этого, в сценарий заносятся цены предполагаемой точки входа, стоп-лосса и тейк-профита.

Каждая сделка начинается с ответов на вопросы чек-листа. Каждая сделка начинается, продолжается и заканчивается сохранением картинок ценового графика. В конце недели составляется подробное описание сделки. После окончания торговой недели сводится статистика сделок и производится оценка уровней для предстоящей торговой недели. В конце месяца выполняется статистический анализ всех сделок и обязательно выводится часть прибыли (ежемесячный заработок трейдера).

Внутри торгового дня (не менее двух раз в день; как правило, в первой половине дня и в конце рабочего дня) ведется наблюдение за ситуацией на рынке. По результатам заполняются или корректируются таблицы-списки.

Для облегчения анализа, а также для повышения его качества можно использовать аналитические и торговые схемы, приведенные в приложении.

Приложение

ПОЛЕЗНЫЕ ГРАФИЧЕСКИЕ СХЕМЫ

Схемы для анализа рыночной ситуации

Ключевыми и определяющими для представленных далее схем являются экстремумы ближайшие и новые, цены закрытия, а также понимание того, что происходит на рынке в конкретный момент.

Схема 1

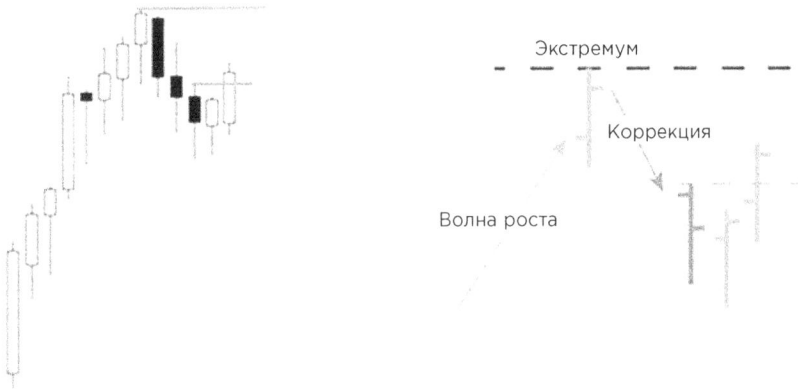

Описание: дневка, волна роста, достижение экстремума, коррекция и возможный сценарий дальнейшего движения.

Формация: последняя свеча закрывается выше максимума последней медвежьей свечи коррекции, тем самым усиливает сигнал окончания коррекционного движения.

Вывод: покупатели действуют эффективнее, инструмент в тренде и должен рассматриваться для открытия лонговой позиции.

Схема 2

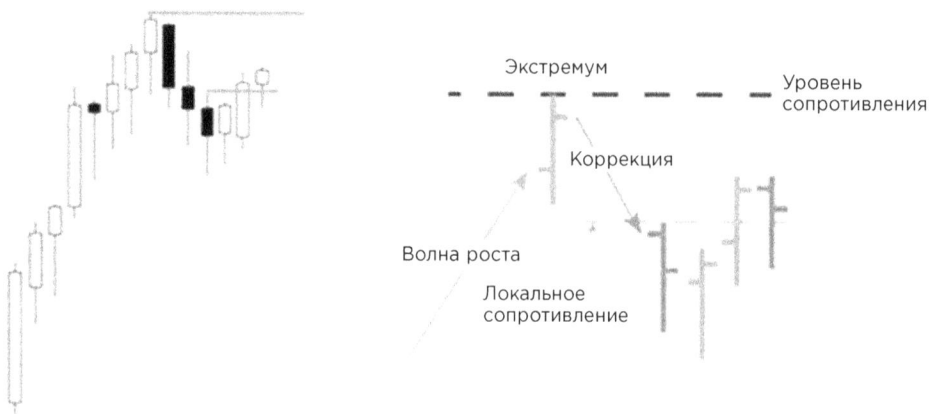

Описание: дневка, волна роста, достижение локального максимума, коррекция и возможный сценарий.

Формация: свеча закрывается выше максимума последней медвежьей свечи локального уровня сопротивления. Следующая свеча делает ретест уровня и закрывается выше локального уровня сопротивления. Пробили, закрепились, отстоялись. При попытке продавцов опустить цену покупатели эффективнее.

Вывод: покупатели эффективнее, инструмент в тренде, попадает в лист на лонг.

Схема 3

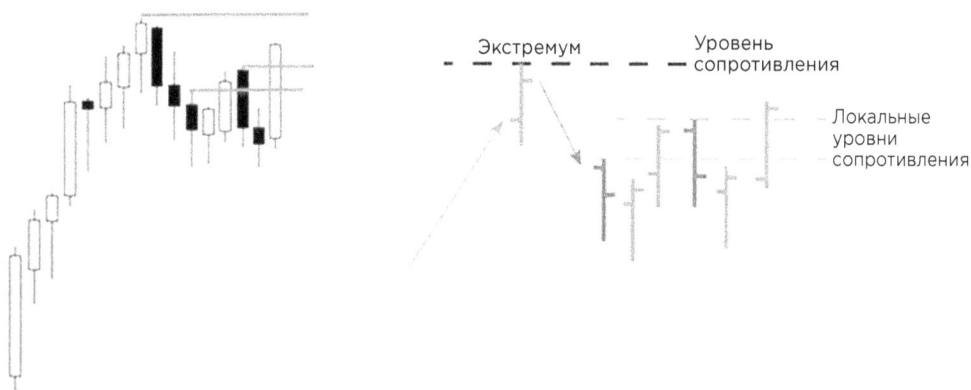

Описание: дневка, волна роста, достижение локального максимума, коррекция и возможный сценарий.

Формация: свеча закрывается выше максимума последней медвежьей свечи локального уровня сопротивления. Следующая свеча закрывается ниже локального уровня сопротивления, и коррекция продолжается.

Последняя свеча пробивает локальные уровни сопротивления, образованные максимумами бычьих свечей, и закрепляется выше них.

Вывод: инструмент в тренде, попадает в лист на лонг.

Схема 4

 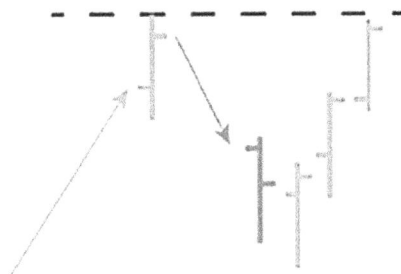

Описание: дневка, волна роста, достижение локального максимума, коррекция и возможный сценарий.

Формация: свеча привязана к хаю свечи экстремума. Закрывается под уровнем.

Вывод: нет потенциала движения, инструмент попадает в лист ожидания.

Схема 5

 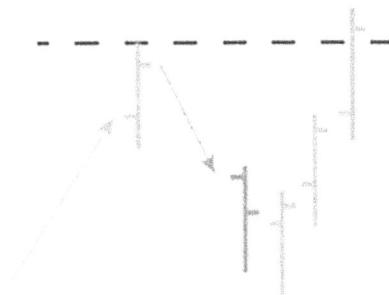

Описание: дневка, волна роста, достижение локального максимума, окончание коррекции, пробой уровня сопротивления.

Формация: свеча закрывается выше уровня сопротивления.

Вывод: покупатели эффективнее, инструмент в тренде, попадает в лист на лонг.

Схема 6

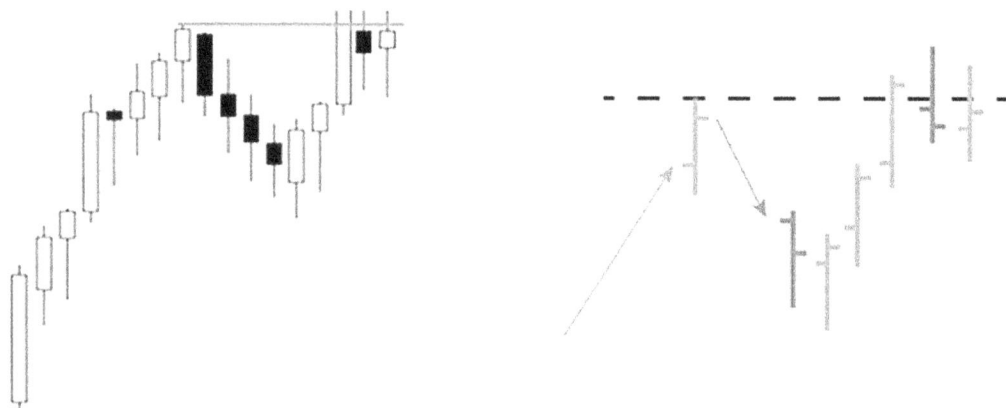

Описание: дневка, волна роста, достижение локального максимума, окончание коррекции, пробой уровня сопротивления.

Формация: свеча закрывается выше уровня сопротивления. Следующая свеча — ложный пробой, возврат за уровень. Последняя свеча пробивает минимум предыдущей и закрывается ниже уровня сопротивления. То есть оба последних бара ниже уровня сопротивления, минимум последнего ниже минимума предыдущего.

Вывод: покупатели и продавцы равносильны, продолжаем наблюдение.

Схема 7

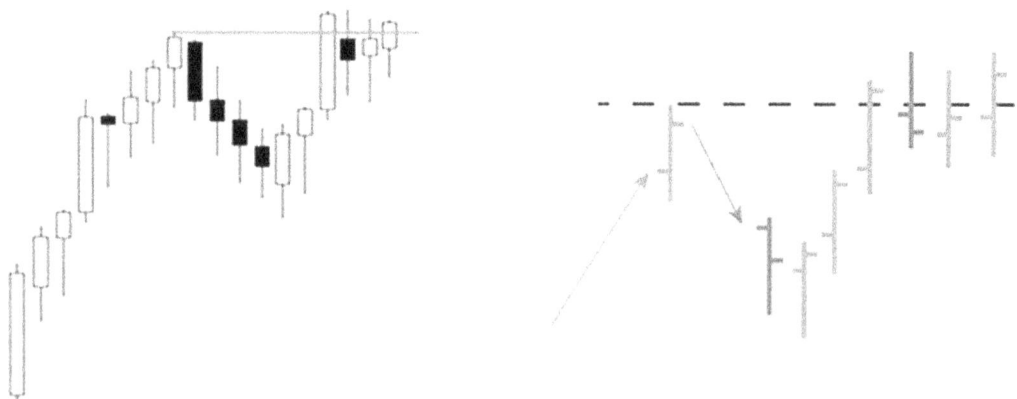

Описание: дневка, волна роста, достижение локального максимума, окончание коррекции, пробой уровня сопротивления.

Формация: свеча закрывается выше уровня сопротивления. Следующая свеча — ложный пробой, возврат за уровень. Предпоследняя свеча пробивает минимум предыдущей и закрывается ниже уровня сопротивления. Последняя свеча закрывается над уровнем сопротивления.

Вывод: покупатели эффективнее, инструмент в тренде, попадает в лист на лонг.

Схема 8

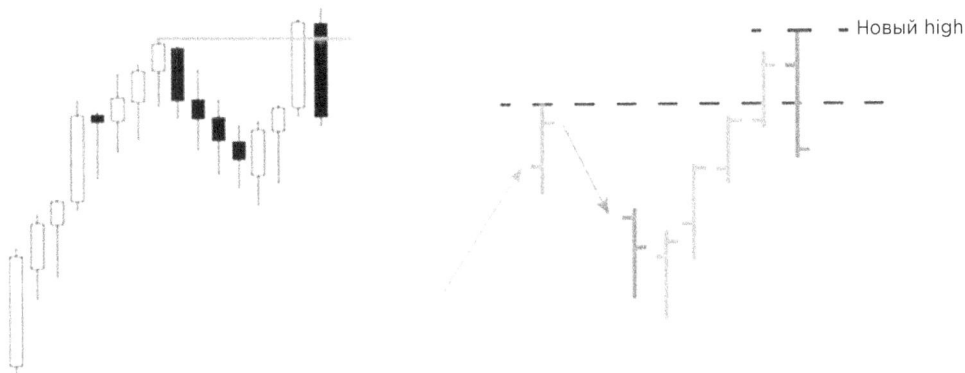

Описание: дневка, волна роста, достижение локального максимума, окончание коррекции, пробой уровня сопротивления.

Формация: свеча закрывается выше уровня сопротивления. Следующая свеча — ложный пробой, был перехай, возврат за уровень, пробивает минимум предыдущей свечи и закрывается ниже.

Вывод: продавцы эффективнее, инструмент попадает в лист на шорт.

Схема 9

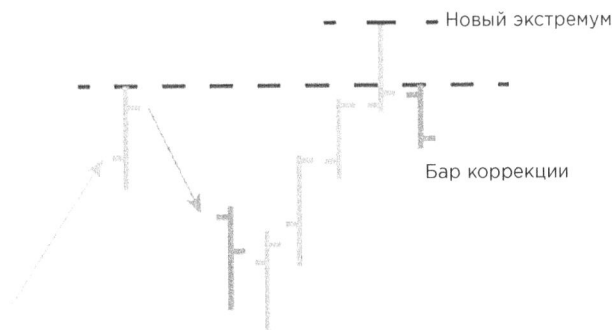

Описание: дневка, волна роста, достижение локального максимума, окончание коррекции, пробой уровня сопротивления.

Формация: был перехай (новый экстремум), последний бар закрылся под уровнем и ниже лоу предыдущего бара.

Вывод: продавцы эффективнее, инструмент попадает в лист на шорт.

Схема 10

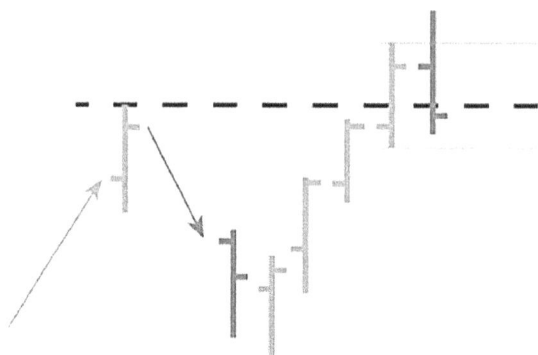

Описание: дневка, волна роста, достижение локального максимума, окончание коррекции, пробой уровня сопротивления.

Формация: был перехай (новый экстремум), последний бар закрылся под уровнем, но выше лоу предыдущего бара.

Вывод: покупатели удерживают позиции и остаются эффективнее, инструмент попадает в лист на лонг.

Схема 11

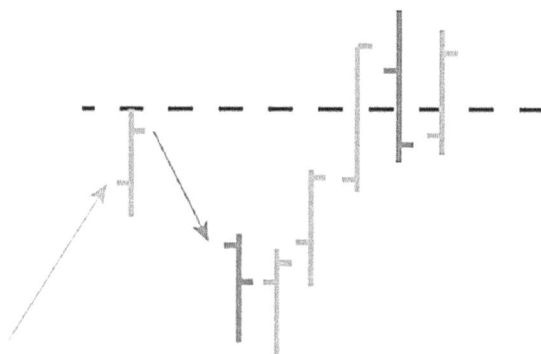

Описание: дневка, волна роста, достижение локального максимума, окончание коррекции, пробой уровня сопротивления.

Формация: был перехай (новый экстремум), последний бар закрылся выше своего открытия и выше уровня.

Вывод: покупатели удержали позиции и по-прежнему выглядят более сильными, инструмент в тренде, попадает в лист на лонг.

Схема 12

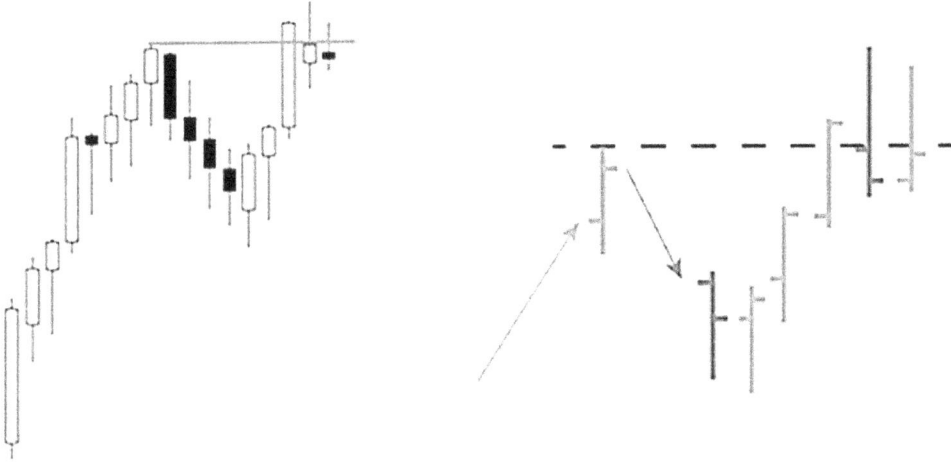

Описание: дневка, волна роста, достижение локального максимума, окончание коррекции, пробой уровня сопротивления.

Формация: свеча закрылась выше уровня сопротивления. Следующая свеча — ложный пробой, возврат за уровень. Не обновляются лоу свечей, лоу последней свечи выше предыдущей.

Вывод: покупатели эффективнее, инструмент в тренде, попадает в лист на лонг.

Схема 13

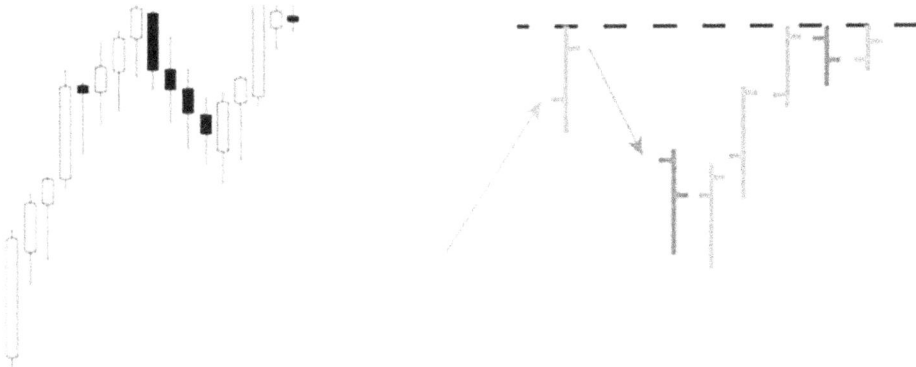

Описание: дневка, волна роста, достижение локального максимума, коррекция, продолжение роста к уровню экстремума.

Формация: свечи у уровня сопротивления, лоу последней свечи выше предыдущей, то есть последний бар закрылся ниже уровня, но лоу последнего бара выше лоу предыдущего.

Вывод: покупатели эффективнее, инструмент в тренде, попадает в лист на лонг.

Схема 14

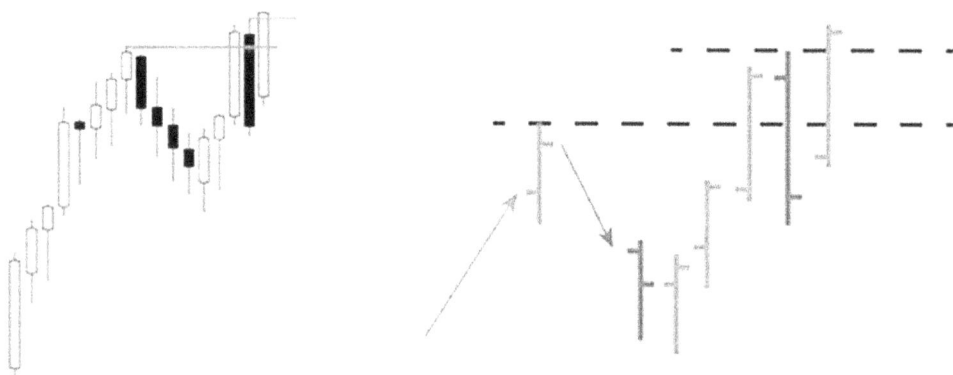

Описание: дневка, волна роста, достижение локального максимума, окончание коррекции, пробой уровня сопротивления.

Формация: свечи за уровнем сопротивления, вторая свеча обновила хай свечи, пробившей уровень, последняя свеча закрылась выше предыдущих.

Вывод: покупатели эффективны, инструмент в тренде, попадает в лист на лонг.

Схема 15

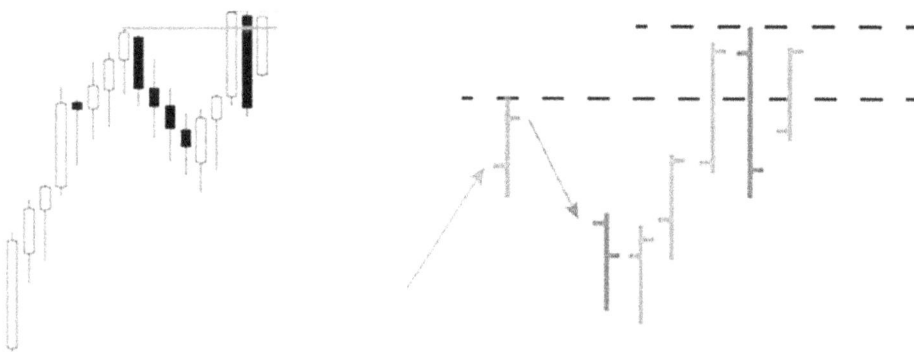

Описание: дневка, волна роста, достижение локального максимума, окончание коррекции, пробой уровня сопротивления.

Формация: свечи за уровнем сопротивления, вторая свеча обновила хай свечи, пробившей уровень, последняя свеча закрылась ниже хая предпоследней свечи.

Вывод: покупатели неэффективны, инструмент не в тренде, остаемся вне рынка, наблюдаем за развитием ситуации.

Шортить тоже нельзя, так как можно нарваться на покупателя при очень близком уровне сопротивления.

Схема 16

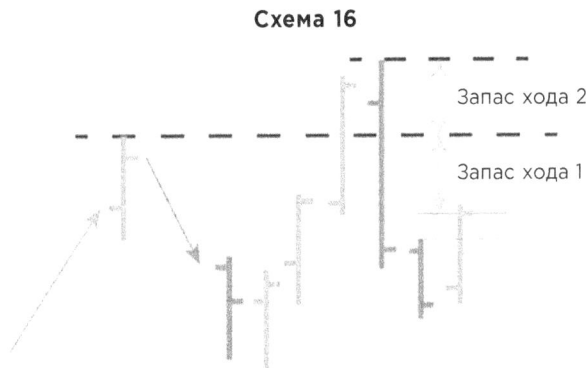

Описание: дневка, волна роста, достижение локального максимума, окончание коррекции, пробой уровня сопротивления.

Формация: была вторая коррекция, но не было перелоу. Последний бар закрылся выше хая предыдущего бара.

Вывод: покупатели эффективнее, коррекция закончилась, инструмент в тренде, попадает в лист на лонг.

Схема 17

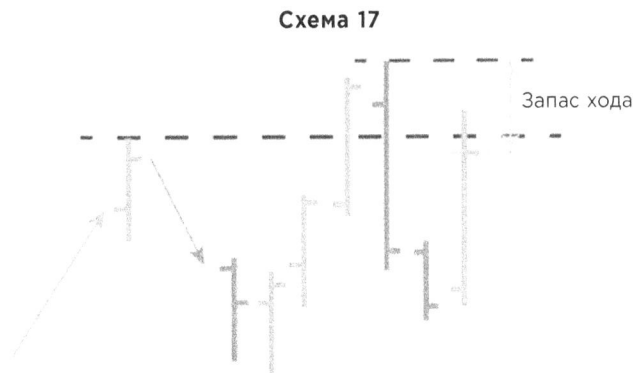

Описание: дневка, волна роста, достижение локального максимума, окончание коррекции, пробой уровня сопротивления.

Формация: последний бар закрылся выше хая предыдущего бара.

Вывод: коррекция закончилась, инструмент в тренде, однако уперлись в уровень. Запас хода еще есть, попадает в лист на лонг.

Схема 18

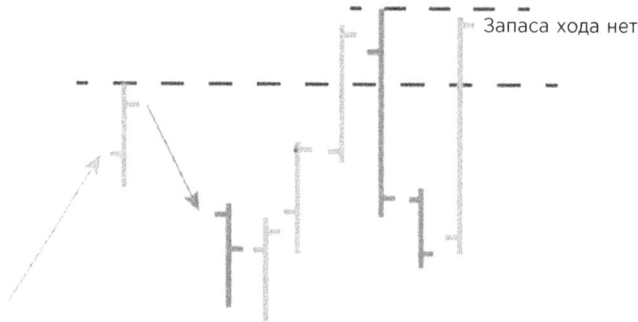

Запаса хода нет

Описание: дневка, волна роста, достижение локального максимума, окончание коррекции, пробой уровня сопротивления.

Формация: последний бар закрылся выше хая предыдущего бара.

Вывод: покупатели эффективнее, коррекция закончилась, инструмент в тренде, но закрылись под вторым уровнем сопротивления, запаса хода нет. Уровень сильный, но из-за отсутствия запаса хода и после паранормального бара разумнее будет проследить за дальнейшим развитием событий. Инструмент попадает в лист ожидания.

Схема 19

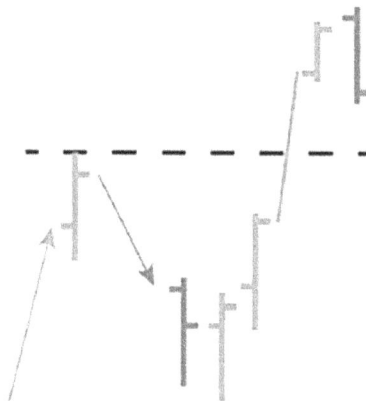

Описание: дневка, волна роста, достижение локального максимума, окончание коррекции, пробой уровня сопротивления.

Вывод: покупатели и продавцы примерно равны — остаемся вне рынка, наблюдаем за развитием событий.

Сценарий: если следующий бар закроется ниже лоу последнего белого бара, то продавцы станут сильнее, произойдет слом тренда и инструмент попадет в лист на шорт. Если следующий бар закроется выше хая последнего черного бара, то эффективнее будут уже покупатели, инструмент окажется в тренде, попадет в лист на лонг.

Схема 20

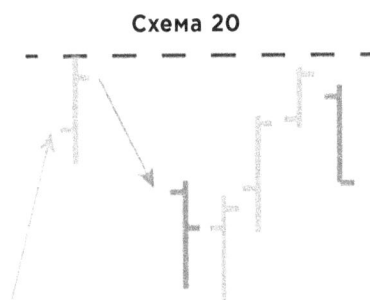

Описание: дневка, волна роста, достижение локального максимума, коррекция, продолжение роста к уровню экстремума.

Вывод: покупатели и продавцы примерно равны — остаемся вне рынка, наблюдаем за развитием событий.

Сценарий: если следующий бар закроется ниже лоу последнего белого бара, то продавцы станут сильнее, произойдет слом тренда и инструмент попадет в лист на шорт. Если следующий бар закроется выше хая последнего черного бара, то покупатели станут эффективнее, инструмент окажется в тренде, попадет в лист на лонг.

Схема 21

Описание: дневка, волна роста, глубокая коррекция и ее окончание, рост инструмента к уровню сопротивления.

Формация: попытка текущей цены обновить лоу предыдущей свечи.

Вывод: и покупатели, и продавцы эффективны — остаемся вне рынка, ждем подтверждения.

Сценарии: если текущая свеча обновляет лоу предыдущей и закрывается за ним, продавцы эффективнее, инструмент попадет в лист на шорт. Если следующая свеча закроется выше максимума последней медвежьей свечи, покупатели станут эффективнее, инструмент окажется в тренде и попадет в лист на лонг.

Схема 22

Описание: дневка, волна снижения, глубокая коррекция и ее окончание, рост инструмента к уровню сопротивления с последующим его пробоем. Рост цены инструмента после пробоя.

Формация: попытка текущей цены поглотить последнюю свечу роста.

Вывод: и покупатели, и продавцы эффективны — остаемся вне рынка, ждем подтверждения.

Сценарии: если текущая свеча обновляет лоу предыдущей и закрывается за ним, продавцы окажутся эффективнее, инструмент попадет в лист на шорт. Если следующая свеча закроется выше максимума последней медвежьей свечи, покупатели станут эффективнее, инструмент окажется в тренде и попадет в лист на лонг.

Схема 23

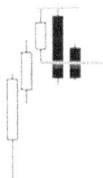

Описание: последние две свечи закрылись ниже минимума последней бычьей свечи.

Вывод: продавцы эффективны, слом тренда, инструмент попадает в лист на шорт.

Схема 24

Описание: последние две медвежьи свечи закрылись ниже лоу последней бычьей свечи. Последняя медвежья свеча закрылась ниже лоу последней неэффективной бычьей свечи.

Вывод: продавцы эффективны, слом тренда, инструмент попадает в лист на шорт.

Схема 25

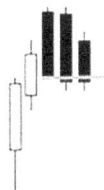

Описание: последние две медвежьи свечи закрылись ниже лоу медвежьей свечи, образовавшей экстремум.

Вывод: продавцы эффективны, слом тренда, инструмент попадает в лист на шорт.

Схема 26

Описание: дневка.

Формация: свеча закрылась под уровнем сопротивления. Последняя свеча — текущая цена.

Вывод: и покупатели, и продавцы эффективны, остаемся вне рынка, ждем подтверждения.

Сценарии: если следующая свеча закрывается ниже минимума последней бычьей свечи, продавцы станут эффективнее, инструмент попадет в лист на шорт. Если следующая свеча закрывается выше максимума последней медвежьей свечи, покупатели станут эффективнее, инструмент окажется в тренде и попадет в лист на лонг.

Схема 27

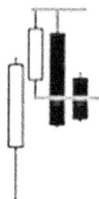

Описание: последние две свечи закрылись ниже минимума последней бычьей свечи.

Вывод: продавцы эффективны, слом тренда, инструмент попадает в лист на шорт.

Схема 28

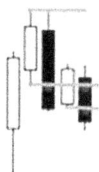

Описание: последние две свечи закрылись ниже лоу предпоследней бычьей свечи. Последняя медвежья свеча закрылась ниже лоу последней неэффективной бычьей свечи.

Вывод: продавцы эффективны, слом тренда, инструмент попадает в лист на шорт.

Схема 29

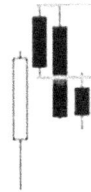

Описание: последние две медвежьи свечи закрылись ниже лоу медвежьей свечи, образовавшей экстремум.

Вывод: продавцы эффективны, слом тренда, инструмент попадает в лист на шорт.

Схема 30

Описание: дневка.

Формация: свеча закрылась выше уровня сопротивления. Последняя свеча — текущая цена.

Вывод: и покупатели, и продавцы эффективны — остаемся вне рынка, ждем подтверждения.

Сценарии: если следующая свеча закрывается ниже минимума последней бычьей свечи, продавцы станут эффективнее, инструмент попадет в лист на шорт. Если следующая свеча закрывается выше максимума последней медвежьей свечи, покупатели станут эффективнее, инструмент окажется в тренде и попадет в лист на лонг.

Схема 31

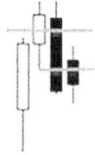

Описание: последние две свечи закрылись ниже минимума последней бычьей свечи.

Вывод: продавцы эффективны, слом тренда, инструмент попадает в лист на шорт.

Схема 32

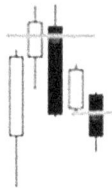

Описание: последние две свечи закрылись ниже лоу предпоследней бычьей свечи. Последняя медвежья свеча закрылась ниже лоу последней неэффективной бычьей свечи.

Вывод: продавцы эффективны, слом тренда, инструмент попадает в лист на шорт.

Схема 33

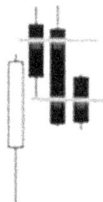

Описание: последние две медвежьи свечи закрылись ниже лоу последней медвежьей свечи, образовавшей экстремум.

Вывод: продавцы эффективны, слом тренда, инструмент попадает в лист на шорт.

Схемы для торговых сделок

В каждом из рассмотренных ниже случаев для применения схемы должна быть проведена оценка: силы дневного уровня, направления тренда по дневному тайм-фрейму, запаса хода (на возможность обеспечения соотношения прибыли к риску в размере как минимум 3:1). Кроме этого, проверяется наличие подтверждающего сигнала (консолидация или ложный пробой). Защитный стоп выставляется за уровень.

Лонговые схемы

Направление тренда в каждом случае определено по дневке.

Схема 34

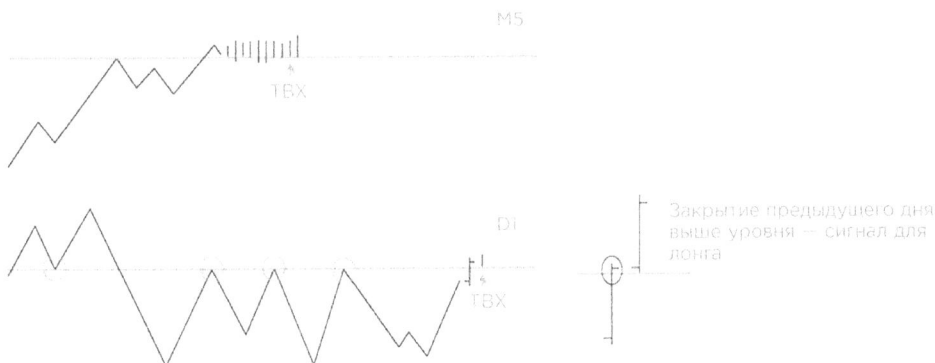

Тренд восходящий.

Схема 35

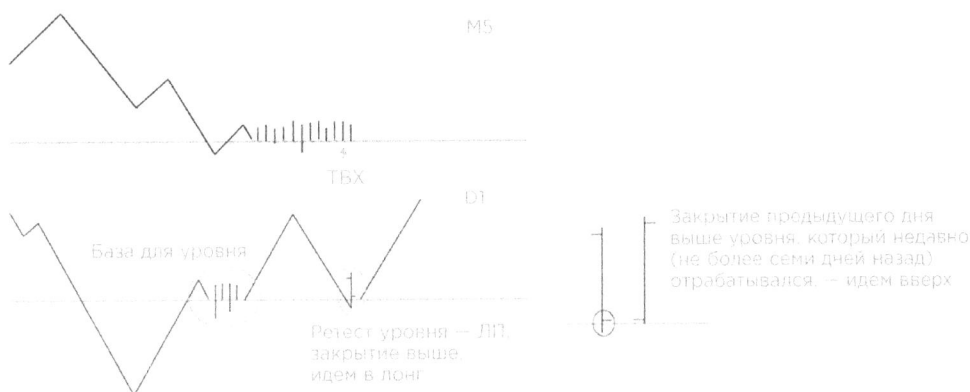

Тренд восходящий.

Схема 36

M5

TBX

D1

База для уровня

Закрытие предыдущего дня
выше уровня, который недавно
(не более семи дней назад)
отрабатывался, — идем вверх

Ретест уровня — ЛП,
закрытие выше,
идем в лонг

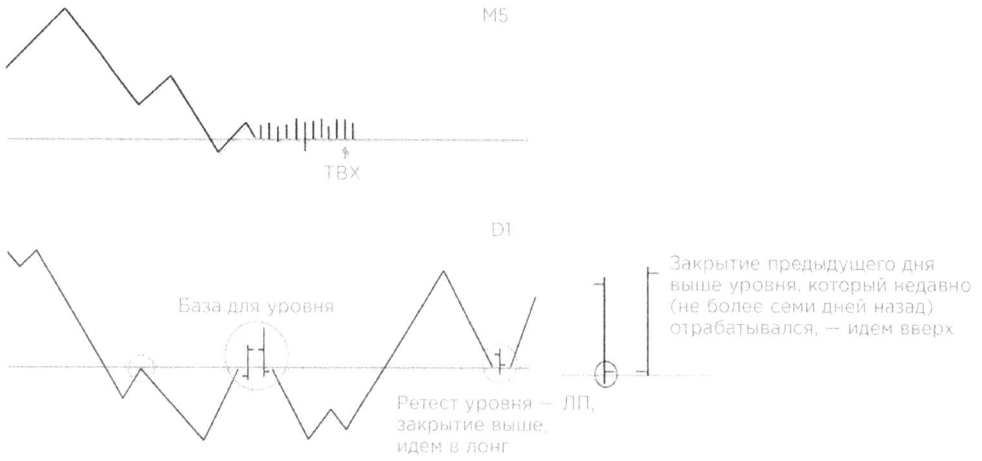

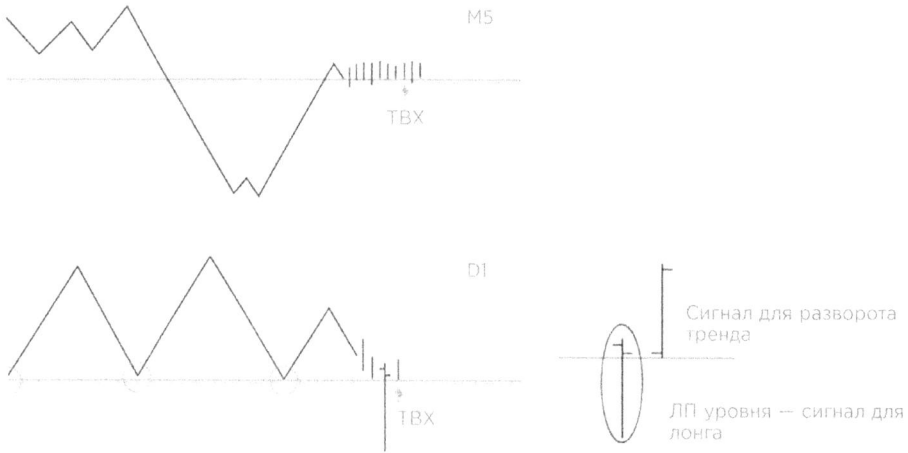

Тренд восходящий.

Схема 37

M5

TBX

D1

TBX

Сигнал для разворота
тренда

ЛП уровня — сигнал для
лонга

Тренд восходящий.

Схема 38

M5

ТВХ

D1

ЛП на уровне, который встречался ранее,
сигнал для разворота в лонг

Этот сигнал не должен противоречить общему
направлению рынка, в противном случае вход
отменяется

ТВХ

Тренд восходящий.

Схема 39

M5

ТВХ

D1

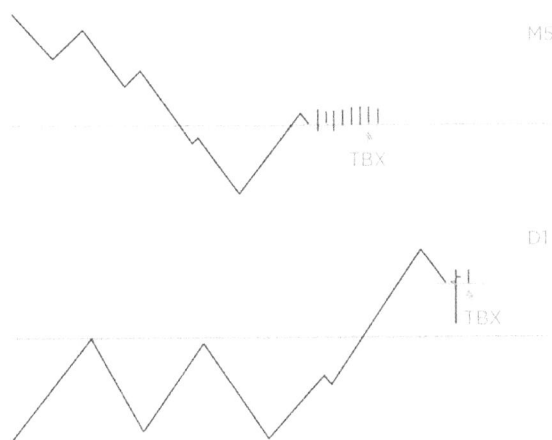

Разворотный бар хвостом показывает,
что, скорее всего, откат закончен
и можно продолжать в лонг

ТВХ

Тренд восходящий.

Схема 40

M5

Консолидация должна иметь минимум 8-10 касаний на уровне

D1

Вход в лонг по тренду возможен только при следующих условиях:

1. Сигнал не противоречит общему направлению рынка
2. Запас хода минимум 3:1
3. Есть жесткая консолидация

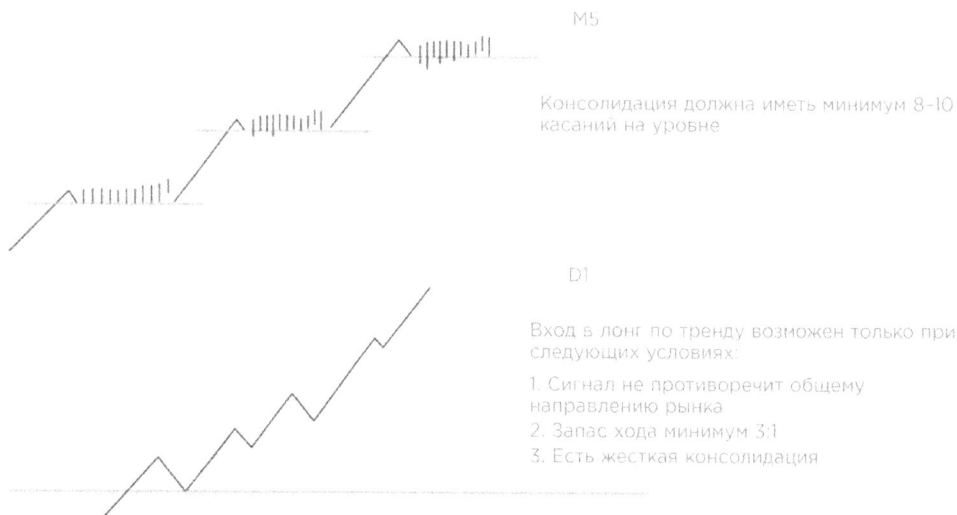

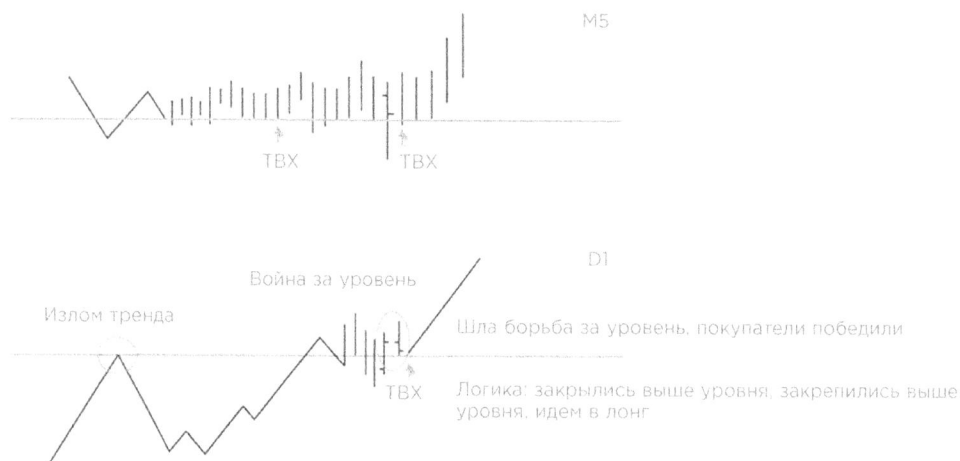

Тренд восходящий. Наличие жесткой консолидации. Облака на локальном тайм-фрейме.

Схема 41

M5

TBX   TBX

D1

Война за уровень

Излом тренда

Шла борьба за уровень, покупатели победили

TBX

Логика: закрылись выше уровня, закрепились выше уровня, идем в лонг

Тренд восходящий.

Схема 42

Набор крупной позиции   M5

TBX   TBX

D1

Проторговка   Набор позиции крупным игроком выше
                               зеркального уровня

TBX

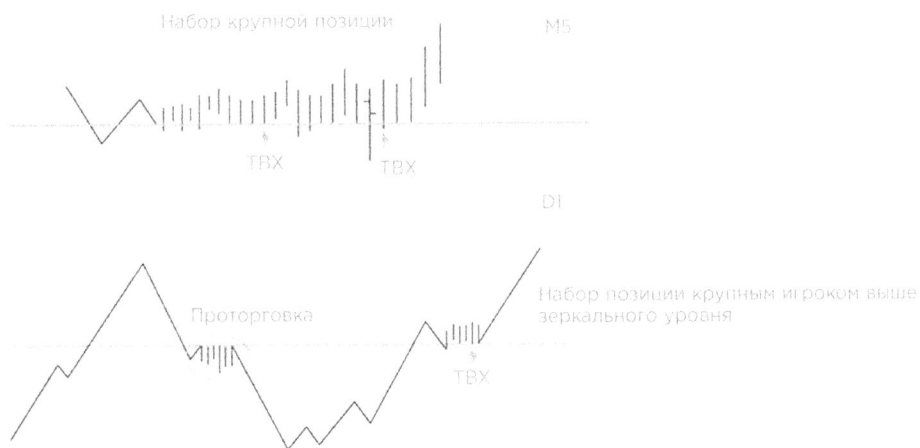

Тренд восходящий.

Шортовые схемы

Схема 43

M5

TBX

D1   Закрытие предыдущего
                      бара ниже уровня — идем
                      вниз

TBX

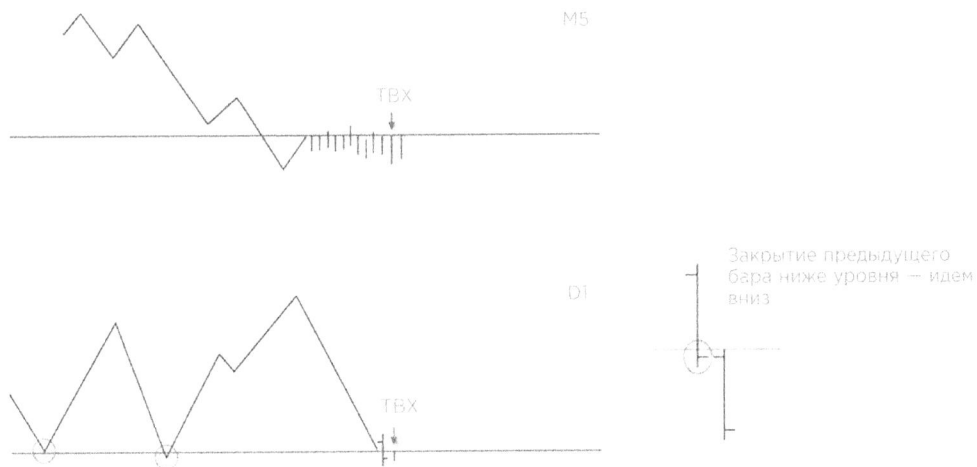

Тренд нисходящий.

Схема 44

M5

TBX

D1

TBX

Закрытие предыдущего дня
ниже уровня, который недавно
(не более семи дней назад)
отрабатывался, — идем вниз

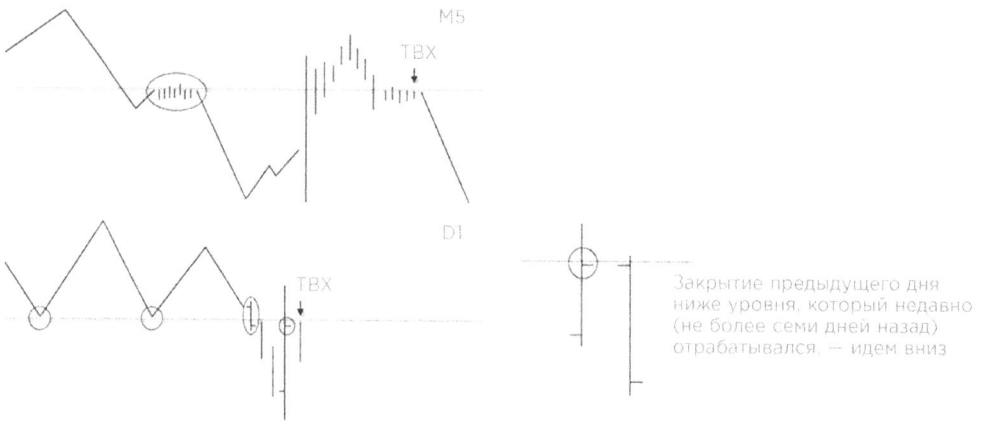

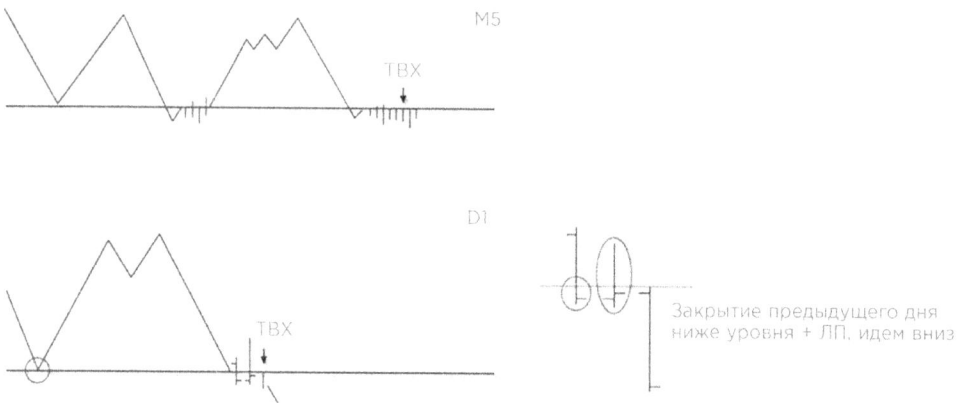

Тренд нисходящий.

Схема 45

M5

TBX

D1

TBX

Закрытие предыдущего дня
ниже уровня + ЛП, идем вниз

Тренд нисходящий.

Схема 46

Двойная вершина   ТВХ   M5

D1

Закрытие предыдущего
дня ниже уровня, который
недавно (не более семи дней
назад) отрабатывался —
идем вниз

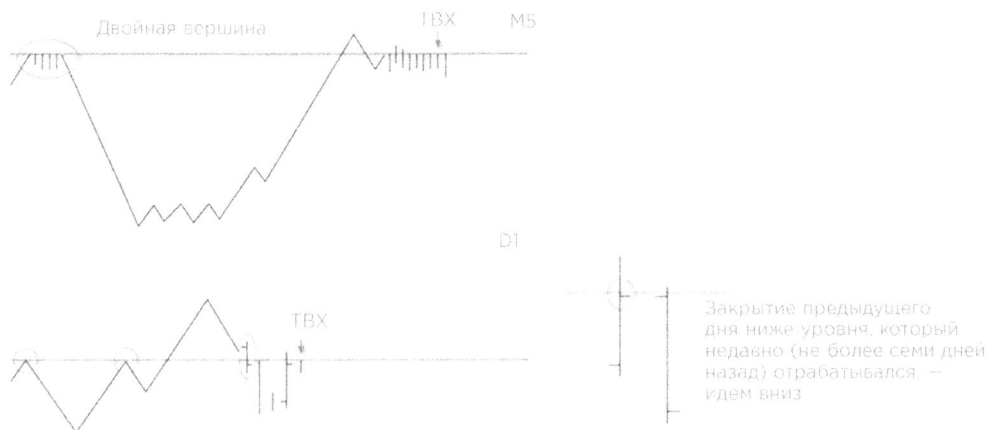

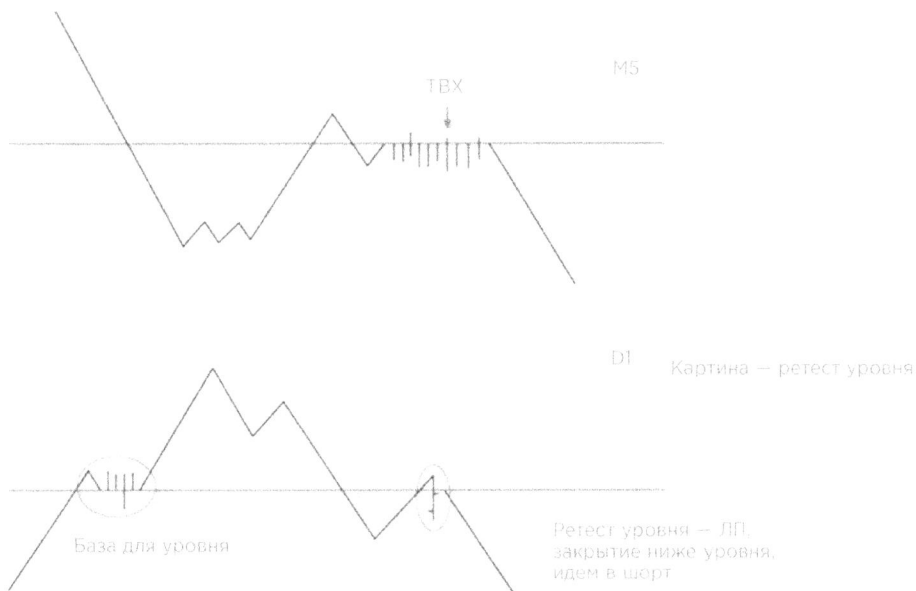

Тренд нисходящий.

Схема 47

ТВХ   M5

D1   Картина — ретест уровня

База для уровня

Ретест уровня — ЛП,
закрытие ниже уровня,
идем в шорт

Тренд нисходящий.

Схема 48

M5

TBX

D1

TBX

Простой ЛП, сигнал для
разворота тренда

Тренд нисходящий.

Схема 49

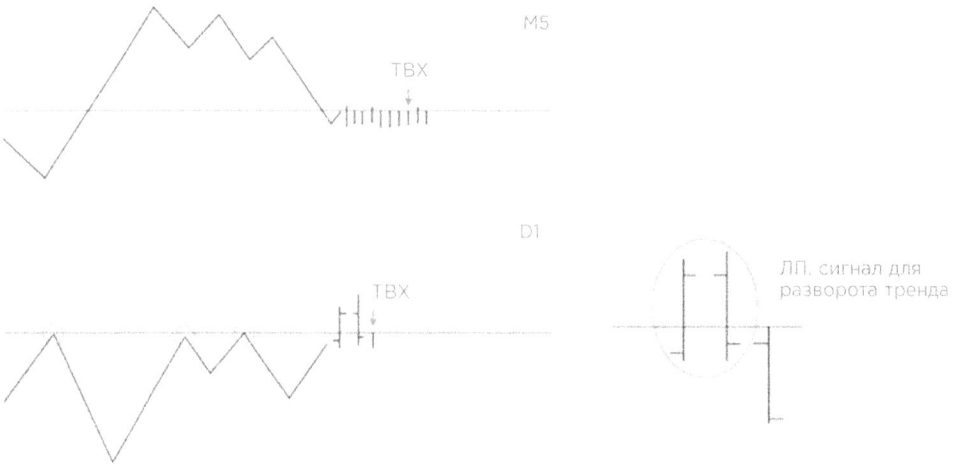

M5

TBX

D1

TBX

ЛП, сигнал для
разворота тренда

Тренд нисходящий.

Схема 50

M5

TBX

Зеркальный
уровень

Внутренний бар —
сигнал для разворота

TBX   D1

Закрытие ниже —
подтверждение шорта

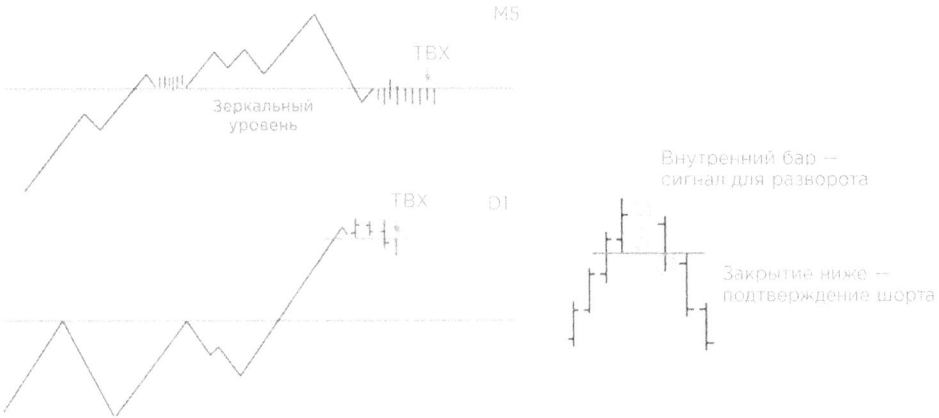

Тренд нисходящий.

Схема 51

Облака на локальном ТФ   M5

Зеркало

Консолидация должна быть ниже
предыдущего локального уровня

Продолжать движение можно только после
отката 30-35% от предыдущего движения

После отката в области зеркала нужно ждать
поведения цены:
Первый бар — удар в зеркало
Второй бар — остановка ниже зеркала
Третий бар — вход

Нельзя входить без отката,
откат — бензин для движения

D1

Зеркало / откат 30% от локального
дна

Зеркало 1

Зеркало, но вход невозможен:
нет отката и видно поджатие —
80% пробой уровня

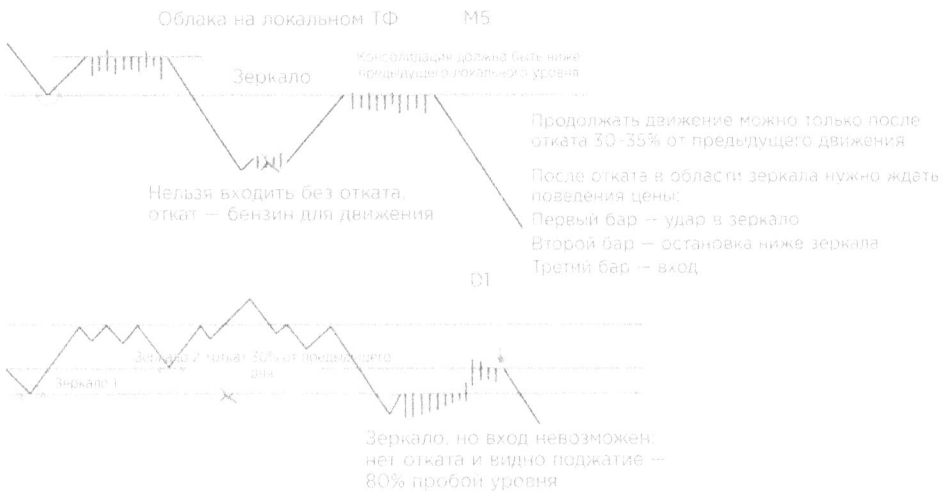

Тренд нисходящий. Консолидация — вход лимитом.

Схема 52

Набор крупной позиции

TBX   TBX   M5

D1

Набор позиции КИ

Проторговка

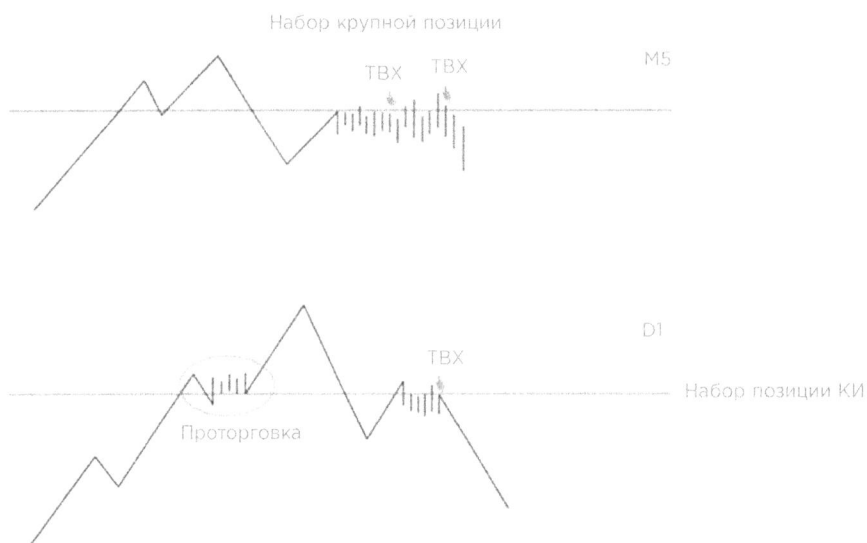

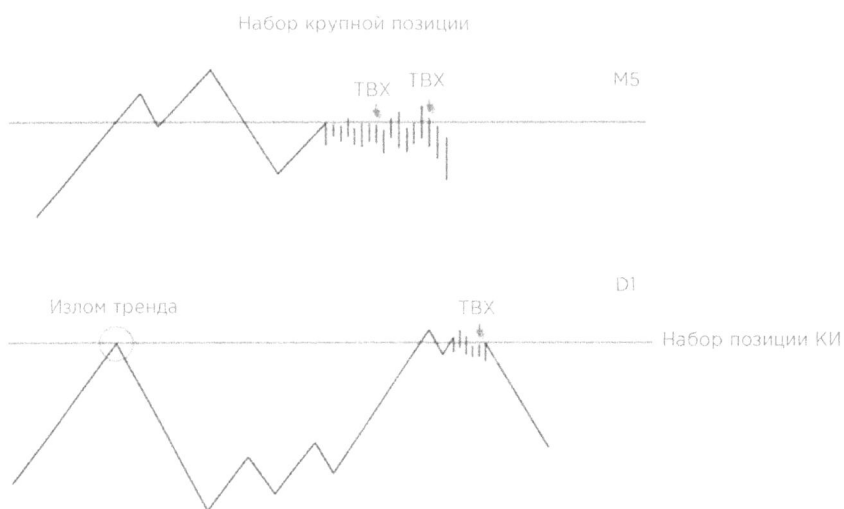

Тренд нисходящий.

Схема 53

Набор крупной позиции

TBX   TBX   M5

D1

Излом тренда   TBX
                                             Набор позиции КИ

Тренд нисходящий.

СЛОВАРЬ ТЕРМИНОВ

В этом разделе представлены термины, которые могут вам пригодиться как при изучении данной книги, так и при непосредственной работе на бирже.

Знание биржевой лексики необходимо для понимания текста биржевых сводок, прогнозов, комментариев и аналитических материалов экспертов, а также при общении с другими трейдерами.

Close — цена закрытия, то есть цена последней сделки, зафиксированной в рассматриваемый временной период (см. также **Тайм-фрейм**).

Forex — внебиржевой рынок, на котором покупатели и продавцы проводят сделки с валютами (валютными парами).

High (хай) — максимальная цена актива, зафиксированная в рассматриваемый временной период (см. также **Тайм-фрейм**).

Low (лоу) — минимальная цена актива, зафиксированная в рассматриваемый временной период (см. также **Тайм-фрейм**).

Open — цена открытия, то есть цена первой сделки, зафиксированной в рассматриваемый временной период (см. также **Тайм-фрейм**).

Аккумуляция — набор позиции крупным игроком. Обычно сопровождается постепенным движением цены в сторону набираемой позиции (лонг/шорт).

Актив — в настоящей книге под этим термином понимается любой торгуемый инструмент (акции, облигации, фьючерсы, валютные пары и т. п.), имеющий рыночную ценность.

Акция — ценная бумага, дающая владельцу право претендовать на долю от чистой прибыли компании (дивиденды), право принимать участие и голосовать на собрании акционеров, а также право претендовать на долю имущества компании, выпустившей данные акции (эмитента).

Аск (ask) — цена предложения (см. также **Бид**).

Бай (buy) — покупка актива.

Байлимит (buy limit) — разновидность биржевого приказа (заявки). Представляет собой отложенный приказ на покупку актива по лимитной цене, цена исполнения может быть не выше указанной в лимитной заявке. Приказ исполнится, если текущая цена актива достигнет уровня, указанного в параметрах заявки.

Байстоп (buy stop) — разновидность биржевого приказа (заявки). Представляет собой отложенный приказ на покупку актива по цене выше текущей. Приказ исполнится, если текущая цена актива достигнет уровня, указанного в параметрах заявки.

Бар (bar) — разновидность графической формы представления изменений цены актива, произошедших за рассматриваемый период (см. также **Тайм-фрейм**).

Бид (bid) — цена спроса (см. также **Аск**).

Боковик (флет, flat) — ценовое движение актива без выраженной тенденции к росту или падению.

Брокер — специалист (организация), в соответствии с заключенным договором исполняющий торговые приказы клиентов на бирже.

Бумажная прибыль/убыток — накопленная к определенному моменту по открытой позиции, но не зафиксированная прибыль/убыток. Фиксация прибыли/убытка осуществляется в результате закрытия позиции.

Бык — сленговое наименование участника рынка, покупающего активы в расчете на рост их рыночной стоимости (см. также **Медведь**, **Свинья**).

Волатильность — мера изменчивости цены или отклонение цены от своего среднего или обычного значения. Мерой волатильности обычно служит стандартное отклонение цены. Чем больше колебания или изменения цены, тем выше волатильность.

Гэп (gap) — ценовой диапазон, внутри которого не совершалось сделок. Визуально отражается на биржевом графике в виде разрыва между соседними барами (свечами).

Дейтрейдинг (day trading) — стиль торговли, при котором открытие и закрытие позиций происходит в рамках одной торговой сессии без переноса открытых позиций на следующий день.

Депозит — денежные средства, внесенные клиентом на брокерский счет для проведения дальнейших торговых операций (сделок).

Диверсификация — балансовое распределение инвестиционного капитала между активами с различными рисками и доходностями с целью минимизации инвестиционных рисков. Позволяет обеспечить такое распределение инвестиций, чтобы убытки по одному инструменту компенсировались прибылью по другим.

Дистрибуционная модель (дистрибуция) — ценовое движение, возникающее после того, как крупный игрок уже набрал крупную позицию и инструмент начинает свою реализацию (обычно следует после аккумуляции).

Длинная позиция — см. **Лонг**.

Дневка — сленговое название биржевого графика с тайм-фреймом, равным одному дню.

Допуск — разница между стоп-ценой (ценой активации, указанной в стоп-заявке) и ценой, по которой активированная заявка выставляется на исполнение.

Закрытие позиции (выход) — действие, обратное открытию позиции. Продается ранее купленный (при лонге) или покупается ранее проданный (при шорте) объем актива. Закрытие позиции приводит к обмену актива на его денежную стоимость.

Имбаланс (imbalance) — существенное различие между ордерами на покупку и продажу одного и того же актива на рынке.

Консолидация — приостановка направленного ценового движения и закрепление цены актива на примерно одинаковом уровне или в ограниченном ценовом диапазоне. Сопровождается значительным снижением волатильности.

Короткая позиция — см. **Шорт**.

Коррекция — ценовое движение, направленное в противоположную сторону от основного или превалирующего ценового движения.

Котировка — текущая биржевая цена какого-либо актива.

Кредитное плечо (маржинальное кредитование) — возможность покупать активы на сумму, превышающую собственный капитал, а также возможность продавать ценные бумаги, которых нет на вашем счете. Это возможно благодаря кредитованию, которое обеспечивает вам брокер (см. также **Маржин-колл**).

Кукловод — сленговое наименование крупного участника торгов, способного создавать обманные ценовые движения с целью побудить более мелких участников совершать сделки в направлении, выгодном кукловоду.

Ликвидность — показатель, оценивающий возможность относительно быстро и без значительных потерь в стоимости продать тот или иной актив. Для количественного измерения ликвидности используют оборот торгов по конкретному активу и сложившийся на рынке ценовой спред для этого актива. Чем выше оборот и ниже спред, тем выше ликвидность актива.

Лонг (long) — покупка актива в надежде на последующий рост его стоимости, а также позиция, открытая с той же целью. Торговцев в лонг называют быками.

Лось — сленговое обозначение убытка (от англ. loss). Производные выражения: «пасти лосей» — накапливать убытки, отказываясь от их фиксации; «порезать лосей» — зафиксировать убыток путем закрытия убыточной позиции.

Лот — минимальный установленный правилами торгов объем актива, с которым может быть совершена биржевая сделка. Размер лота зависит от рыночной цены актива и, соответственно, может быть различным для разных активов.

Люфт — допустимое отклонение от расчетной цены сделки при выставлении торговой заявки. Обычно применяется с целью повысить шансы на совершение сделки. При открытии длинной позиции точка входа определяется путем прибавления значения люфта к цене уровня. При открытии короткой позиции значение люфта, наоборот, вычитается из цены уровня.

Мажоритарий — крупный акционер, который, как правило, входит в состав совета директоров компании. Такие акционеры или их доверенные лица могут участвовать в управлении компанией, они имеют доступ ко всей внутренней информации о компании, их голос является весомым при принятии решений советом директоров и собранием акционеров.

Маржин-колл (margin call) — требование брокера к трейдеру увеличить объем денежных средств (активов), являющихся залогом при предоставлении клиенту маржинального кредитования. Возникает из-за нехватки залоговых активов в результате снижения их рыночной стоимости.

Маркет-мейкер (market maker) — крупный участник рынка (банк, инвестиционная компания, фонд и т. п.), определяющий ценовые границы изменения рыночной цены актива за счет значительной доли своих операций в общем объеме рынка. Маркет-мейкеры поддерживают относительную стабильность цены актива путем выставления крупных торговых заявок и проведения операций друг с другом, а также с иными участниками рынка.

Медведь — сленговое наименование участника рынка, продающего активы в расчете на снижение их рыночной стоимости — играющего в шорт (см. также **Бык, Свинья**).

Миноритарий — мелкий акционер, не входящий, в отличие от мажоритария, в совет директоров компании; от его голоса практически не зависит принятие решений собрания акционеров. Миноритарные акционеры вкладывают денежные средства в акции в расчете на рост их курсовой стоимости и получение дивидендов.

Минутка (минутный график) — сленговое наименование биржевого графика с тайм-фреймом, равным одной минуте (иногда под термином «минутка» понимаются и графики с 5-, 10-, 15-, 30-минутным тайм-фреймом).

Опцион — торгуемый контракт, дающий владельцу право (но не обязательство) купить или продать указанный в контракте актив по установленной цене до наступления установленной даты.

Ордер (приказ, заявка) — выставленный на рынок запрос клиента на покупку/продажу актива в том объеме, по той цене и при тех условиях, которые указаны в данном ордере.

Открытие позиции (вход) — *сделка, в результате которой покупается (при лонге) или продается* (см. **Шорт**) *определенный актив. Открытие позиции приводит к обмену денежной суммы на соответствующий объем актива* (см. также **Закрытие позиции**).

Паттерн (формация) — *периодически повторяющаяся на биржевом графике последовательность баров (свечей). Используется в техническом анализе для прогнозирования последующего ценового движения.*

Поддержка (уровень поддержки, support) — *ценовой уровень, при достижении которого за счет активных покупок возникает препятствие для снижения цены и возможен разворот тренда в сторону повышения.*

Поджатие — *постепенное приближение цены актива к уровню сопротивления или поддержки. Часто служит сигналом к предстоящему пробитию соответствующего ценового уровня.*

Позиция (поза) — *результат совершаемых сделок в виде активов и/или денежных средств на счете трейдера* (см. также **Открытие позиции, Закрытие позиции**).

Портфель — *совокупность открытых позиций по активам и денежным средствам на счете трейдера. В целях диверсификации производится оценка структуры портфеля.*

Проскальзывание (slippage) — *образуется при наличии разницы между ценой, по которой планировалось купить или продать актив, и ценой реального исполнения данной транзакции на бирже. Другими словами, это означает покупку по более высокой или продажу по более низкой, чем планировалось, цене.*

Профит (profit) — *положительная разница между ценами покупки и продажи актива (при лонге) или при продаже и обратной покупке (при шорте). Фактически это прибыль, полученная в результате совершенного трейда.*

Пункт, или **пипс (pip (s))** — *минимально возможное изменение цены (шаг цены) при биржевой торговле. Пунктом также называют значение последней цифры в указании биржевой котировки актива.*

Рейндж (range) — ограниченный ценовой диапазон, в рамках которого в наблюдаемый период происходит изменение цены актива.

Свеча — разновидность графической формы представления изменений цены актива, произошедших за рассматриваемый период (см. также **Тайм-фрейм**).

Свинья — сленговое обозначение участника торгов, который часто колеблется, не зная, что делать: покупать или продавать. Часто принимает эмоциональные решения, основанные на страхе, жадности или азарте. Из-за этого часто теряет капитал — «идет под нож» (см. также **Бык**, **Медведь**).

Селл (sell) — продажа актива.

Сессия (торговая) — период, в течение которого происходит торговля на биржах. Например, на ММВБ основная торговая сессия начинается в 10:00, а заканчивается в 18:45 мск. Вечерняя торговая сессия на срочном рынке проводится с 19:00 до 23:50 мск.

Сигнал (торговый) — достижение определенного значения цены (или иного ключевого параметра) и/или появление на биржевом графике паттерна, указывающего на повышение вероятности того или иного последующего события (например, роста или падения цены). Используется как указание на возможность совершения соответствующей сделки: покупки или продажи.

Система торговли (системная торговля) — стиль трейдинга, при котором открытие и закрытие позиций происходит по заранее составленным торговым правилам (алгоритму, сценарию). Правила могут быть основаны на различных видах анализа, идеях или подходах.

Сопротивление (уровень сопротивления, resistance) — ценовой уровень, при достижении которого за счет активных продаж возникает препятствие для роста цены и возможен разворот тренда в сторону снижения.

Спред — разница между лучшей ценой на покупку и лучшей ценой на продажу конкретного актива в текущей очереди торговых заявок. Чем меньше спред, тем выше ликвидность актива.

Стакан — сленговое обозначение используемой в компьютерных торговых системах сводной таблицы биржевых заявок, поданных участниками на покупку/продажу определенного актива, с указанием запрашиваемых/предлагаемых цен и объема.

Стоп-лосс (stop-loss) — вид торговой заявки, позволяющей ограничить убыток от изменения цены открытой позиции. Применяется в риск-менеджменте для управления потерями и рисками.

Тайм-фрейм — интервал времени, используемый для группировки котировок при построении элементов ценового графика.

Тейк-профит (take-profit) — вид торговой заявки, позволяющий закрыть позицию при достижении определенной цены с фиксацией накопленной по данной позиции прибыли.

Технический анализ — совокупность приемов и методов, при помощи которых анализируется ценовая динамика торгуемых активов. При этом главным объектом для изучения являются биржевые графики. Целью технического анализа является определение наиболее вероятного направления движения рыночной цены (см. также **Фундаментальный анализ**).

Тонкий рынок — рыночная ситуация, отличающаяся низким предложением и спросом. Характеризуется низкой ликвидностью, широким спредом и высокой волатильностью.

Точка безубытка (безубыток) — цена актива, при которой трейдер может закрыть имеющуюся у него позицию, не получив при этом убытка. Фактически это цена открытия позиции с учетом сопутствующих расходов.

Транзакция — торговая операция открытия/закрытия позиции.

Трейд — совокупность двух противоположных операций, покупка/продажа, которые привели к образованию финансового результата. Для завершения трейда, то есть для фиксации прибыли или убытка, необходимо совершить как минимум две операции: открытие и закрытие позиции.

Трейдинг — торговля активами с целью получения прибыли за счет курсовой разницы между ценой покупки и ценой продажи (при лонге) или наоборот (при шорте). Трейдинг включает в себя применение различных торговых стратегий и приемов (см. также **Система торговли**).

Тренд — ценовое движение, имеющее выраженный направленный характер. Тренды различают как по направлению движения: могут быть повышательными (восходящими, бычьими) и понижательными (нисходящими, медвежьими), так и по их продолжительности: долгосрочные (глобальные) и средне- или краткосрочные (локальные).

Фондовый рынок — торговая площадка (как правило, электронная), на которой свободно обращаются (покупаются, продаются) ценные бумаги.

Фундаментальный анализ — совокупность методов аналитических исследований, применяемых для оценки состояния и перспектив рынка ценных бумаг, отраслей, товарных, финансовых рынков и экономики в целом. Для объяснения процессов, событий и получения необходимых прогнозных данных проводится изучение и исследование динамики показателей макро- и микроэкономики, сравнение их между собой, а также финансовый анализ (см. также **Технический анализ**).

Фьючерс (futures) — торгуемый контракт, предусматривающий поставку определенного объема лежащего в его основе базового актива: товара, облигаций, акций, валюты и т. п. или выплаты его стоимости по определенной цене в определенную будущую дату.

Хеджирование — открытие противоположных позиций на разных, но экономически связанных между собой рынках с целью компенсировать ценовые риски хеджируемой позиции.

Часовик — сленговое наименование биржевого графика с тайм-фреймом, равным одному часу.

Шорт (short) — продажа взятого взаймы у брокера актива с обязательством последующей обратной покупки в надежде на падение его стоимости. Для получения прибыли стоимость обратной покупки должна быть ниже стоимости начальной продажи.

Экстремум — высшая или низшая ценовая точка на биржевом графике, достигнутая за рассматриваемый промежуток времени.

В трейдинге, как и в любой профессии, нет совершенства. Нет какой-то финальной точки, в которой ты все знаешь. За все эти годы в рынке я продолжаю не только учить, но и учиться.

Искренне советую и вам не останавливаться на этой книге. Подпишитесь на чат-бот GTE, моей образовательной экосистемы, в которой мы помогаем будущим и действующим трейдерам развиваться.

Вы сможете получить доступ к мини-курсам, полезным чек-листам, афише событий, а также именно там мы отправляем приглашения на наши вебинары, обзоры и торговые дни.

Герчик Александр

КУРС
АКТИВНОГО ТРЕЙДЕРА

Покупай, продавай, зарабатывай

www.ingramcontent.com/pod-product-compliance
Lightning Source LLC
Chambersburg PA
CBHW081804200326
41597CB00023B/4136